數位傳播與資訊文化

黃葳威 ◎著

Information Culture and Digital Communication

王石番博士（佛光大學社會科學院院長）
吳思華博士（國立政治大學校長）
高安邦博士（開南大學校長）
陳雪華博士（國立台灣大學圖書資訊系教授兼圖書館館長）
馮　燕博士（國立台灣大學社工系教授兼學務長，兒福聯盟董事長）
羅文輝博士（國立政治大學新聞系教授，傳播學院前院長）
劉炯朗博士（中央研究院院士）
謝宏忠博士（台灣愛鄰社區服務協會理事長）

強力推薦

吳 序

當「創新與創造力」被視為提升全民素質與國家競爭力的關鍵因素，如何密切結合國內教學、學術相關研究成果，是我這幾年一直關注的方向。

網際網路問世以來，迅速成為全球網友創作分享、展現創造力的空間。

政大「創新與創造研究中心」（Center for Creativity and Innovation Studies）於2003年8月成立，中心結合跨校教授學者，其中包含政大商學、教育、傳播等領域，共同推展多項創造力及創意研究計畫，如何善用科技激發學生們更多的創意，是大家常討論的話題。

誠如本書作者所言，數位網路是二十世紀末最重要的科技發展，其衝擊了人類文明，促使在地資訊加速進行全球性的流動，人們每天可不斷地接收從世界各地傳送出來的資訊。

數位網路的普及，象徵知識經濟時代的到來，網際網路開啟了一個溝通、貿易以及娛樂的新紀元，同時形成資訊社會經濟起伏的工具，對各階層的影響無遠弗屆。如何協助e世代善用網路的創新特色，顯然有助於全球化的正向循環。

政大創新與創造力研究群自2000年應教育部之邀，加入研擬「創造力教育白皮書」，藉此開啟更多跨領域之合作，其中之一為廣納跨領域的研究資料庫。黃葳威教授與教育部和新聞局合作的「媒體探險家」教學網站，初期便是創新與創造研究中心合作的

資料庫之一。

巧合的是，創新與創造力研究群設於政大公企中心的研究室，正好與黃教授致力社區資訊科技倫理的「數位文化行動研究室」（Action Research for Minor and Mainstream），比鄰而居。

據我了解，數位文化行動研究室與愛鄉協會白絲帶工作站（Cyber Angel's Pick, CAP），長期與公部門、第三部門進行產學合作，將青少兒數位安全議題，進行研究分析，並且透過校園劇本徵選，再拍攝為網路安全教育文化影片。陸續已經完成關注線上遊戲成癮的「鞋子不見了」、探討網路交友陷阱的「看不見的時候」，今年則推出網路霸凌為主題的「薔薇騎士」。

一如政大數位文化行動研究室的名稱，黃葳威教授除在校內教授「數位傳播專題」、「數位傳播與文化」、「社區服務實踐」等課程，同時擔任學務處「主流傳播社」、「光種子社」社團指導老師，整合研究與資訊科技倫理教學，並應用於社會服務，以近年積極推動「兒童少年福利法」修法及網路分級制度為例，的確是名副其實的社區行動研究。

過去我擔任政大商學院院長期間，曾協助經濟部進行「國家創新系統」研究，探求創新國家所需具備之條件；當時黃教授兼任廣播電視系主任兼所長，進行教育部國家型卓越整合計畫「優質世界公民通識教育」四年期計畫，爾後開設跨校同步遠距通識課程「數位傳播與文化」，這是目前政大與外校合作的主要同步遠距課程，也是校園課程的創新展現。

在一次與教師群的下午茶敘，黃教授曾問我對於「大學教授」的定位，我回答除了適才適任外，教授的本職是著書立說。她事後表示相當同意我的看法。接任校長以來，黃教授兼任傳播學院

政大之聲電台台長,與秘書室合作規劃「與思華有約」節目,常有機會分享、討論節目內容與進行方式。

去年政大八十週年校慶,學校推動評選校內教師一百本原創性專書著作,黃教授所著的《閱聽人與媒體文化》,經委員會評選代表廣播電視系入選,致贈給一百所國際一流大學圖書館。

這兩年,黃葳威教授曾以學者身分,代表第三部門前往參與聯合國「網路治理論壇」,與各國資訊科技政策制定者、產業發展人士、第三部門成員及學者專家,共商全球面對網路通訊的方針,及如何縮減數位落差。黃教授將這些經驗陸續應用於台灣,也將台灣經驗回饋至國際社區。

《數位傳播與資訊文化》一書集結黃教授這八年以來的行動研究紀錄,書中社會化篇從關懷數位傳播與個人自我意像、性別互動到家庭關係及網路安全素養;第二篇訊息策略篇則由傳播媒體扮演現代人社會化一環的觀點來看,討論推行電子化政府對一般民眾的影響,及如何尋找個人利益與公共利益的平衡點,每個議題都值得大家深刻的思考。

今年八月間,黃教授代表政大獲得第五屆企業倫理教師獎,將其長期關懷資訊科技倫理的行動研究,轉化為資訊科技產業個案教學,這反映政大同仁在教學研究追求創新的努力。在此預祝讀者閱讀本書,不僅有所穫,也可汲取社區實踐的行動力。

國立政治大學校長

吳 思 華

2008年9月12日

羅 序

電腦網路與數位科技的發展改變資訊的蒐集方式與傳遞管道，帶動整個媒體生態的改變，不僅對媒體運作與常規產生衝擊，也影響人類文明與日常生活。

儘管電腦網路與數位科技已經深入每一個家庭，對一般民眾產生重大影響，但學者出版的相關學術著作仍然有限，針對電腦網路與數位科技影響撰寫的專書更是極為有限。本書是少數認真探討電腦網路與數位科技影響的傳播學術專書。

黃葳威教授曾任國立政治大學廣播電視學系主任，並擔任過政大之聲實習廣播電台台長。她除了精通傳播相關理論外，更熟悉網路與數位媒體的發展。最近幾年，黃教授有計畫地針對電腦網路與數位科技的發展與社會影響進行系列研究，這本書可說是黃教授最近幾年的研究結晶。

本書除了分析電腦網路與數位科技對民眾的衝擊外，也探討網路與數位科技對家庭傳播網絡、親子關係與跨文化適應的影響。此外，本書也針對數位電視與數位廣播的問題與未來發展進行分析，並提出策略建議。

為了撰寫這本書，黃葳威教授除了蒐集整理國內外的相關研究文獻外，更採用問卷調查及深度訪談等方法，針對每一項主題進行深入的研究。因此，本書堪稱台灣地區近年來針對電腦網路與數位科技發展與影響所撰寫的最完整著作。

由於擔任過記者工作，經歷過截稿時間的磨練，黃葳威教授

有一枝快筆。在撰寫本書前,她已經出版了五本書,這些學術著作充分顯示黃教授的認眞與專注。在《數位傳播與資訊文化》出版前有幸先期拜讀,並爲本書撰序,除了深感榮幸外,也在此向作者表達欽佩之意。

國立政治大學教授

羅文輝

2008年9月11日

自 序

人生有許多際遇，回頭拼湊起來，過往的經驗，都像是一塊塊拼圖與線索，一步步拼出當下的圖案。

高中時期由來台訪問的一位美國友人口中，首次風聞德州大學奧斯汀校區。趕碩士論文期間，鄭貞銘教授、王石番教授、羅文輝教授時時鼓勵與啓發，加上和同僑欽慕甫回台任教的鍾蔚文教授的風采。沒想到，新聞研究所畢業、從事記者工作之餘，竟然順利申請前往德大奧斯汀的廣播電視電影研究所深造。

負笈奧斯汀年餘，和其他華人留學生閒聊時，得知政治大學新聞系升格爲傳播學院，增設了廣播電視系，心中自然對這個學系十分嚮往，回國後，幸運從輔仁大學大眾傳播所，通過政大傳院的三級三審，來到廣電系任教。

接任廣電系所行政的同時，在一次參與評審電視金鐘獎的機會，結識兼任兒童福利聯盟董事長的台大教授馮燕（當時是執行長），我欣賞和羨慕一位大學教授可以理論與實務整合，學以致用。隔了兩年，我便開始投入白絲帶工作站的志工行列。

2004年我正好休研究假，一位教育部電算中心的承辦人員，提醒我應該要建立台灣青少兒使用媒體的變遷資料庫。於是有了「數位文化行動研究室」，展開了長達十五年的「數位世代長期觀察」研究計畫，今年邁向第五年。

兩年前的秋天午後，政大吳思華校長與幾位老師下午茶敘，校長談到大學教授的定位之一，便是著書立說，這場下午茶，令

我印象深刻。

參與白絲帶工作站的志工行列，嘗試整合教學研究與社區服務，轉化為進入社區校園與家庭的行動研究方案。因應數位世代的出現，身為廣電系教職員的一員，我不斷學習從數位化的前瞻角度，觀看數位廣播、數位電視、網路、手機，對青少兒成長的影響。

2006年年底，聯合國第一屆「網路治理論壇」在希臘雅典舉辦，我代表台灣第三部門參與聯合國這項盛會，與已開發國家、開發中國家及未開發國家的產、官、學代表，共同關心數位網路對全球化的衝擊。

資訊社會成員對於數位傳播發展的認知，可反映資訊社會發展的成熟與否：究竟是電子公民？或數位遊民？

近五年，從高安邦教授邀請我在社會科學院在職碩士專班開設「數位傳播專題」以來，陸續也由「數位傳播與文化」、「資訊傳播系統使用者分析」、「數位傳播與文化專題」、「跨文化傳播專題」課程，和同學的互動，得以持續關注數位網路平台的新興現象與議題，謝謝高安邦教授與柳紹鈞秘書的支持，以及一些年輕的e世代伙伴，讓我有教學相長的收穫。

《數位傳播與資訊文化》一書集結過去八年來，我從一個大學的教學研究殿堂，進入社區青少兒的生活圈，在這些年輕的伙伴身上，學習、檢視自己及互相成長。全書共計十章，分別從社會化、訊息策略兩部分，分述數位網路、數位廣播電視在台灣的發展，與資訊社會成員的認知及數位文化素養。

第二章至第五章的社會化篇，先後關注自我意像、性別互動與態度型塑、家庭溝通、價值觀形成、跨文化接觸及網路安全素

養等面向，分析數位網路對資訊社會成員的影響。

第二篇訊息策略篇涵蓋第六章至第十章，由傳播媒體扮演現代人社會化一環的觀點來看，呈現一般民眾使用媒體與電子化政府的現況，同時了解民眾對電子化政府透過互動電視服務到家的需求。

隨著網路廣播與網路電視、數位多媒體廣播和數位電視的啓用，如何掌握閱聽眾方向，加強傳播媒體與閱聽人的互動，並隨時修正廣播電視節目管理策略，是進入二十一世紀的重大革新與挑戰。

今年三月春假，傳播學院鍾蔚文院長提出傳播學院「數位方圓」的建城計畫，經由整合實驗中心關尚仁主任的運籌帷幄，因身兼政大之聲實習電台台長，有幸搭配參與建城的藍圖。

《舊約聖經‧尼希米記》，記載尼希米重建耶路撒冷倒塌城牆的見證。本書完稿付梓前，幸運獲得第五屆企業倫理教師獎，代表政大成為校園資訊科技倫理教師，這似乎肯定筆者投入白絲帶工作站關懷青少兒資訊科技倫理的社會參與。

本書的完成，特別感謝台灣愛鄰社區服務協會的伙伴、家人一路以來的互相扶持，周康容小姐的校對，威仕曼出版團隊與閻富萍總編輯的悉心編排校稿。誠心期盼每一位在校園工作的伙伴，都能找到個人社群關懷網所在的迦南美地。

白絲帶工作站召集人

黃葳威 於政大傳院

2008年強颱辛樂克來襲的中秋

目　錄

第一章

數位傳播與資訊文化

Chapter 1

我們正以生活、學習、工作、溝通，以及從事商業活動的方
式，穿越歷史性的轉變。我們一定要以自主的方式決定自己的命
運。科技帶來了資訊時代，現在則取決於我們是否建造資訊社會
的時候了。

——聯合國前秘書長卡菲·安南（Kofi Annan）

壹、電子聖嬰現象 @

　　數位網路是二十世紀末最重要的科技發展，其衝擊了人類文
明，促使在地資訊加速進行全球性的流動，人們每天可不斷地接
收從世界各地傳送出來的資訊。

　　數位網路開啓了一個溝通、貿易以及娛樂的新紀元，同時形
成資訊社會經濟起伏的工具，對各階層的影響無遠弗屆。

　　網際網路源自於1960年代的美國，當時主要是軍事用途，
1970年代初期開始「國防部先進研究計畫署」（Defense Advanced
Research Project Agency, DARPA）網際網路計畫，於1978、1979
年間完成網際網路通訊協定架構。到1983年3月完成「先進研究
計畫署網際網路」（ARPANET）的建置。「先進研究計畫署網際
網路」包含美國國防部網路、承包商及各學校的網路。歷經不斷
的演變傳布，網際網路在商業上的用途已遠大於當初的軍事目
的。有評論者指出，網際網路所背負的技術就是創造出各式各樣
的使用目的。

　　網際網路的商業用途與應用經驗漸趨穩定；網路不斷的成長，形同一個改變社會政策、政治和散播知識的社會現象，有新興的企業家因為網路而崛起；網際網路甚至被稱為「電子聖嬰現象」，它將會繼續影響資訊社會的發展。

　　隨著電腦普及化，教育結合科技已成為各國學校趨之若鶩的趨勢，但是美國教育部的最新研究顯示，教育學習軟體對學生表現並無顯著功效。

　　《華盛頓郵報》（*Washington Post*）指出（蔡蕙如，2007），在布希（George Walker Bush）總統教育政策的「不讓任何孩子落後」法令下，教育學習軟體已經在美國成為一年二十億美元的大產業；「不讓任何孩子落後」法令於2002年通過時，美國國會便要求執行這項研究。這項法令2007年也面臨國會的更新決定。

　　美國聯邦政府新近公布的研究（蔡蕙如，2007），於2004至2005年的學年度進行，評量對象包括十五種閱讀與數學學習軟體，以及全美一百三十二所學校的九千四百二十四名學生，是目前為止針對使用科技學生與未使用科技學生的學習效果所做的最大規模研究。

　　這項大規模的調查研究以學生接受標準化測驗的成績評量學習成效，結果顯示，兩者並無顯著差異。

　　美國許多學校都將軟體學習當成增加學童考試分數的簡易方法，使用的科技由當前流行的遊戲機索尼Play Stations上操作類似電腦遊戲的軟體，到一般嚴謹的電腦練習軟體。

　　不過，也有專家支持軟體的功效。密西根大學的教育科技研究人員認為，需要讓老師接受較好的訓練，且學習效果應該等一年過後再評估。

美國軟體與資訊工業協會的教育政策部門提出反駁表示，有其他研究證明科技有助學習；不過，該部門也承認那些研究不如聯邦政府所做的規模龐大。

美國教育部公布這項研究結果，預料將引發業界、學界與政界對於使用教育科技的辯論。

台灣「創造偏鄉數位機會推動計畫」，從2005年起四年內在全台灣一百六十八個偏鄉設立三百個數位機會中心，其中包括位於原住民鄉鎮的數位機會中心設置，協助社區民眾提升應用資訊科技之能力，從經濟面、文化面、教育面、社會面多元面向，縮減城鄉落差，創造社會整體的均衡發展。

社區數位化的確帶來便利，也帶來網路安全及衍生的社會問題，從語文的退步、密碼盜用、網路犯罪，乃至網路成癮。

從美國最新的政策轉折與反省，台灣在邁向電子公民「數位機會」的過程，顯然更應仔細評估，思索其中效應與利弊得失以及因應之道，避免盲目追逐科技全球化的足跡。

近年以社會基層轉變為基調的聯合國系列論壇應運而生，其中為人所知的有「資訊社會高峰會」（World Summit on the Information Society, WSIS）及「網路治理論壇」（Internet Governance Forum, IGF），兩者定期關注全球經歷由二十世紀的工業化社會，快速地邁向二十一世紀資訊化社會的變遷。

聯合國「資訊社會高峰會」第一階段由瑞士政府於2003年12月10至12日在日內瓦舉行，會議主要在探討關於資訊社會的轉移影響，彙整各國原則宣言和行動計畫。第二屆聯合國「資訊社會高峰會」於2005年16至18日在突尼斯舉辦，關注有關資訊社會轉變成知識社會的議題；當屆高峰會由聯合國秘書長卡菲‧安南

及國際電訊聯盟（ITU）共同主持。聯合國資訊社會高峰會不同於其他的歐盟高峰會議，因為公民社會比以往更積極地參與會議。

第二屆聯合國「資訊社會高峰會」通過的「資訊社會——突尼斯議題」，決議展開籌辦聯合國第一屆「網路治理論壇」，集結各國產官學代表與相關民間團體進行對話。「網路治理論壇」成立背景乃依據突尼斯議程第七十二項，其使命如下：

1. 討論網路治理的關鍵性要素及相關公共政策問題，以提高網路的可持續性、安全性及穩定性。
2. 論壇應促進負責不同網路管理機構間的交流，並討論不屬於現有任何機構職責範圍的問題。
3. 與相關政府間組織和其他機構就其職責範圍之內的問題進行溝通。
4. 促進訊息和最佳作法的交流，充分利用學術及科技界的專業知識。
5. 向所有利益相關者提出建議計畫，加速促使發展中國家人民使用網路的方案。
6. 加強或促進各方利益關係人，特別是發展中國家的利益關係人來參加現有或未來的網路管理機制。
7. 發現萌生的新問題，並提請相關機構和公眾注意這些問題並提出建議。
8. 充分利用當地的知識及專業技術資源，為發展中國家在網路治理方面的能力建設做出貢獻。
9. 持續不斷的促進並評估「資訊社會高峰會」會議原則在網

路治理過程中的體現。

10. 特別討論網路資源相關的問題。

11. 協助解決由網路使用及濫用而帶來之問題的解決方案，
    特別是與一般用戶相關的問題。

12. 公布論壇彙集各國經驗的會議記錄。

2006年年底，聯合國第一屆網路治理論壇在希臘雅典舉辦。
會議主題為「網路的治理與發展」，筆者正好代表台灣參與聯合
國這項盛會，與來自已開發國家、開發中國家及未開發國家的代
表，共同關心數位網路對全球化的發展。

首屆網路治理論壇集結各國產官學代表與相關非政府組織、
民間團體，就以下四個子題進行討論與對話：

1. **開放性**：言論自由及觀念、資訊與知識的自由流通；諸如
   資訊的自由流通、言論自由及知識的易接近性及授權。

2. **安全性**：藉由合作建立信任與信心。包括避免垃圾郵件、
   病毒以及隱私權保護。

3. **多樣性**：促進多種語言的使用及當地內容，其中包含網路
   內容中有多種語言的使用及在地內容。

4. **接近性**：網路的接軌、政策及費用。討論議題涵蓋互相連
   結的費用、軟硬體的開發及開放標準，以便讓軟硬體在多
   種品牌機器可以相容。

協助或培養發展中國家的能力建設，是貫穿大會的優先議
題，大會並設有青年論壇，與會的年輕人提出他們關心的科技面
和公共政策面的急迫議題。

如何兼顧數位網路的創意與多元文化展現，數位傳播應有的治理安全關懷，以及縮減數位落差，將不斷考驗著資訊社會發展。

貳、電子公民崛起 @

網路問世的時間不長，其所造成的影響卻十分深遠，網路也許是當今推動進步最重要的工具之一，尤其是在維護言論自由、提供資訊及知識有其非凡之處。

自從網際網路興起之後，人們得以享受上網的樂趣與便利，舉凡瀏覽新聞、組織讀書會、部落格創作、蒐尋各國經典、與人聊天聯絡、或閱聽接收網路影音內容；隨著上網人口數量漸增、年齡漸低的趨勢，上網早已成為現代人日常生活的一部分。

就廣義來看，「上網」非僅限於電腦，使用手機、PDA也能上網，因此數位網路勢必隨著通訊科技的日新月異，擴大普及範圍，同時展現不同的風貌。

台灣網路資訊中心公布2008年1月「台灣寬頻網路使用調查」報告指出，截至2008年1月31日為止，台灣地區上網人口成長約一千五百四十七萬人，整體人口（零至一百歲）上網率達72.33%，十二歲以上人口的上網率則為68.51%；其中，寬頻網路使用人數約一千二百五十四萬人，約占總人口數六成三（63.37%）；其中十二至二十五歲民眾上網比例超過九成；個人上網目的主要以搜尋資訊（54.48%）與瀏覽資訊與網頁（46.76%）為多數。

2008年「台灣寬頻網路使用調查報告」顯示，台灣民眾寬頻

上網、無線上網、行動上網多半呈現上升趨勢，但無線上網仍只有近兩成，行動上網不到一成，仍有許多開發空間。

台灣民眾最常使用的功能依序是搜尋資訊（54.78%）、瀏覽網頁資訊（WWW，46.76%）、電子郵件（E-mail，26.96%）、網路遊戲（20.80%）、聊天交友（17.41%）、看新聞氣象（11.76%）、網路購物（9.49%），以及網路論壇（NEWS, Blog, 5.18%）等。

中國出版科學研究所對大陸二十個城市及鄉村、六千多個有效樣本進行的「第三屆全國國民閱讀與購買傾向抽樣調查」（曲志紅，2004）：1998年有上網閱讀習慣的人數比例僅為 3.7%，而2003年有上網閱讀習慣的人數比例已達18.3%，年平均增長率78.9%；對各種媒體的接觸率，前三位依序是電視、報紙和圖書，但是「上網」從第二屆調查時的最後一位，上升到第七位。

此外，除了電視保持增長外，透過報紙、廣播等媒體了解時事新聞的比例都有所下降，人們透過網際網路了解時事新聞的比例提高了4.6%。每天透過網際網路了解時事新聞的使用者比例占總體有上網者的13.8%（曲志紅，2004）。

網際網路是一種工具，也是一個情境，它除了能促進組織溝通、幫助人們每日生活與資訊的取得更有效率之外，也同時集合了分散於各地人們的意見、想法，創造了一個沒有實際疆界的分享空間，具有其社會目的。網路溝通（network communication），或稱為電腦中介傳播（computer-mediated communication, CMC），是指利用電腦作為訊息傳送接收的設備，透過網際網路將數位化的資料與訊息，在使用者之間自由的傳遞與交換，藉由網際網路溝通的應用系統軟體讓使用者彼此產生實質的互動，使單向、雙向、甚至多向的溝通能順利進行。

一般而言，數位網路傳播具有以下幾項基本特性：

1. 閱聽主體性：網路閱聽人可以主動選擇所需或過濾不必要的訊息。

2. 即時性：使用者取得資訊的時間較短、效率較高。

3. 匿名性：使用者之間沒有身分、性別或社會階層之分，也較無守門人過濾，是故可能導致溝通行為在某種程度上的坦白，但是也有可能因為匿名性而使得網路溝通的可信度受到質疑。

4. 多媒體形式：全球資訊網（WWW）結合了文字、聲音、圖形與影像，以多元、豐富的方式呈現資訊。

5. 互動性：包含了人與電腦之間、使用者彼此間的對談、信件往來及資料傳輸等。網路使用者可隨時隨地在其上進行互動。

6. 跨文化特性：網路上資訊的流動並不受到地理疆界的限制。

7. 小眾化特質：某類特定訊息可以在大團體中的個人間互相流通。

8. 異步性：網路溝通能讓個人在較適宜的時間裡收發訊息，參與者不須同時處在溝通的情境中，可彈性地分配自己的時間。

9. 媒體接近性：網路媒體的可近用性（Accessibility）較傳統媒體為高。透過網路的連結，訊息接收者在資訊權力的掌控上，既是接收者也可是製造者。

10. 超文本資訊：網路提供超文本（hypertext）內容，超文本

的鏈結範圍不只是網站文字，也可以擴及圖像及影音，這使得溝通的呈現方式有更多的選擇。

11. 監控性低：網路上的守門控制過程不像傳統媒體嚴密。

12. 回饋性：透過數位網路可在上網蒐尋推拉之間，蒐集累積使用者的過程資料。

13. 逃避性：人們很容易在網際網路上流連忘返，造成對真實世界各項生活原有的行為模式的排擠，例如：從網路中資訊取得而言，現在的年輕人愈來愈依賴網路，由網際網路上取得所需的新聞及娛樂，進而減少了看電視、報紙、書籍及收聽廣播的時間；一些人從網路上獲得成就感甚至與現實生活人際相處脫節，出現網路成癮現象。

數位網路的崛起，衝擊並改變了資訊社會的溝通方式：有別於面對面的人際溝通方式，網路溝通的無疆界、異步性等特質，使得網路使用者間的資訊傳遞更為廣泛與便利；電腦中介傳播的匿名性和監控性低的特質，提供了一個較自由與開放的空間，讓網路使用者勇於發表意見、交換心得與經驗分享。

數位網路扮演一個中介的角色，聯繫人與人之間的溝通，並組成了不同於以往的社會交往、互動模式。

電腦中介傳播（CMC）實證研究，提出十個「面對面傳播」（face to face, FTF）與電腦中介傳播之間的主要差異（Bordia, 1997）：

1. 電腦中介傳播社群要花比面對面傳播更長的時間來達成任務。

2. 在特定的時間內，電腦中介傳播中出現的言詞較面對面傳

播少。

3. 在激發創意想法方面，電腦中介傳播比面對面傳播表現來得好。

4. 透過電腦中介傳播，使用者的參與較為平等。

5. 在有限制的時間下，電腦中介傳播在非社會情感互動的任務上表現較好，面對面傳播則在社會情感互動的任務上表現較佳；若在充足的時間下，電腦中介傳播的表現和面對面傳播一樣好。

6. 電腦中介傳播社群規範性的社會壓力較少。

7. 電腦中介傳播社群對其他參與者和任務的了解度較低。

8. 在有時間限制的情況下，人們對於電腦中介傳播溝通的對方的評價較低；對於媒介本身的評價則視任務類型而定。

9. 個人在電腦中介傳播中會有比較多的放肆行為；原因在於電腦中介傳播會引起一種去個人化的狀態，導致放肆行為的產生。

10. 電腦中介傳播出現較少的選擇改變或態度改變。

　　網路的產生，形成了一個新形態的社區（community），社區中的成員看不到彼此，但是卻共同建構了它的「社會真實」（social construction of reality），使用者能盡情地與他人進行接觸，建立新的社會關係。舉凡生活中的所有事務，如交友、買賣、學習與獲取生活資訊等等，都可以在這個「虛擬社區」中完成（Howard and Jones, 2004; Rheingold, 1993）。

　　透過網路中介，使用者可能會發展出新的互動關係，不論是在電子布告欄系統（Bulletin Board System, BBS）上建立新的人

際關係，或是透過連線與他們的朋友聯繫，他們將電腦視為一個社區，並將電腦當作社會關係的基礎（Howard and Jones, 2004）。

只要有較長時間的接觸，如資訊互換行為，網路社群間的成員就可以發展出良好的互動關係，彼此間的情感、信任感等都會增加（Chidambaram, 1996）。

如此看來，數位網路也如同人的延伸與代理，人類一方面參與使用數位網路，一方面心理會發生微妙的影響，這種影響並非如我們所想像的急遽變化，而是潛移默化的。資訊社會的數位網路研究，也是一種兼具理性與感性的人性研究，其觸及人的認知與態度。

參、廣播電視數位化 @

數位網路時代的來臨，也使傳統無線廣播電視線性、單向的服務受到結構性的挑戰，閱聽大眾使用數位媒體可享有較多自主權與參與權，而不再是單向、被動、無回饋的傳播路徑。

交通部電信總局從1993年廣播頻率開放迄今，總共釋出十個梯次，開放一百五十一個頻率供民間業者申請設立廣播電台。台灣現有一百四十七家廣播電台領有廣播執照正式營運。

1996年交通部舉行「如何建立我國數位廣播環境」座談會，並在「第一屆全國廣播電視會議」，分別就「數位廣播之應用與前景」進行研討，交通部研議提出「我國數位音訊廣播（Digital Audio Broadcasting, DAB）推動時程」草案（**圖1-1**）。

　　數位音訊廣播起源於德國，1980年德國開始發展數位音訊廣播，並在1985年於慕尼黑近郊進行數位音訊廣播之研究與實驗，到了1987年以德國、英國、法國、荷蘭、丹麥等國所組成的EUREKA聯盟，共同制定了數位音訊廣播的規格，而歐洲各國發展出許多數位廣播新技術，最後在第一四七號企劃案中決定了歐洲數位廣播的系統標準，因此才稱為 Eureka 147。歐洲各國在數位音訊廣播的發展經驗較豐富。

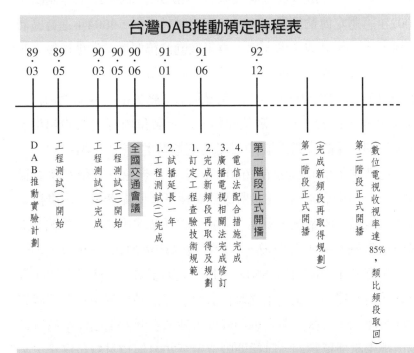

1：本時程先就歐規Eureka-147系統擬訂，其他美規系統等標準俟公告後訂之。
2：廣播電視法完成修法時程僅為暫訂，得依實際調整之。
3：試播延長一年，至91年12月。
4：第一階段開始使用現有試播頻段，第二階段使用新取得頻段，第三階段使用NTSC回收頻段。

圖1-1 台灣數位廣播推動預定時程表

資料來源：經濟部數位視訊工業發展推動小組。

另一方面，美國也進行研發帶內同頻道數位廣播系統（In-Band On-Channel, IBOC），即利用現有的模擬調幅或調頻電台頻率資源，同時加載高清廣播和模擬調幅或調頻廣播信號，兼容提供高清晰度的數字，可以在播送現有的AM/FM廣播節目的同時，使用同一頻帶提供數碼廣播節目。除了提供廣播節目外，還可以同時提供交通信息等數據廣播服務

台灣自2000年及2001年分別進行歐規數位廣播系統（Eureka-147）及帶內同頻道數位廣播系統（IBOC）試播及工程測試，2002年將選定傳輸標準，2003年完成頻譜規劃，2004年進行區域開播，2006年完成全區開播。爲了鼓勵傳統廣播業者積極投入，也教育民眾新的媒介觀念，在當時的產官學界共同提出不同的計畫和口號，例如2001年爲「兩兆雙星」推動數位內容和生物科技兩大產業、2002年爲「數位元年」暗示數位內容產業的起步、2006年則是「數位開播年」（節錄自交通部電信總局網站）。

交通部依照時程表在2000年初正式公告進行數位音訊廣播（DAB）試播實驗，該實驗對象以廣播業者優先考量。由廣播業者甄選全區二組系統，單區（北區三組系統、中區二組系統、南區三組系統）共十組頻道。各組系統構成單頻網（SFN），每一頻道頻寬爲 1.536千赫（MHz），每一頻道須廣播三個以上 CD 音質之節目及提供一個以上之數據服務，目前試播實驗台已核發架設許可證二十五張、電台執照九張，期望台灣西部由北至南可以構成綿密試播單頻網。試播期限暫定至2001年12月31日爲止，必要時得予延長，試播實驗期間並將進行數位音訊廣播試播實驗之工程測試，以了解Eureka-147系統之傳播特性，並藉系統試播實驗之測試數據，作爲未來數位廣播工程管理之依據（數位音訊廣

播，交通部電信總局，2001）。

　　交通部徵選出中廣、飛碟及大眾等十九家電台參與試播。分別由中國廣播公司（11C）及中央、漢聲、警廣、教育（11D）四家電台結合成二組全區廣播網，飛碟、正聲（10D）、台北之音、人人（10B）及亞洲、台北愛樂（10C）共六家電台組成北區聯播網。中區由真善美、台廣（10D）及全國、大苗栗（10C）共四家電台組成聯播網，而南區則由南台灣、正聲、台廣（10D）、高屏、港都（10B）及大眾（10C）共六家電台形成聯網試播。

　　有鑑於政府做出「試播業者有優先取得正式營運執照」的承諾，電台業者對未來廣播環境充滿期待和理想，自行籌組數位廣播產業推動委員會（DABCT），整合聯繫各家業者的意見和技術交流。

　　在進入數位化轉型的過程，十九家試播業者的試播時程，從原先的2001年年底，經由新聞局和交通部在「電信資訊傳播協調工作小組第八次會議」決議將延長至2003年1月底。試播業者不斷投入大量的財力與人力，正式申請開播卻一再延宕。

　　終於，民間業者組成的廣電產業自救行動委員會在2002年6月11日發起街頭自救遊行，2003年6月10日又舉行「廣電三法修正座談會」，包括參與數位廣播試播計畫的電台業者及產官學代表，對國內是否有意繼續推動數位廣播，深感關心與不確定。

　　直至2004年上半年，新聞局與交通部公告開放數位廣播頻率開放申請，第一梯次共有十五件申請案件，經過書面初審，以及兩天密集與申請者的面談，新聞局在6月26日公布審議結果。依規定，業者必須在九年內完成建設播音並提供數據服務。

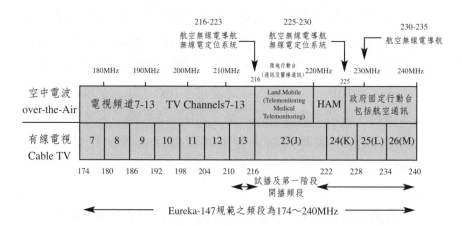

*目前我國暫訂DAB試播及第一階段開播頻段為利用CH 13（211.648MHz，213.360MHz,215.072MHz）及220.352MHz、222.064MHz頻段。
*政府固定行動台包括航空通訊之頻段為225～400MHz。

圖1-2 台灣數位音訊廣播頻段使用表

資料來源：工研院資通所。

　　行政院新聞局2005年10月12日公告第一梯次數位廣播頻率開放案審議結果，取得數位廣播執照的包括福爾摩沙電台籌備處、優越傳信數位廣播公司籌備處、寶島新聲電台籌備處、台倚數位廣播公司籌備處和好事數位生活廣播電台籌備處，但同樣經數位廣播審議委員會審議通過的中廣，不在名單之列。

　　五家業者中，福爾摩沙電台和優越傳信數位廣播屬於全區單頻網；北區區域網有寶島新聲廣播電台和台倚數位廣播公司，南區區域網有好事數位生活廣播電台。

　　《2005台灣年鑑》記載（行政院研考會，2005）：審議委員

認為各家獲選的條件不一，優越傳信的主要股東是高雄大眾電台，已有五年的數位廣播試播經驗；以民視為大股東的福爾摩沙電台籌備處同時擁有行動通信的策略結盟；台倚數位電台籌備處結合台灣大哥大和倚天科技，外加新竹IC之音和台北之音的音訊經驗。

數位廣播的推展，需要集結電台、資訊、數位行動網路的經驗；數位互動電視尤其整合了行動資訊產業。相較於廣播進展的徬徨，數位電視早已有許多具體計畫，制度結構上較受到重視，數位電視市場機制也在逐漸形成，但真正投資數位互動節目製播的仍以公共電視為主。

未來數位電視將和現在的網際網路一樣，允許多量、分眾、檢索式的內容同時播送，並且優先考慮使用者的需求，再提供服務內容；同時又以推播（Push）代替拉播（Pull）技術，落實隨選視訊的服務。也就是說，數位電視將引導傳統電視媒體朝向「以網際網路為導向」（Internet-Oriented Content）的內容發展（李桂芝，2001）。

台灣在1992年10月由經濟部成立「高畫質視訊工業發展推動小組」，負責執行數位電視計畫，2002年7月更名為「數位視訊工業發展推動小組」，以便更符合科技時代潮流變化；行政院院會也在2002年5月8日正式核定「挑戰2008──國家發展重點計畫」，其中「數位台灣計畫」（e-Taiwan），已經將廣播與數位電視之數位化列為未來五年之施政目標。

為加速數位電視產業之發展，建立數位電視環境，提升產業競爭力，政府於1997年11月10日核定數位電視推動時程，並要求無線電視台於2001年12月全區開播，預計2006年1月1日數位收視

普及率達85%時，將停止現有的類比電視訊號播送，全面改爲數位訊號播送。

但是在2004年11月8日行政院財經會報中，決意將比照日本規劃時程，把回收類比頻道的期限延至2010年，並提出「數位電視普及化、數位頻道多元化、數位內容優質化、數位落差極小化」的發展願景（黃兆璽，2004）。

由於數位訊號可以壓縮，原來的一個電視頻道在數位化以後至少可以變成四個頻道；數位訊號的畫質和音效優於目前的類比訊號，可以帶來更高的視聽享受；而更重要的是，數位訊號可以涵蓋文字、圖片和影像等各種內容，數位電視除了播放傳統的影音節目以外，還可以播放其他形態的資訊，帶來新的商機（傅尙裕，2001）。

未來數位地面廣播電視之訊號傳輸流程，是透過無線電視台的發射器，發射電波到用戶家中，由用戶家中的數位電視機或是數位機上盒（STB）接收，顯示在電視機螢幕上。用戶如果想要和電視媒體互動，可透過行動電話，或是經由電信網路、有線電纜上網，回傳訊息（蔡念中，2003）。

無線電視進行數位化的主要因素有（林清修，2002）：

1. **政府的電波資源分配使用政策**：爲有效使用空中的電波公共資財，主管機關設定時程要求無線廣播電視業者進行數位化。

2. **與有線電視的競爭壓力**：在有線電視普及率已達全國總戶數的八成，並且提供七、八十個衛星頻道節目情況下，一個無線廣播電視台只占其中之一，因此在節目提供及廣告

時間的分配方面均相形見絀。因此無線廣播電視台希望能藉由數位化頻寬的有效使用，將6千赫（MHz）播送一個類比節目頻道轉變成播送四個數位節目頻道，增加其競爭籌碼。

未來數位電視中的高畫質節目將會是無線電視台的賣點，一旦觀眾接觸到高畫質電視節目，現今類比式彩色電視的命運將會和過去黑白電視一樣走入歷史（邊明道，2002）。

3. 建構獨立於有線電視系統之外另一個有效的多頻道影視節目通路（Multi Video Programming Distributor, MVPD）：無線電視本來就是一個獨立的影視傳輸方式，但因為目前五個無線電視台各自播出一個類比頻道，節目形態類似，彼此競爭，即便整合的頻道數也有限，難以成為一個具有競爭力的獨立多頻道影視節目通路。數位化之後，如果共同經營，加起來就是二十個節目頻道，等於無線台在全台另外建立一個可以替代衛星直播、又獨立於有線電視系統之外，能提供足夠頻道數及數位類型的多頻道影視節目通路，並與有線電視相抗衡。

4. 增加新的營業項目：例如資訊傳輸，利用點對面的傳輸及移動接收特性，在相當程度與3G業者競爭，以開闢新的營收來源，這恐怕才是無線電視業者進行數位化的主要誘因。

5. 改善收視畫質：無線電視廣播的類比訊號因為會受到天候雨衰及都市建築物阻擋之影響，經常會造成畫面模糊現象。改為數位訊號後要就看得到，要就看不到，不會再有

中間模糊地帶。

不容諱言，每個時代有其代表性媒介，數位傳播是資訊社會的傑出代表，當代媒介形態反映當代人的發展與社會建構的方式。資訊社會的數位傳播研究，可被視爲如同一種兼具理性與感性的人性研究。

肆、數位文化素養 @

資訊社會成員對於數位傳播發展的認知，可反映資訊社會發展的成熟與否：究竟是電子公民？或數位遊民？

傳遞新觀念或作品的成功與否，除來自內容或產製過程的品質外，尤須留意閱聽人對於不同人事物，均會選擇性的注意、理解與記憶。

兼顧考量個人在認知發展上的相似性與相異性，才可逐步了解人的認知（林美珍，1996）。廣泛了解人的認知，有助於在訊息內容設計規劃上，有效引導人對訊息的接收及可能受到的牽引。

一般常見的認知處理類型有規則、概念及策略；從心理學角度來看，概念是認知的起點，也是認知的結果（王智姚，2002）。

「認知」（Cognition）一詞，源自拉丁文的Cognossere，有「明瞭」與「分辨」的意義（顏明仁，2001）。就認知概念的取向觀察，大致分爲以下層面：

1. **參與觀點**：1916年杜威（John Dewey）就指出為一種參與活動，認知並非置身事外，其價值在於認知的效能（姜文閔譯，1992）；當轉型進入資訊社會，社會成員對於數位科技的使用與參與，將影響其對數位化的認知與想像。

2. **知識觀點**：早期普遍被接受的看法是以知識的觀點來看認知，如費斯庭吉（Festinger, 1957）與卡爾史密斯（Carlsmith, 1978）主張，認知是對於外界或自己本身的知識、意見與信仰；資訊社會中訊息交流頻繁，有主張邁向數位化帶來社會發展的科技決定論，也有審視急遽數位化對社會可能形成衝擊的文化決定論，這些理論知識無形中影響人們對資訊社會的認知。

3. **行動觀點**：從行動的角度分析認知的作用，將認知界定為：人們了解自己與外在環境，並利用認知作用與環境產生關聯的一種行動（Bigge, 1971；顏明仁，2001）；資訊科技業者企圖推廣資訊科技技術與產品，強化其普及程度，這無形中左右人們對資訊社會的認知與接受情形。

4. **求知觀點**：認知也被視為一種求知的歷程，楊龍立（2000）認為知道事情的一種過程便是認知，認知的範疇包括人形成概念、下判斷、推理、問題解決等；雖然先進國家除大力推展資訊科技產業，一些社會民間團體也從其中引發的數位落差現象，尋求因應與改善方式。

5. **多元觀點**：界定認知的角度各有出發點，也有研究者以為認知要從多層面來詮釋，其中鍾聖校（1990）分別由廣義與狹義兩角度定義認知。狹義的界定是將認知解釋成知道，屬於智慧活動的最底層，為一種醒覺狀態，即知道有

訊息存在；廣義的界定將認知當成所有形式的認識作用，包含；感覺、知覺、注意、記憶、推論、想像、預期、計畫、決定、問題解決，以及思想的溝通等。蘇進財（1990）將認知分為三個概念：(1)個人經由意識活動以對事務認識與理解的心理歷程；(2)凡知覺、認識、想像、判斷、推理、記憶、學習與思考等複雜的心理活動，皆為認知歷程；(3)藉由認知歷程獲得對事務的認識；如同人們對數位傳播媒體的採用與否，會綜合參酌過往採用科技用品的個人經驗、已採用者的經驗，或個人尋訪的介紹訊息逐漸形成認知。

6. **功能觀點**：在前述認知的三概念中，認知又被界定為知識的獲得和運用（鄭麗玉，1993）。認知形同獲取知識與使用的一種目的過程；一些科技產品提供科技訊息簡介與試用服務，多少意圖增加使用者對於科技功能的認知。

7. **階段觀點**：正如林美珍（1996）主張，認知的歷程指產物生產的最初和中間階段，這些階段通常在人腦中完成；認知有其歷程與產物，產物是可被觀察的最終形態（王智姚，2002）。套用於數位媒體的使用與否，取決於人們對相關訊息評估後的結果。

當我們回顧個人成長過程的認知發展不難發現，每個人從小即在生活環境中建構對於事物判斷的觀點。所謂的社會認知，便是人們經由對所遭遇的社會具體事物或事件的歸因，而建立自己社會實體的過程。

綜上所述，可理解認知論者認為外在的訊息或符號之所以產

生意義，是因爲個體與外在世界互動的結果，知識的產生是由個體對它的解釋，訊息接收者是以經驗爲基礎主動建構意義（王美芬，1998）。

以台灣社區家庭對於數位文化的想像來看，家長的認知也影響其對於數位生活的實踐，甚至於親職互動。

台灣社區家長的數位文化素養可分成以下內涵（黃葳威，2007a）：

1. **安全取向**：包括我會有計畫地使用或停止使用網站的內容、網路聊天室中沒有見過面的陌生人，經常和他們描述的身分不一樣、我會警覺在聊天室中特別想要認識孩童的陌生人、我會遵守電腦網路分級規定，依照自己的年齡級別去上網。

2. **科技取向**：我可以正確引導孩子網路使用的行爲、當我學會使用數位科技產品（如上網、數位相機或MP3等），就可增進自信心、當我學會使用數位科技產品（如上網、數位相機或MP3等），就可增進親子互動。

3. **實用取向**：我知道工作場所對網路使用的規定、網路對自己的生活非常重要、網路對孩子的生活非常重要。

4. **社交取向**：我會特別注意在聊天室中的聊天內容、我不要在聊天室認識沒有見過面的陌生人。

5. **法律取向**：網路上的任何資料可以任意複製使用而且不須註明出處。

表1-1 社區家長數位文化素養因素分析表

數位文化素養	因素一 安全取向	因素二 科技取向	因素三 實用取向	因素四 社交取向	因素五 法律取向
我會有計畫地使用或停止使用網站的內容	0.745	0.123	0.138	-0.028	0.014
網路聊天室中沒有見過面的陌生人，經常和他們描述的身分不一樣	0.703	0.093	-0.025	0.073	0.015
我會警覺在聊天室中特別想要認識孩童的陌生人	0.658	0.062	0.152	0.140	0.090
我會遵守電腦網路分級規定，依照自己的年齡級別去上網	0.598	0.085	-0.083	0.308	0.070
我可以正確引導孩子網路使用的行為	0.116	0.812	-0.046	-0.082	0.026
當我學會使用數位科技產品（如上網、數位相機或MP3等），就可增進自信心	0.229	0.640	0.162	0.225	0.053
當我學會使用數位科技產品（如上網、數位相機或MP3等），就可增進親子互動	0.021	0.639	0.324	0.193	0.095
我知道工作場所對網路使用的規定	0.293	-0.043	0.699	-0.080	0.043
網路對自己的生活非常重要	-0.027	0.366	0.631	0.030	-0.081
網路對孩子的生活非常重要	-0.090	0.201	0.596	0.453	0.039
我會特別注意在聊天室中的聊天內容	0.256	0.205	-0.142	0.716	-0.053
我不要在聊天室認識沒有見過面的陌生人	0.121	-0.002	0.173	0.669	0.081
網路上的任何資料可以任意複製使用而且不須註明出處	-0.164	0.030	-0.142	-0.154	0.800
在網路上散布不實謠言是不對的	0.343	0.177	0.071	0.200	0.607
我在網路上不要給別人自己的個人資料	0.423	-0.050	0.245	0.210	0.521
特徵值	2.404	1.765	1.560	1.495	1.325
變異百分比	16.027	11.769	10.401	9.966	8.834
累積百分比	16.027	27.796	38.196	48.163	56.997

資料來源：黃葳威（2007）。〈數位文化素養世代研究報告〉。

　　新近一項「數位文化素養世代研究」發現（黃葳威，2007a），社區家長的數位文化素養偏向法律取向、社交取向以及安全取向，其次才是科技取向或實用取向的知能。這項以家中有十二歲以下青少兒的社區家長調查，以分層抽樣調查了台灣各縣市一千兩百位青少兒家長，結果呈現社區家長較偏重由法律或安全面關注網路使用，在科技與應用的知能略低。

　　上述研究分析社區家長數位文化素養的前六名分別是：在網路上散布不實謠言是不對的（4.07）、我在網路上不要給別人自己的個人資料（4.06）、我會警覺在聊天室中特別想要認識孩童的陌生人（3.99）、我可以正確引導孩子網路使用的行為（3.98）、我不要在聊天室認識沒有見過面的陌生人（3.97）、當我學會使用數位科技產品（如上網、數位相機或MP3等），就可增進親子互動（3.92）等。

　　「數位文化素養世代研究」進一步分析，台灣社區家長的數位文化素養可分成「數位科技實用群」、「數位社交規範群」、「數位法律認知群」、「數位安全守法群」四群。有大部分仍集中數位法律及數位交友的知能：

1. **數位科技實用群**：以職業為「商業」所占比例較高，占48.2%；使用網路的經驗為「五年以上」所占比例較高，占41.5%；受訪家長表示家中孩子「有」參加的網路上家族／社群所占比例較高，占45.5%。

2. **數位社交規範群**：以職業為「無業」（含家管）所占比例較高，占36.7%；使用網路的經驗為「五年以上」所占比例較高，占49.6%；受訪社區家長表示家中孩子「沒有」

表1-2　社區家長數位文化素養

數位文化素養	同意度
在網路上散布不實謠言是不對的	4.07
我在網路上不要給別人自己的個人資料	4.06
我會警覺在聊天室中特別想要認識孩童的陌生人	3.99
我可以正確引導孩子網路使用的行為	3.98
我不要在聊天室認識沒有見過面的陌生人	3.97
當我學會使用數位科技產品（如上網、數位相機或MP3等），就可增進親子互動	3.92
我會有計畫地使用或停止使用網站的內容	3.91
我會遵守電腦網路分級規定，依照自己的年齡級別去上網	3.90
我知道工作場所對網路使用的規定	3.88
網路聊天室中沒有見過面的陌生人，經常和他們描述的身分不一樣	3.85
當我學會使用數位科技產品（如上網、數位相機或MP3等），就可增進自信心	3.81
我會特別注意在聊天室中的聊天內容	3.76
網路對孩子的生活非常重要	3.76
網路對自己的生活非常重要	3.66
網路上的任何資料可以任意複製使用而且不須註明出處	3.14

資料來源：黃葳威（2007）。〈數位文化素養世代研究報告〉。

　　參加的網路上家族／社群所占比例較高，占58.5%。

3. 數位法律認知群：以職業為「商業」所占比例較高，占31.6%；使用網路的經驗為「五年以上」所占比例較高，占48.5%；受訪社區家長表示家中孩子「沒有」參加的網路上家族／社群所占比例較高，占49.6%。

4. 數位安全守法群：以職業為「商業」所占比例較高，占
　35.7%；使用網路的經驗為「五年以上」所占比例較高，占
　36.5%；受訪社區家長表示家中孩子「沒有」參加的網路上
　家族／社群所占比例較高，占63.4%。

很明顯地，一般青少兒家長的數位安全素養隨其職業、使用
網路資歷，及知悉家中青少兒是否參與網路家族的程度，各有不
同。

社區家長對資訊社會的知能，可反映一般社會成年人對資訊
社會的想像及運用，同時也牽引社會家庭成員中的親子互動是否
存有知溝，或顯著的數位落差。

審視首屆聯合國「網路治理論壇」的「開放性」、「安全
性」、「多元性」及「近用性」四大課題，今後聯合國對於全球
的網路治理也將從電信基礎建設、技術標準、法律、經濟及社會
文化等多面向切入上述四大課題；也就是說，資訊社會的形塑，
涉及數位傳播使用者的社會化歷程、內容訊息設計，以及策略結
構的交互關照。

伍、本書結構 @

《數位傳播與資訊文化》一書分別從社會化、訊息策略兩部
分，記載筆者近八年來的觀察與實證。

生態學重視多重文化環境對人類行為與發展的影響，並將環
境與個體的空間和社會隔離，分為一層一層的系統群。個體位在

核心，與個人最直接互動的是家庭系統，所謂微系統（micro system）；再者是居間系統（meso system），其介於微系統與外部系統（社會）之間，居間系統也被視為系統間的互動關係（Bronfenbrenner, 1979）。本書第一章數位傳播與資訊社會，分述數位網路、數位廣播電視在台灣的發展，與資訊社會成員的認知及數位文化素養。

第二章至第五章的社會化篇，先後關注自我意象、性別互動與態度形塑、家庭溝通、價值觀形成、跨文化接觸，及網路安全素養等面向，分析數位網路對資訊社會成員的影響。就個人消費行為的層面，究竟數位科技產品消費者的自我意象如何，是否將使用或追逐新產品或服務視為一種自我成就或意象的表現？台灣民眾的自我意象是否影響其數位音訊服務的消費行為？第二章數位傳播與自我意象：以數位音訊服務（DAB）需求為例，從特色理論中擁有的唯物觀，探索數位音訊服務的閱聽消費者的需求，並分析數位音訊服務消費行為與自我意象人格特質的關聯。

坊間一些青少年網路使用的調查，多以使用普及分布描述為主，調查方法以擁有電話科技的家戶電話調查為主，無法顧及缺乏科技用品的社區家庭情形。其實，形塑青少年長大至成熟的認知、態度，與行為因素，包括其自我概念、原生家庭、學校師長、同儕互動，乃至於媒體等多元層面。第三章數位傳播與兒童兩性態度形塑，探究青少兒身心發展與行為，觀察網路對媒體在家庭、學校、同儕共構下的涵化效果，追蹤全台灣各縣市國小學童網路使用行為，台灣學童的兩性態度形塑，以及網際網路對台灣學童兩性態度形塑的影響。

第四章數位傳播與家庭關係，訪問加拿大溫哥華、薩里、里

奇蒙三地區來自兩岸三地（台灣、中國、香港）五十一位華人移民，探討華人移民家庭的家庭傳播網絡、親子關係，以及網際網路對華人移民家庭的家庭傳播網絡和親子關係的影響。

　　參考全球性非政府組織第三部門對於兒少上網安全的關懷重點（Home Office, 2003），第五章數位傳播與網路安全素養，探討大台北地區國高中青少年學生網路安全素養與網路分級認知。

　　第二篇訊息策略篇涵蓋第六章至第十章，由傳播媒體扮演現代人社會化一環的觀點來看，為蒐集一般民眾使用媒體與電子化政府的現況，同時了解民眾對電子化政府透過互動電視服務到家的需求，第六章數位傳播與公共資訊，討論推行電子化政府對一般民眾的影響，及如何尋找個人利益與公共利益的平衡點。

　　隨著網路廣播與網路電視、數位多媒體廣播和數位電視的啓用，如何掌握閱聽眾方向，加強傳播媒體與閱聽人的互動，並隨時修正廣播電視節目管理策略，是進入二十一世紀的重大革新與挑戰，第七章數位互動節目接收分析，將以公視節目為個案提出閱聽意見。

　　台灣從1996年初正式開始推動「數位化」至今，已超過十二年，訊息策略篇觸及數位傳播推動歷程與策略行銷議題，其中數位廣播政策在台灣目前經歷了傳播模式的前三階段，仍未進入正式執行階段，第八章數位傳播與執行模式，從跨組織模仿策略探討社區廣播電台因應頻譜重整與數位化發展的變革，以問卷調查法與深度訪談法，蒐集社區電台有關電台運作變革或跨組織模仿策略。

　　第九章數位時代宗教傳播策略，探討近五十年台灣地區宗教的傳播策略，包括佛教與基督教的宣教目的，都以宣揚教義為

主，宣揚教義的過程正如同傳播的過程，隨著數位台灣的出現，其宣教策略亦隨兩者的教義不同而有若干相似與差異。

本書將文化行銷定義爲：「依據國家原生文化的取向設定宗旨任務，而進行特定族群藝文教育、知識的推廣，及特定族群文化產品與相關服務的提供，以期達成傳承與交流特定族群文化的理想」。第十章數位族群媒體文化行銷：以客語電台爲例，從文化行銷的觀點，探討客家廣播電台所運用的文化資源，以及客家廣播電台在節目與服務的文化展現。

第一篇　社會化篇

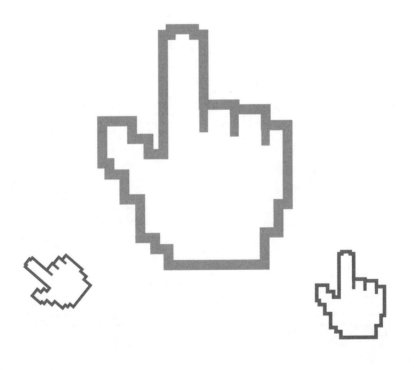

第二章

數位傳播與自我意象

Chapter 2

消費者想要的，不是人人都有、千篇一律的物品，他們需要更個性化、可反映出個人對生活的追求及表達自我感受的產品。
——摩托羅拉副總裁、消費者體驗設計中心總監兼總設計師
吉姆・魏克斯（Jim Wicks）

壹、前言 @

　　二十一世紀是數位科技的紀元，藉由資訊科技產業帶動全球化經濟發展，是一些重視高科技研發國家的夢想。且不論這個夢想是否築夢踏實，但資訊科技業者企圖說服國家政策制定單位，以及激發消費者的渴求與購買慾望，卻是不爭的事實。

　　各國政府開始推動數位廣播的經驗便是一例。

　　數位廣播（Digital Audio Broadcast, DAB），顧名思義是以數位訊號傳送的廣播內容服務，也被稱為「數位音訊服務」。數位廣播是繼AM、FM傳統類比廣播之後的新一代廣播。

　　數位廣播可在同一地區設置許多補強訊號的發射點，數位廣播收音機可接收較清晰的訊號，避免受到電波衰減、快速移動干擾，即使開車途中或搭乘時速三百公里以上的高鐵，仍能聆聽如CD音質般的廣播節目服務。

　　除了快速移動時仍能接收清晰的訊號、發射音質達到CD水準外，數位廣播還擁有一般傳統廣播所沒有的優勢（www.im.usc.edu.tw/maria.lee/course/in/DAB），像是較不易受到外來干擾

因素、發射功率低、可傳送數位服務資訊、且具顯示幕（Display）可讀取各項圖文、廣播發射頻寬可被充分運用。

目前世界上數位廣播系統之發展大致可分為：歐規Eureka-147、美國IBOC（In-Band On-Channel）、法國DRM（Digital Radio Mondiale）。與傳統類比廣播不同的是，每一個數位廣播電台，可同時傳送四至六個不同類型的廣播頻道，以及資訊服務（Data Service、 Radio Data System, RDS），如衛星導航系統（Global Positioning System, GPS）、交通資訊、火車班機時刻、氣象、電子地圖、股市分析等文字與圖片資訊。收聽廣播音訊的同時，並可從數位廣播收音機即時獲知曲目資訊、節目內容、來賓介紹等文字、圖片及影像。

台灣交通部電信總局已自2000年1月14日提出數位音訊服務試播計畫，採用歐規Eureka-147廣播系統，利用頻道中的五個頻道進行試播（吳嘉輝，2001a）。參與數位音訊服務實驗的電台包括中國廣播公司、中央電台，以及飛碟聯播網的台北飛碟電台、台中真善美電台、高雄南台灣之聲等。

行政院新聞局於2004年上半年開始正式受理數位音訊服務執照申請，2005年6月26日公布通過執照申請名單，三家全區網分別由福爾摩沙電台、優越傳信數位廣播、中國廣播公司取得；北區由寶島新聲電台、台倚數位廣播取得；南區由好事數位生活電台取得；中區從缺。除了一般電台結盟進軍數位廣播領域外，包括民視、台灣大哥大、倚天科技都參與發展數位音訊服務。

前行政院數位內容產業發展推動小組召集人暨政務委員蔡清彥於2002年8月29日台灣數位視訊協會成立大會的座談會報告，政府為推動廣播、電視及電影的數位化，促進數位視訊產業的發

展，特於「數位台灣」（e-Taiwan）計畫中，研擬數位娛樂計畫（黃葳威、樊誌融，2004）；計畫目標在推展有線、無線廣播電視之數位化及輔導獎勵數位電影，並藉修訂相關法規、補助數位設備、協助籌建數位傳輸平台等策略，來健全數位發展環境，且以補助數位視訊製作、獎勵優良數位視訊及培訓數位視訊人才等方式，來提升數位節目品質。

英國全國經濟研究協會估計（World DAB Forum, 1998），經由英國廣播公司（British Broadcasting Corporation, BBC）及Digital One電台兩家廣播公司的二十七個數位訊號轉播站傳遞，初始有60%的人口可收聽數位音訊服務；同時在歐陸部分，數位音訊服務訊號可涵蓋一億人口；德國地方政府則定出2008年數位音訊服務普及全國100%人口的目標。

加拿大廣播公司（Canadian Broadcasting Corporation, CBC）原規劃在2003年之前，向全國75%的人口提供數位音訊服務內容，日前加國廣電暨通訊委員會（Canadian Radio-television and Telecommunications Commission, CRTC）修正數位廣播政策（www.hdradio.com/stations_on_the_air.php），同意美國高音質數位廣播（High-fidelity Digital Radio, HD Radio）導入加拿大，前提是加國工業部也同步修改無線通訊法案。加拿大廣播公司已在2006年9月開始測試高音質數位廣播，雖然尚未發布完整報告，但是大致滿意使用結果，2007年初正式在中波頻率進行試播。

由美國為首研發的高音質數位廣播可將中波及調頻電台數位化，目前美國有一千一百個電台播出，電波涵蓋了80%的人口，HD 收音機也有二十多個廠商生產（www.hdradio. com/stations_on_the_air.php）。

其實，一般聽眾須擁有數位音訊服務接收設備，才可能收聽數位音訊服務內容。究竟使用過數位音訊服務的人，對於內容和服務的需求如何？

　　世界數位音訊服務論壇（World DAB Forum）1998年公布在六個西歐國家所做調查發現，六個國家的受訪家戶中有37%表示對數位音訊服務「很感興趣」，這些人希望以不超過一般收音機50%的價格，買到新型可隨身攜帶的數位音訊服務接收機。英國國家廣播公司聲稱數位音訊服務能否風行，取決於接收機價格的合理性。兩成的受訪家戶肯定在車上收聽數位音訊服務可定頻收聽的便利性。這一群人被視為數位音訊服務的最早採用者。由此可見，數位音訊服務產業將開發新科技產品接受者視為推展數位音訊服務的首要目標。

　　數位音訊服務被視為一種音質優美、「看得見的廣播」，其是否可以如同網路或手機在台灣形成風潮？耐人尋味。

　　心理學上有關認知人格的研究將閱聽消費大眾區分為兩種（Belk, 1985）：視覺型的人（visualizers）和語文型的人（verbalizers）；前者偏好視覺資訊或用視覺強調的產品；後者偏好書寫和語言訊息，或用聽覺強調的產品。

　　不論視覺型或語文型的人，一旦將擁有（possession）或消費（consume）相關產品或服務成為其主要的生活過程，都可能導致非自主性的強迫性消費或使用（compulsive consumption）行為，主因在於這些人將擁有新科技視為加強自信心、自我認同與自我表現的重要價值（Schiffman and Kanuk, 2000）。

　　從電腦滑鼠、手機與音響設備的造型，不斷推陳出新，外在造型變換多於實質功能改變，以吸引各式消費大眾，甚至推出個

人化配件，均流露出當代社會成員也透過用品的設計造型，傳遞個人特色。

根據《心理學辭典》的定義（*Random House Dictionary*），自我意象是我們如何覺察、觀看自己；形同許多日積月累的自我印象。如自我的願望或夢想？自我如何思想與感受？自我經歷的成長過程及如何因應其中歷程？自我意象可能非常正面，使一個人在思想和行動上有自信心；也可能相當負面，致使一個人懷疑自己的能力和看法。其中自負（自誇）量表（vanity scale）在消費者行為研究中常被用來測量人們的自我意象，指對自我身體與成就表現的關注與觀感（Schiffman and Kanuk, 2000, p.111）。

探討人們對新科技用品的採納與否，一般常從創新傳布觀點印證（李秀珠，2002；周昆逸，2004；Rogers, 1986），也就是分析每個人對於新科技用品的接受過程，究竟是「創新者」、「早期採用者」、「早期跟進者」、「晚期採用者」及「落後群」？

當然，如果由個人消費行為的層面出發，究竟類似採用新產品或服務的消費者其自我意象如何，是否將使用或追逐新產品或服務視為一種自我成就或意象的表現？

國內有關數位廣播的研究多從經營管理（廖俊傑，2005；黃葳威、樊誌融，2004；李蝶菲，2004；洪賢智、黃志立，2004；江典嘉，2002）、政策決策過程（黃葳威、柳紹鈞，2003），或硬體工程著眼（邱瑞蓮，2004；呂正欽，2002），由於數位音訊服務長期處於試播階段，擁有數位音訊服務接收設備者有限（不含網路廣播部分），從閱聽人使用層面的爬梳付之闕如，本章將從閱聽人的自我意象出發，探索其是否影響閱聽人對數位廣播新科技的消費？台灣民眾對數位音訊服務的內容需求如何？台灣民眾

的自我意象是否影響其數位音訊服務的消費行爲？

貳、特質理論與自我意象

如果將人生視爲一齣戲，生活所處環境如同舞台，人們在其中扮演自己的角色，也彼此觀看或參考比較個人的表現。

社會學者將「舞台」的概念應用於自我形象或自我展現詮釋（Goffman, 1959；徐江敏、李姚軍譯，1992），整個社會情境形同一小型舞台，人們身處情境互動時會給對方一個印象，這個印象代表自我，人們運用不同的布景和道具演出各種印象角色，彼此獲取各種資訊來定義情境，以便在相處互動時展現出最佳的反應，因而，彼此會因情境來創造印象，或爲了面子等不同因素做出與內心不一的演出，以求監控自己或取悅他人。

當人們從街頭宣傳看板或電視廣告、新聞報導，接觸到有關資訊科技用品發表：如新手機、超薄筆記型電腦、新型觸控式螢幕結合聲光俱佳的影音和文字說明，這些新推出的資訊用品在廠商的包裝行銷下，如同增添個人魅力與造型的行頭。除卻功能考量之外，數位資訊時代的消費者，追逐最新款式、時尚、品牌或流行設計的部分原因，與各人喜好塑造的形象或面子、生活品質或品味，難以切割。

一、特質理論

人類終其一生在追尋自我成長與自我實現。特質理論（trait

theory）主要在探索個人所具備的性格、社會、身體或智力及人際關係的特質，一般常用來區別領導者與非領導者，特質理論在古代「君權神授說」時代最為風行（Stogdill, 1984）。

特質理論研究常著眼於領導者個人特質或特性。成功的領導者被認為是積極、有智慧，或具有其他個人特質，然後再評估它們與領導效果的關聯，並關注如何從特有的心理特徵以量化方式或實證方式來測量個人的人格特質；所謂特質被界定為：每個人獨特且與眾不同的方式（Guilford, 1959）。

特質理論分別探討測量閱聽消費行為的面向包括（黃葳威，2007b；Schiffman and Kanuk, 2000, p.100）：

1. **對於新經驗的開創特質**（innovativeness）：創新傳布觀點接近上述新經驗的開創與接受度，像是對於資訊科技新產品的採納與否、採納過程或採納選擇的階段評估等。

2. **對於擁有全世界的唯物觀**（materialism）：對於新科技產品（如數位音訊服務）的擁有類似唯物觀的角度，將擁有新資訊或新用品視為個人對於世界物質的掌握，或將擁有當成一種階級的象徵。

3. **接受舶來品與否的種族中心觀**（ethnocentricism）：除了採納新產品、擁有產品之外，對於產品的製造國抱持特定取決的考量，如提倡愛用國貨，或支持特定族裔開發的產品，或視技術轉移自英國的數位音訊服務為舶來品（形同種族中心觀）。

由於國內產業界自行研發國產數位音訊服務接收設備，且數位音訊內容皆以國人自製節目為主，使用數位音訊服務不完全算

是使用舶來品，加上有關創新傳布的實證研究不在少數（李秀珠，2002；周昆逸，2004；Rogers, 1986），本文將關懷：閱聽消費者是否藉由消費數位音訊服務展現其掌握趨勢或新科技的特質。

具備擁有全世界唯物觀念的人，特別重視不計代價來獲取，及帶點炫耀意味的物質擁有，其生活中充滿了追求擁有或消費的方式，與把擁有或消費與否作為次要選擇的人有別（Belk, 1985）。也難怪資訊科技用品就算功能大同小異，只要換個造型或顏色，價格便可提高，不乏趨之若鶩的消費者。

二、自我意象的組成

「自我意象」（self-image），就是個人在自己心目中的形象，它代表著每個人對自己的評價、要求以及對自我價值的認定。自我意象在某種程度上體現了一個人自尊的程度。自尊度高，愈看重自己，我們的自我感覺就良好；自尊度低，愈看輕自己，我們的自我感覺易趨負面。

從閱聽人使用與消費的觀點來看（Karande, Zinkhan, and Lum, 1997），每一位閱聽消費者都有其特有的自我意象（self-image）或自我覺知（perception of self）。消費社會的人群由家庭、同儕、社會中尋求自我（林邦傑，1970），甚至透過品牌或流行新產品的選擇建構自我、呈現人格特色（Karande, Zinkhan, and Lum, 1997）。

社會心理學者主張（趙居蓮譯，1995），有關於「我是誰」的想法和信念，組成了自我概念，人們不斷地在發展自我概念，

每個人的自我概念也不盡相同。心理學者詹姆斯（William James）的著作《心理學原理》（*The Principles of Psychology*, 1890），將自我定義為：「自我是自己所知覺、感受與思想成為一個人者。」認為自我是一種認識和思考的過程，其包含主體我（I）和客體我（me）；前者是主動的自我，後者是個體所覺知的自我。

(一)客體我——「被認知的客體」（Self- as known）

所謂客體我來自三方面：

1. 物質我（the material me）：物質我係指個人所擁有的身體、財產，或生活必需品，自己的身體為物質我的最內層，其次是親族、家庭、財產、創造物等；如同他人從我們的外貌、擁有的物質，或親族資源，來認識我們個人。

2. 社會我（the social me）：覺知他人如何看待自己，如經由與社會團體的交流互動，同儕、朋友對自己在社會團體的評價後，認可自己而產生的印象，從親友同伴得到的名譽也是社會我的內涵之一；形同他人藉由我們周遭親友、社群網絡對我們與他人相處的經驗觀感，來認識我們個人。

3. 精神我（the spiritual me）：一個人的內在與主觀成分，為自我的最高層，包括心理狀態、思想、感受和行動意識。他人從平日對我們情緒表現、價值觀或信仰觀、心情分享所得的印象，來認識我們個人。

(二)主體我——「被認知的主體」（Self —as knowner）

主體我係指「純粹的自我」（Pure ego），即個人能經驗、思考、感受與認知的主體，是一個行動主體，可決定行動、適應外界的一組心理歷程。我們如何看待、覺察自己，判斷自己在一社會文化環境的存在意義。

根據詹姆斯的觀點，自我具有層次結構，而物質我是基礎，社會我高於物質自我。他說，一般人必須比重視健康、身體，或財物更加看重個人的榮耀、周遭朋友和人際關係。

精神我又高於社會我，是在客體我結構中的最高階層。其中精神自我居於自我的最高層次並統率全體，所以有些人會爲了志趣與理想，而放棄親友、聲譽與財產。這就是以自我的需求及自我實現的目標爲評價經驗的標準，不受他人的標準所左右。

描繪閱聽消費者的自我意象分別有以下層面（Fournier, 1998）：

1. 真實自我意象（actual self-image）：人們在眞實中如何認識自己，如同一個人眞實的身高或體重。

2. 理想自我意象（ideal self-image）：人們在期望中如何認識自己，好比一般青少年往往期望自己能夠長高一點、瘦長一些。

3. 社會自我意象（social self-image）：人們感覺他人如何認識自己，像參加職場面談的人，會期待主考人員看到自己的形象是符合專業形象。

4. 理想社會自我意象（ideal social self-image）：人們期望他

人如何認識自己，正如一般青少年往往期望他人以為自己
高一點、瘦長一些。

5. 預期自我意象（expected self-image）：人們期望在將來如
何認識自己，如每個人成長過程對於自己將來的想像或期
許。

參、自我意象的建立

每一位閱聽消費者可以選擇或偏重上述各種自我意象，以引
導其個人的態度與行為表現。例如：對於日用品的選擇，可能較
受到真實自我意象的主導；出席公開聚會活動時的裝扮，則可能
易受到社會自我意象的影響；當選購精品名牌時，則可能受到來
自理想自我意象或理想社會自我意象的左右。

一、消費者的自我意象

布希亞（Baudrillard, 1997, 1998；轉引自王志弘，2001）從
消費社會角度看人與物品的關係，人們被物品團團包圍，物品建
構了符號具、符號義，及訊息體系，人們透過物品來界定自己，
甚至拋棄了主動的選擇與意志，朝客體邏輯靠攏。

米德（George H. Mead）認為，人類自我溝通的能力，可以
將自己當作客體看待，自我中的主體我可以把自己投射成別人的
立場，回頭來檢視客體我（胡榮、王小章譯，1988），這種個人
自我溝通的能力，使人們可以互相交流互動（黃光國，1995）。

物質世界的品牌與流行文化便成爲影響人們檢視客體我的一大部分。

如何平衡人們的理想自我意象與眞實自我意象，不僅是閱聽消費者會面臨的調整與學習，更是一些新科技用品行銷部門宣傳或廣告的訴求。

除了眞實自我意象、社會自我意象、理想自我意象、理想社會自我意象之外，還有以延展自我（extended self）來詮釋閱聽消費者的自我意象。當人們擁有某些新科技物品便可以確認（confirm）或延展（extend）個人形象，這些形同一部分的擴展自我（Dodson, 1996）。也難怪一些廣告會以展現自我的訴求，吸引閱聽大衆的注意。

自我意象（self-image）形同每個人從日積月累的許多個人印象形塑出對自己的觀感（Schiffman and Kanuk, 2000），包括個人自信心、與他人的相處關係，以及設想他人對自己的看法等。

自我意象也意味著：我們如何在與他人的關係中發現或觀看自己。形同如何看待自己的身體，或類似對自己的看法，即所謂自我概念（self-concept）。自我意象會影響自尊與自信，我們可以花上一生的時間確認我們的自我意象（http://www.bremercommunications.com/Self-Image.htm）。

自我意象包括（Random House Dictionary）：

1.對自己身體外貌的想法。

2.自己人格的形成。

3.設想自己是哪一種類型的人。

4.設想別人如何看自己。

5.喜歡自己的程度或設想別人喜歡自己的程度。

根據心理學辭典的定義（Random House Dictionary），自我意象是我們如何覺察、觀看自己；形同許多日積月累的自我印象。如自我的願望或夢想？自我如何思想與感受？自我經歷的成長過程及如何因應其中歷程？自我意象可能非常正面，使一個人在思想和行動上有自信心；也可能趨向負面，致使一個人懷疑其能力和看法。

二、自我意象與價值形塑

自負（自誇）量表（vanity scale）在消費者行為研究中常被用來測量人們的自我意象，指對自我身體與成就表現的關注與觀感。這項量表包括（Schiffman and Kanuk, 2000）：

(一)身體關注題項

1.我的外貌對我來說很重要。
2.我很關心自己的外表。
3.好看對我來說很重要。

(二)身體觀看題項

4.人們會注意我是否具吸引力。
5.人們會嫉妒我有好的外貌。
6.我的身材非常吸引人。

(三)成就關注題項

7.我重視自己專業的表現。

8.在專業成就上超越同一輩分的人很重要。

9.我需要他人看到我的成就。

(四)成就觀看題項

10.我的成就來自他人的評斷。

11.我被當成是在專業上表現成功的代表之一。

12.其他人希望像我一樣的成功。

自我意象可被界定為：個人對自我身體與表現的知覺與看法，以及設想他人對自我身體與表現的知覺與觀感。學者研究青少年的價值觀形成的過程，分別受到內在知覺、客觀環境，與社會行為的交互影響（Mayton, 1992）。換言之，自我意象可以反映一個人的價值判斷，也就是價值觀。

學者郭貞（Kuo, 1989）從社會學習和自我認同危機探討青少年消費性價值觀的形塑，主張青少年的自我概念一方面受到來自社會結構如性別、家庭社經地位的影響，一方面也隨青少年個人年齡增長有所不同；青少年的價值觀學習與形成又來自於其自我概念。

人們自我概念的形成，隨著不同性別各有差異。一般以男女的身心發長與成熟度有別，由於各自經歷身心發展階段的差異，其對自我看法也不一樣；如研究學齡前兒童與國小學童的自我概念時發現，女孩對自我的看法優於男孩對自我的看法（Clough, 1979）；有關青少年男女自我概念的分析也有相似發現（Byrne

圖2-1　青少年自我認同對消費價值觀形塑模式

資料來源：Kuo, C. (1989). An Identity Formation Approach To Teenage Consumers' Society. In Schumann (eds). *Society and Consumer Psychology*. Knoxville, Tennessee: The University of Tennessee Press.

and Shavelson, 1987）。

　　針對國中生自我概念的研究指出（黃拓榮，1997；林世欣，1999），女生對環境的接納知覺與自我價值信念高於男生，男生對個人生理特質的知覺高於女生。美國一項對十二歲至二十四歲青年的長期觀察發現，這一階段不論任何年紀的男生與女生的自我概念沒有差異（Lissa, 1990）。有關國小高年級學童的研究也支持相同的發現，不同性別在自我概念上沒有差異（施玉鵬，2002）。

　　發展心理學主張，隨著年齡與時間的增加，每個階段的身心發展都有不同的成長。一些國內外有關青少年的研究都證實（Monge, 1984；陳英豪、汪榮才、李坤崇，1991；洪若和，1995），自我概念的認識與了解會跟著年齡增長而增加。

　　一些探討中小學學童自我概念的文獻，則提出相對的結果；

這些文獻指出，自我概念隨著年齡增加有遞減的現象（楊國樞，1974；黃淑玲，1995；林世欣，1999）。另一項國小學童自我對話與自我概念的研究則顯示（周佑玲，2001），兒童的自我概念並未因年級增加而有差異。

青少年正值認同危機期，其不斷尋找與重塑自我，與國小少年階段的似懂非懂有別，這或許可以使人理解，在國高中青少年時期自我概念建立，未必隨著年齡增加有所增長，而是在不同尋找、模仿嘗試與醒悟之間摸索、建立自我概念。

肆、自我意象形構的元素

資訊科技產業日新月異，其如何以形象塑造的氛圍，吸引閱聽人的關注，說服其不斷採用新推出的產品？我們先來看看影響台灣民眾自我意象形構的元素。

根據〈台灣民眾數位音訊服務（DAB）需求與自我意象探討〉報告（黃葳威，2006）發現，台灣民眾的自我意象，偏重外貌導向及成就導向的自我意象，社會導向的自我意象相對略低。

1. **外貌導向自我意象**：外貌導向意味著看重外表，如：好看對我來說很重要、我的外貌對我來說很重要、我很關心自己的外表。

   台灣民眾多半重視外貌導向自我意象，六成以上台灣民眾同意或非常同意「我很關心自己的外表」的陳述；五成以上台灣民眾同意或非常同意「我的外貌對我來說很重

要」；近五成台灣民眾同意或非常同意「好看對我來說很重要」。

2. **成就導向自我意象**：成就導向表示比較重視個人成就感的建立，像是：我需要他人看到我的成就、我的成就需要他人來評斷、在專業成就上超越同一輩分的人很重要、其他人希望像我一樣的成功、我重視自己專業的表現。

分析台灣民眾的成就導向自我意象，八成多台灣民眾同意或非常同意「我重視自己專業的表現」的陳述；六成多台灣民眾同意或非常同意「在專業成就上超越同一輩分的人很重要」；近六成台灣民眾同意或非常同意「我需要他人看到我的成就」；近六成台灣民眾同意或非常同意「我的成就需要他人來評斷」。

3. **社會導向自我意象**：社會導向自我意象代表重視他人如何看自己，包括：人們會嫉妒我有好的外貌、我的身材非常吸引人、人們會注意我是否具吸引力、我是在專業上表現成功的代表之一。

普遍來看，台灣民眾的社會導向自我意象較低。例如：四成多台灣民眾同意或非常同意「其他人希望像我一樣的成功」的陳述；四成二的台灣民眾同意或非常同意「我是在專業上表現成功的代表之一」；五成六的受訪民眾不同意或非常不同意「人們會嫉妒我有好的外貌」；五成以上表示不同意或非常不同意「我的身材非常吸引人」；三成七的台灣民眾同意或非常同意「人們會注意我是否具吸引力」。

表 2-1　台灣民眾自我意象分布

	不一定		非常不同意		不同意		同意		非常同意		總計	
	樣本數	百分比	樣本數	百分比	樣本數	百分比	樣本數	百分比	樣本數	百分比	樣本數	百分比
3好看對我來說很重要	235	21.34	18	1.63	300	27.25	454	41.24	94	8.54	1101	100
1我的外貌對我來說很重要	238	21.62	17	1.54	277	25.16	467	42.42	102	9.26	1101	100
2我很關心自己的外表	185	16.80	12	1.09	215	19.53	588	53.41	101	9.17	1101	100
9我需要他人看到我的成就	174	15.80	28	2.54	268	24.34	545	49.50	86	7.81	1101	100
10我的成就需要他人來評斷	203	18.44	74	6.72	441	40.05	350	31.79	33	3.00	1101	100
8在專業成就上超越同一輩分的人很重要	190	17.26	26	2.36	187	16.98	533	48.41	165	14.99	1101	100
12其他人希望像我一樣的成功	262	23.80	26	2.36	349	31.70	414	37.60	50	4.54	1101	100
7我重視自己專業的表現	96	8.72	6	0.54	104	9.45	668	60.67	227	20.62	1101	100
5人們會嫉妒我有好的外貌	259	23.52	48	4.36	576	52.32	193	17.53	25	2.27	1101	100
6我的身材非常吸引人	241	21.89	8	0.73	573	52.04	258	23.43	21	1.91	1101	100
4人們會注意我是否具吸引力	289	26.25	24	2.18	373	33.88	382	34.70	33	3.00	1101	100
11我是在專業上表現成功的代表之一	262	23.80	26	2.36	349	31.70	414	37.60	50	4.54	1101	100

資料來源：黃葳威（2006）。〈台灣民眾數位音訊服務需求與自我意象探討〉，發表於2006年數位創世紀：e世代與數位傳播學術實務研討會。

由此可見，台灣民眾比較重視個人的外貌及專業表現，一方面以自我期許或自我要求為基礎，也在乎旁人或社會的期待與眼光。不過，謙虛為懷、不自滿，以及維持低調，也成為台灣民眾自我意象的一面。這多少接近華人傳統以來維繫的勤奮上進、鍥而不捨的觀念。

追溯台灣民眾的自我意象的形塑，進一步分析證實（黃葳威，2006），性別會影響受訪者對外貌導向自我意象陳述，台灣女性較男性注重外表；在成就導向或社會導向自我意象方面，則沒有差異；這顯示台灣民眾在社會我的部分男女沒有差別。台灣民眾的年齡大小，不會造成自我意象的差異。從台灣近年不乏美容瘦身廣告或類似產品的資訊性節目不難理解，台灣女性在外貌導向自我意象的重視高於男性。

台灣民眾的學歷高低，會影響社會導向自我意象的形成。其中教育程度為研究所以上的民眾，較高中學歷者重視社會他人對個人的看法。如此不難理解，台灣民眾中教育程度較高者，對於個人生涯的期許與表現的企圖心，相對高於中等學歷的民眾。

台灣民眾的職業不同，其對自我意象的重視程度有差別。其中以企管人員最重視成就導向，家庭管理較不重視成就導向，其中軍公教、企管人員、專業人員、技術員、無業、學生重視成就導向的程度都顯著高於家庭管理人員。

在重視管理的當代社會，績效與成就指標往往成為衡量進步與否的參考，雖然這樣的評估方式有待商榷，也備受質疑，卻一再衝擊及主導台灣社會組織或企業，乃至學校學習的評鑑思維。如此看來，從事企業管理相關行業的民眾，其最重視成就導向自我意象的表現，其來有自。

伍、數位消費與自我意象

關於科技產品如線上遊戲使用者的研究顯示（Suler, 1998, 2000），玩網路遊戲的青少年會因爲遊戲的晉級，獲得心理回饋、滿足感與自信。這意味著一些青少年將擁有使用線上遊戲的能力，視爲增添自信心或成就感的象徵。

也有研究證實，熱中網路遊戲的青少年對自我概念抱持負面的看法，自尊較低，自我概念較不確定（王澄華，2001），也不相信自己會有出息（王秀燕，2002）。在擁有使用線上遊戲能力的過程，如果過度將追逐線上遊戲的晉級，當成獲得自信心的方式，而忽略其他建立成就感或增廣見聞的途徑，則適得其反，反而妨礙個人自尊心或自我概念的建立。

社會學者馮燕（2001）探討高中職學生的生活風格，將這個階段的學生區分爲以下五種生活形態：內向穩健、獨立自信、心無定向、求新有主見、積極好學。其中獨立自信的受訪青少年不會注意廣告，求新有主見的受訪者也不相信產品外在訊息，這代表擁有不同自主程度的人，其對新產品或新服務的接受情形有所差異。這是否說明個體的自我意象，可能左右其對新產品或新服務的使用程度？

一項針對日本手機使用者的社會文化分析發現（Ito, 2003a, 2003b），從手機使用者的角度來看，使用類似新的移動通訊設備，形同追求時髦、自家庭或社會組織控制中尋求解放。其中追求時尚即類似理想自我意象與理想社會自我的延展。

根據研究證實（蔡美瑛，1992），自我認同混淆的青少年，
會有較強的物質主義傾向。在傳統類比收音機普及的今天，採用
數位音訊服務須先購買數位收音機，尤其得支出額外的消費。那
麼，長久習慣使用傳統收音機的閱聽消費者，其對於使用數位音
訊服務的意願是否與其自我意象有關呢？

行政院主計處1996年底公布的年度家庭收支調查報告顯示：
都市地區個人電腦的普及率是二十四點一部，城鎮地區只有十三
點零七部，鄉村地區更只剩下五點九四部，由此可知，出生或成
長在都會地區的孩子們，接近使用電腦的機會超過鄉村地區的孩
子們（陳百齡，2004），似乎意味著地理區位和科技產品擁有與
消費有關。而擁有或具備消費較多科技用品的人，其自我意象和
其他較少消費能力的人是否有所差別？

一、一般民眾觀點

一般說來，數位音訊消費可從民眾使用廣播行為（時間消
費）、收聽地點（消費區位）、收聽偏好（內容消費），及願意付
出的消費金額，得知一二。

(一)時間與區位

由〈台灣民眾數位音訊服務（DAB）需求與自我意象探討〉
報告得知（黃葳威，2006），近二成六（25.6%）的台灣民眾表示
「每天」都會收聽廣播；其次是每個禮拜收聽「一天至兩天」
（12.7%）、「四天至五天」（11%），大概都有一成以上的受訪
者；值得注意的是，有二成一（21.2%）的受訪者表示不一定，

表2-2　台灣民眾廣播收聽頻率、收聽時間

廣播收聽頻率	樣本數	百分比	廣播收聽時間	樣本數	百分比
一天或不到一天	75	6.8	60分鐘以下	297	27.0
一天至兩天（含兩天）	140	12.7	61~120分鐘	191	17.4
兩天至三天（含三天）	107	9.7	121~180分鐘	83	7.5
三天至四天（含四天）	59	5.4	181~240分鐘	48	4.4
四天至五天（含五天）	121	11.0	241~300分鐘	17	1.5
五天至六天（含六天）	80	7.3	301~360分鐘	24	2.2
每天	282	25.6	361分鐘以上	102	9.3
不一定／很難説	233	21.2	不一定	324	29.4
不知道／未回答	4	0.4	不知道／未回答	15	1.4
總計	1101	100.0	總計	1101	100.0

資料來源：黃葳威（2006）。〈台灣民眾數位音訊服務需求與自我意象探討〉，發表於2006年數位創世紀：e世代與數位傳播學術實務研討會。

是一群未形成固定收聽習慣的民眾（見**表2-2**）。

　　台灣民眾每天花多少時間收聽廣播，反映其對於使用廣播的消費需求。二成七（27%）的台灣民眾表示平均一天收聽廣播的時間在「一小時以下」；其次有一成七（17.4%）的受訪者收聽「一至二小時」；值得注意的是，有近三成（29.4%）的受訪者表示收聽時間不一定。

　　台灣民眾通常收聽廣播的地點，有近五成（49.6%）的受訪者是在「家裡」；二成九（28.6%）的受訪者是在「車上」；一成六（16.2%）的受訪者是在「工作場所」。近五成的台灣民眾在家中使用數位科技用品，其次近三成會在搭乘交通工具途中使用，代表台灣民眾習慣在定點收聽廣播。

表2-3 台灣民眾收聽廣播地點

收聽廣播地點	樣本數	百分比
家裡	546	49.6
自用車上（含客貨運司機）	315	28.6
工作場所	178	16.2
商店、速食店等公共場所	11	1.0
大眾運輸工具（公車、計程車等）	30	2.7
其他	14	1.3
不知道／未回答	7	0.6
總計	1101	100.0

資料來源：黃葳威（2006）。〈台灣民眾數位音訊服務需求與自我意象探討〉，發表於2006年數位創世紀：e世代與數位傳播學術實務研討會。

(二)數位科技用品

同項調查顯示有九成三（92.9%）的受訪台灣民眾有手機；八成三（83%）擁有個人電腦；近五成（48.6%）擁有數位相機；一成六（16%）擁有PDA；只有4.9%的受訪民眾擁有數位電視接收機。

表2-4 台灣民眾電子產品擁有及對數位音訊服務的期望

擁有電子產品	樣本數	百分比	使用用途	樣本數	百分比
手機	1000	92.9	高音質音樂	750	69.1
個人電腦（筆記型或桌上型）	894	83.0	即時資訊發送	646	59.5
數位相機	523	48.6	大型檔案傳輸	337	31.1
PDA	172	16.0	遠距教學	318	29.3
數位電視接收機	53	4.9	影音遊戲	286	26.4

註：本題為複選題，故百分比加總超過100%。
資料來源：黃葳威（2006）。〈台灣民眾數位音訊服務需求與自我意象探討〉，發表於2006年數位創世紀：e世代與數位傳播學術實務研討會。

台灣民眾使用網路的目的，偏重於查詢資訊或收發聯絡；民眾也透過網路進行數位閱讀、遊戲娛樂或影音休閒之用。

　　台灣民眾最希望數位廣播可以提供的服務內容，有近七成（69.1%）希望有高品質音樂，六成（59.5%）希望有即時資訊發送，其他如大型檔案傳輸（31.1%）、遠距教學（29.3%）、影音遊戲（26.4%）等，受訪民眾亦有所期待。整體來看，台灣民眾使用數位廣播載具，仍以聽覺消費爲主，資訊獲取爲輔。

　　數位隨身音響消費額度上，有二成一（20.5%）的台灣民眾表示只願意花「兩千元或以下」購買新型可隨身收聽的數位廣播音響設備；其次有一成多的受訪者願意花「兩千零一至六千元」購買；值得注意的是，有三成六（36.3%）的受訪者不知道或未回答，可見還有相當大的努力空間。

表2-5　台灣民眾使用網路情形與目的

從不使用網路	樣本數	百分比	同意 / 不同意	使用網際網路目的	同意度
不一定	33	3.0	3.0	上網查詢資料	3.8
非常不同意	440	40.0	72.7	收發電子郵件	3.6
不同意	360	32.7		聊天室聊天	3.4
同意	142	12.9	24.3	閱讀電子報、電子型錄，或電子書	3.3
非常同意	126	11.4		玩線上遊戲、電腦軟體下載	3.2
總計	1101	100.0	100.0	欣賞網路直播影音節目	3.0

資料來源：黃葳威（2006）。〈台灣民眾數位音訊服務需求與自我意象探討〉，發表於2006年數位創世紀：e世代與數位傳播學術實務研討會。

表2-6　台灣民眾使用數位隨身聽與車用數位廣播消費額度

數位隨身聽理想價格	樣本數	百分比	車用數位廣播理想價格	樣本數	百分比
10001元以上	76	6.9	15001元以上	71	6.4
8001元至10000元	59	5.4	12001元至15000元	48	4.4
6001元至8000元	70	6.4	9001元至12000元	93	8.4
4001元至6000元	121	11.0	6001元至9000元	63	5.7
2001元至4000元	120	10.9	3001元至6000元	99	9.0
2000元左右或不到2000元	226	20.5	3000元左右或不到3000元	146	13.3
其他	29	2.6	其他	31	2.8
不知道／未回答	400	36.3	不知道／未回答	550	50.0
總計	1101	100.0	總計	1101	100.0

資料來源：黃葳威（2006）。〈台灣民眾數位音訊服務需求與自我意象探討〉，發表於2006年數位創世紀：e世代與數位傳播學術實務研討會。

　　數位車用音響的消費部分，有一成三（13.3%）的台灣民眾表示只願意花「三千元或以下」購買車用數位廣播音響設備；值得注意的是，有五成（50%）的受訪者不知道或未回答，可見還有相當多的受訪者對車用數位廣播價格概念尚未形成。

(三)自我意象與數位科技消費

　　台灣民眾自我意象中重視外貌導向與使用網路的目的有部分相關，其中重視外貌導向與收發電子郵件、上網查詢資料、閱讀電子報、電子型錄或電子書、玩線上遊戲、電腦軟體下載以及聊天室聊天有顯著正相關。也就是說，愈重視外表愈會使用上述網路功能。

外貌導向自我意象的民眾，常使用數位網路所提供的資訊查詢或互動聯絡功能，其次才是娛樂或社交溝通功能。這意味著外貌導向自我意象的民眾，可以從網路提供的多元訊息，查詢資訊、消費趨勢動態。

重視成就導向自我意象與閱讀電子報、電子型錄或電子書、聊天室聊天以及欣賞網路直播影音節目有顯著正相關，愈重視成就愈會使用類似網路功能。

成就導向自我意象的民眾，常運用數位科技所提供的資訊服務功能，其次是社交溝通或影音即時休閒服務。顯而易見地，成就導向自我意象的民眾，其較常透過網路獲取時事新知，代表其對於掌握時事訊息的動機較強。

重視社會導向自我意象與聊天室聊天以及欣賞網路直播影音節目有顯著正相關，愈重視社會他人看法愈會使用相關網路功能。

社會導向自我意象的民眾，則常使用數位科技提供的社交溝通、隨選影音服務。社會導向自我意象的民眾一方面常經由網路與他人聯絡，同時也常涉獵網路隨選影音所傳達的社會文化及社群生活風貌。

(四)數位廣播消費輪廓

一般來說，台灣民眾大約願意花費四千五百元購買數位廣播家用音響設備，其中愈不使用網路的受訪者，願意花費的金額愈少，愈常上網查詢資料願意付出的金額愈高。愈重視社會他人的看法的台灣民眾，願意花費購買數位廣播音響設備的金額愈高。這似乎意味著看重社會自我的民眾，採行數位廣播設備消費的意

願較強。

車用型數位廣播音響設備購買意願方面，一般民眾願意花費七千五百元購買車用型數位廣播音響設備。其中男性願意多花一點錢購買車用型數位廣播音響設備。年齡在三十一至四十歲的台灣民眾也較六十一至七十歲的受訪者，願意花費較高的金額購買。企管人員願意花費的金額顯著高於技術員。

很明顯地，重視自我意象與購買數位廣播音響設備有顯著關聯，愈重視社會導向自我意象的受訪者，其願意用在數位廣播音響設備的消費金額愈高。台灣民眾仍將數位音訊服務的使用當作一種自我意象的形塑，但使用需求則有不同功能取向與需求。社會自我意象（social self-image）是指：人們感覺他人如何認識自己（Fournier, 1998），就一般民眾來看，民眾的確傾向將擁有與消費數位科技用品，視為延展社會自我意象的象徵。

二、科技玩家觀點

那麼，資訊科技玩家對於數位科技的期待有哪些？爬梳質化分析報告內容（黃葳威，2006），已採用資訊科技用品的科技玩家，對數位廣播（數位音訊服務）的期待，可分為內容服務、功能、消費價格，或其他意見。

(一)內容服務需求

資訊科技消費者對於數位廣播內容的期待，以音樂、語言學習、新聞、專業知識較多，其次是財經金融、股市商情資訊，或在職進修、推廣教育。

其次，消費者還期待數位廣播加強電影、藝術、文學欣賞、旅遊資訊、生活休閒、家庭溝通，或即時資訊路況報導、求職訊息，或專題講座等。

就訊息主題需求來看，科技用品消費者希望數位廣播加強音樂、職場專業管理，或金融理財、旅遊休閒等內容取向。甚至一些學習資訊像是：親職教養、兩性相處、社會安全、公共衛生保健、情緒或壓力管理等。

這反映會採用數位音訊服務的閱聽消費者偏好音樂取向、專業進修取向、個人身心健康取向、人際溝通或社區健康安全取向等內容服務。

有趣的是，科技玩家並未刻意認為數位廣播應與現有廣播內容有所區隔；他們不反對數位音訊內容可和現有廣播內容整合，或提供如叩應方式的雙向溝通。

至於數位廣播的服務方面，消費者期待廣播音質的改善或收訊清晰，或定頻收聽。他們建議數位廣播內容表現方式，可參考樹枝狀的呈現，方便使用者尋找接收，或提供資料傳輸服務，甚至可以長時間、重複性地播放路況。這表示數位音訊服務最好加強相關資料庫的建置與連結服務，以便符合有興趣人士的期待。

(二)數位音訊功能

科技玩家對於數位廣播接收機是否應具備一機多用途的功能，則意見不一，有消費者提出各類整合方式一機多用途的期待，也有消費者覺得接收機單純、簡單就好。

例如：數位廣播可以結合的功能設計，科技用品採用者有各式的創意想像。科技玩家期待數位廣播接收機可整合為多功能、

諸如結合PDA、結合手機、結合MP3或隨身碟、結合數位相機、結合上網，或結合錄音等功能設計。

科技玩家對於數位廣播功能的期待，以外觀設計、機型功能整合爲主要意見，其次也對通訊結合功能提出建議。玩家期待數位廣播接收機可與電腦軟硬體聯結，或具備隨身碟存取功能，或結合GPRS衛星定位系統，以便維護幼童安全。

多數科技玩家傾向使用個人型數位廣播接收機，設計精巧，僅少數玩家表示喜歡用桌上型定點接收機。數位廣播接收機附加的螢幕設計，玩家也各有主張。像是主張接收機附加的螢幕要夠大，像電腦螢幕大小，以便工作時同時接收。

相對地，多數喜好個人型接收機的玩家，則以爲接收機附上小螢幕即可，只要便於攜帶。還有出席者認爲現代社會資訊爆炸，光收聽資訊即足夠，他們擔心數位廣播接收機加上螢幕的資訊接收量負擔太多，因而傾向主張不需要附加螢幕。

(三)售價接受度

科技玩家對於數位廣播接收機價格的看法，則從單一功能或多功能整合兩方向提出對售價的接受情形。

■單一功能消費

以單一功能來看，科技用品採用者又從一般等級隨身聽、專業等級接收機、一般等級接收機、高級家用音響，及車用接收機角度分析合理的售價範圍。其中抱持數位廣播接收機如同一般等級隨身聽意見者，對於心目中一般等級隨身聽的價格接受範圍，從一千元以下到一萬元左右；科技玩家對價格的接受程度大都在

五千元以下，或願意花費五千元到七千元，或一萬元，購買類似一般等級隨身聽的數位廣播接收機。

抱持專業等級接收機看法的科技玩家，願意花費一萬元上下購買數位廣播接收機。

抱持一般等級接收機看法的科技玩家，對於接收機售價的接受程度，也自一千元以下到一萬元上下。其中大部分傾向花費五千元或五千元以下的價格，採用數位廣播接收機。少數表示願意花費七千元到一萬元，採用一般等級接收機的數位廣播接收機。

單一功能類似高級家用音響等級或車用接收機等級的價格接受情形，前者約三萬元，後者介於兩萬到三萬元。

■整合功能消費

數位廣播接收機如果與PDA或手機等科技用品做多功能結合，科技玩家認為，合理的價格從四千元到兩萬元不等。多數抱持多功能結合的消費者，以為可以容忍的價格範圍在一萬元上下，或一萬元到兩萬元之間。他們以現有PDA或手機多功能的價格為基礎，來推論其可以接受的合理價格。

(四)其他

這項質化分析結果發現，資訊科技玩家大致肯定數位廣播朝向內容多元、音質清晰之餘，提出以下意見：

1. 除非數位廣播在眾多選擇中有明確定位與服務內容，否則恐怕如LD、MD般被使用者淘汰。
2. 最好避免像有線電視生態般，頻道多但內容大同小異、濫竽充數。

3.數位廣播的影音服務，如何避免被數位電視整合。

綜觀資訊科技玩家的觀點，數位音訊服務的可能消費者似乎將數位廣播與數位電視進行區隔，他們重視數位音訊服務所能提供的聲音質感，也希望內容選擇符合需求，以夠用為原則，避免同質性過高的虛胖現象。外觀造型的時尚感尤不可或缺。

參酌一般民眾及科技玩家的分析可證明，不論科技產品消費者或一般民眾，在進行科技用品消費或追求更新款式消費的過程，除重視功能外，仍會參考外觀設計或造型，以凸顯個人品味或掌握新科技的能力，這明顯證明數位科技消費與自我意象有關。科技玩家消費資訊科技用品的自我意象，不僅有所謂的社會自我意象（social self-image）：感覺他人如何認識自己；還包括在玩家同儕社群中所展現的理想社會自我意象（ideal social self-image）：期望同儕社群如何認識自己。

陸、結論與討論

數位科技產品不斷推陳出新，會追逐新科技用品的消費民眾，其自我意象究竟如何？本章從特質理論中擁有的唯物觀，審視數位音訊服務的閱聽消費者的需求，並分析數位音訊服務消費行為與自我意象人格特質的關聯。

根據數位音訊服務調查報告（黃葳威，2006），台灣民眾最希望數位廣播可以提供的服務內容，有近七成（69.1%）希望有高品質音樂，六成（59.5%）希望有即時資訊發送，其他如大型

檔案傳輸（31.1%）、遠距教學（29.3%）、影音遊戲（26.4%）
等，受訪者亦有所期待。

分析發現，重視自我意象與購買數位廣播音響設備有顯著關聯，愈重視社會導向自我意象的受訪者，其願意花費購買數位廣播音響設備的金額愈高。一般民眾仍將數位音訊服務的使用當作一種自我意象的形塑，但使用功能則有不同取向與需求。

追溯有關科技玩家的質化分析，科技玩家傾向使用個人型數位廣播接收機，設計精巧，僅少數消費者表示喜歡用桌上型定點接收機。多數消費者認為，新科技產品的造型要具時尚感、方便有質感，予人掌握潮流脈動、獨特自主的印象。這與日本手機使用者的社會文化分析（Ito, 2003a, 2003b）不謀而合。

進一步探索社會結構因素是否影響台灣民眾的自我意象，相關研究發現，性別不同，台灣民眾外貌導向自我意象也顯著有所差別；其中女性較男性注重外表；在成就或社會導向自我意象方面，則沒有差異。不論男性或女性，在成就導向自我意象與社會導向自我意象，不因性別不同而有差別。這或許與台灣目前重視性別平等意識，女性自主自立有關，且不論男女都可能擁有相似或相近的特質與自我期許。

這也呼應了美國的一項世代研究，針對十二歲至二十四歲青年的長期觀察發現，這一階段不論任何年紀的男生與女生的自我概念沒有差異（Lissa, 1996）；國內近期有關國小高年級學童的研究：不同性別在自我概念上沒有差異（施玉鵬，2002）。

性別不會影響購買隨身數位廣播音響設備願意花費的金額；不過，在購買車用型數位廣播音響設備時願意花費的金額，男女會有差異，男性倒是願意多花一點錢購買車用型數位廣播音響設

備。

數位音訊服務調查顯示（黃葳威，2006），台灣民眾的自我
意象未必隨著年齡高低有明顯差異。年齡不會造成自我意象的差
異；年齡不會影響願意花費多少錢購買隨身數位廣播音響設備。
但是不同年齡對於願意花費多少錢購買車用型數位廣播音響設備
會有差異；年齡在二十一至三十歲的台灣民眾，較六十一至七十
歲的台灣民眾，願意花費較多的金錢購買車用型數位廣播音響設
備；年齡在三十一至四十歲的台灣民眾也較六十一至七十歲的民
眾，願意花費較高的金額購買車用型數位廣播音響設備。

比較隨身數位設備與車用數位設備的消費行為，隨身數位設
備的消費並沒有因為年齡或職業不同而有所差異，但車用數位設
備的消費行為的確隨著年齡、職業有別而呈顯著差異。這除了呈
現不論年齡大小的科技玩家，較在意隨身數位設備的造型設計
外，玩家對於隨身科技產品的價格傾向類同於一般隨身聽或MP3
的推想，但對於車用音響的需求則會從音響效果與功能性的價值
來判斷，預設的價格容忍範圍較有彈性，因而有所區別。

多數喜好個人型接收機的科技玩家，則以為接收機附上小螢
幕即可，只要便於攜帶。還有消費者認為現代社會資訊爆炸，光
收聽資訊即足夠，他們擔心數位廣播接收機加上螢幕的資訊接收
量負擔太多，因而傾向主張不需要附加螢幕。這印證了認知人格
研究中所謂語文型（verbalizers）的閱聽消費特質（Belk,
1985）：偏好書寫和語言訊息，或用聽覺強調的產品。也就是
說，民眾仍將「看得見的」數位音訊服務（數位廣播）歸類為語
文型產品服務。

從台灣民眾對於數位音訊服務的消費行為與想像，仍以聽覺

為主，尚未期待從數位音訊服務獲取豐富的視覺素材，這提醒台灣在推展數位音訊產業的過程，對於民眾的期待與認知的養成須密切理解，以免無法達到數位音訊服務消費民眾的使用需求與習慣。

問題與討論

1. 從心理認知角度，閱聽消費大眾可分為哪些？你個人的閱聽消費情形是？
2. 請問自我如何組成？請舉例說明。
3. 請問自我意象如何形成？你的自我意象如何？
4. 自我意象對一般民眾與科技玩家的數位科技用品消費有哪些影響？

附錄

　　自我意象可被界定為：個人對自我身體與表現的知覺與看法，以及設想他人對自我身體與表現的知覺與觀感。自我意象量表係參考希夫曼和卡努克（Schiffman and Kanuk, 2000, p.117）提出的自負量表的十二個題項，經問卷前測具有一定信度（Cronbach Alpha=.74）；問卷正式施測後其Alpha係數為.81。根據因素分析的結果，研究者將自我意象該變項分為外貌導向（Cronbach Alpha=.79）、成就導向（Cronbach Alpha=.69），及觀看導向（Cronbach Alpha=.64）等三個構面，如下表所示。

自我意象信度檢定表

整體Alpha=.8084	因素構面		
	外貌導向	成就導向	社會導向
好看對我來說很重要	.803		
我的外貌對我來說很重要	.768		
我很關心自己的外表	.747		
我需要他人看到我的成就		.752	
我的成就需要他人來評斷		.667	
在專業成就上超越同一輩分的人很重要		.648	
其他人希望像我一樣的成功		.533	
我重視自己專業的表現		.498	
人們會嫉妒我有好的外貌			.732
我的身材非常吸引人			.709
人們會注意我是否具吸引力			.609
我是在專業上表現成功的代表之一			.475
Alpha	.7875	.6868	.6401

第三章

數位傳播與
兒童兩性態度形塑

Chapter 3

壹、前言 @

資策會電子商務研究所（Advanced e-Commerce Interactive Foreseeing Innovative New Digiservices, ACI-FIND）進行的「台灣網際網路用戶數調查」發現，截至2008年3月底，我國行動上網用戶數已達一千二百四十六萬戶，較上一季大幅成長六十二萬戶，主要成長來自於PHS與3G數據用戶持續大幅增加，其用戶突破九百萬戶，較上一季大幅增加一百零四萬戶，約占整體行動網路用戶的73%。商用網際網路帳號數以行動網路用戶居多。由此可知，「上網」已逐漸發展成全體國人攜手參與、共同響應的「全民運動」。

史丹福社會研究中心（Stanford Institute for the Quantitative Study of Society, SIQSS）所做的研究發現，網際網路對使用者的生活習慣以及社會人群關係造成重大的改變，其次，由於網際網路是一個促使人類離群索居的科技（isolating technology），它使得人們減少了與周遭人們接觸的機會與時間（Nie, 2001）。

2008年台灣兒少上網安全調查報告發現，台灣國小中高年級學童學期間，平均一週花在電腦網路的時間至少有十二小時以上，其中逢假日的使用時間較學期週間多出50%的時間；根據調查結果，受訪學生在週末假期平均一天使用電腦網路的時間為二點六六小時，在平常週間平均一天使用電腦網路的時間為一點三一小時（黃葳威等，2008）。

相較2005年的調查結果，2005年三年級受訪學生在學期中一

週花在電腦網路時間低於十小時，隨著升到小六，他們在週末假日上網時數明顯增加。

　　台灣愛鄰社區服務協會白絲帶工作站公布調查顯示（黃葳威，2005），大台北地區國高中生家中擁有電腦的數量，平均擁有一點七一台電腦；大部分的國高中生家中有一台電腦，有五百四十五人，占50.1％，家中有二台電腦者有三百一十六人，占29.1％，家中有三台電腦者有一百六十八人，占15.5％，擁有四台電腦者有二十四人，占2.2％，家中有五台以上者有十四人，占1.3％，另外僅有二十位受訪者家中沒有電腦，占1.8％。上網已成為當今青少兒的重要活動。

　　兒童透過網路蒐集資料，有可能會遇到不當資訊，研究指出，有84％的網站，其內容涉及「性」（Bryant and Zillmann, 2002），目前大部分的網站內容是針對成年人設計，導致不適合兒童的內容、訊息到處充斥（戴麗美，2005）。

　　黃登榆（1997）曾調查上網者接觸色情網站的情形，結果發現有86％的上網者上過色情網站，其中又有80％的受訪者承認他們是有意的接觸色情網站。政大新聞系四年級的學生曾針對高中生進行調查，結果發現有47％的高中生曾上過色情網站，且有74％的學生表明「看了還想要看」（朱姣鳳等，1999）。

　　媒介訊息對人的影響，在心理學與傳播研究的範疇中並不是一個新議題。同樣在1960年代，心理學家班度拉（Bandura, 1977、1978）和同事在一系列的古典實驗中證實了社會學習論（Social learning theory）的力量；傳播學者葛本納（George Gerbner, 1969）亦提出涵化理論（Cultivation theory），主張媒介訊息對人的世界觀知覺的形成有涵化的長期效應。爾後社會學習

理論與涵化理論，就成為研究媒介訊息效果時兩個常用的理論依據。

　　過去以社會學習理論與涵化理論為基礎的媒介效果研究，大都以電視及與電視相似的媒體（如錄影帶、影片等）為主要的研究媒介（Bignell, 2004），對平面媒體如報紙、雜誌著墨較少。對網路此一資訊科技發達下的新傳播媒體，將帶來哪些效果的細節，至今尚未見諸探討。

　　或有以為網路及傳統媒體之色情訊息，其內容可能差異不大，但是由於網路科技的跨國性、易近性、普及性及匿名性，使得這些色情訊息比以往更深、更廣、更容易接觸到未成年的青少年（錢玉芬、黃葳威，2000；黃登榆，1997；謝旭洲，1999）。

　　坊間一些青少年網路使用的調查，多使用普及分布描述，調查方法以擁有電話科技的家戶電話調查為主，無法顧及缺乏科技用品的社區家庭情形。其實，形塑青少年長大至成熟的認知、態度，與行為因素，包括其自我概念、原生家庭、學校師長、同儕互動，乃至於媒體等多元層面。探究青少兒身心發展與行為，需要觀察網路對媒體在家庭、學校、同儕共構下的涵化效果。本文將觀察全台灣各縣市國小學童網路使用行為，台灣學童的兩性態度形塑，以及網際網路對台灣學童兩性態度形塑的影響。

貳、青少兒與媒體涵化效果

　　青少兒是重要且矛盾的媒介服務對象（Rose, Bush, and Kahle, 1998）。其重要性在於青少年代表個人生命週期的關鍵階

段，青少年時期正處於個人由依賴、受保護蛻變為獨立、自主，
且有能力提供他人支持與照顧（黃葳威，2004a；黃德祥，
1994）。同時，青少兒往往成為媒體節目與產品市場的兵家必爭
之地，諸如綜藝節目、娛樂新聞等週末黃金時段（尼爾森媒體季
報，2003）。

　　青少年位於消費世界與生命週期的關鍵交叉入口。從發展心
理學來看，青少年階段發展的任務是要達成「自我統整」的目標
（張宏哲譯，1999）。另一方面，傳播媒體與廣告市場也極盡所能
地引導青少年進入消費社會化的生活模式，以廣告或置入性行銷
的節目誘導青少年消費，導致青少年迷失在媒體包裝建構的表
象，形成「自我混淆」（王淑女，1995）；從某種程度而言，這
些影響了青少年追尋自我認同的自主性。

　　2003年11月20日訂為世界兒童人權日，將兒童人權指標分為
基本人權、社會人權、教育人權和健康人權四大類（梁玉芳，
2003）。很明顯地，傳播媒體屬於社會人權的範疇，青少年或兒
童的媒體近用權，為當代文明社會重要的一環。

　　社會化是指個人對於身處團體進行彼此之間目標和規範整合
的嘗試；從整體來看，個人嘗試同化於團體的儀式、程序和期
望，同時，個人也嘗試將己身需求形塑於所處團體（Deaux and
Wrightsman, 1984）。青少兒由多種管道學習與成長，包括同儕、
家長，以及傳播媒體（Rose, Bush, and Kahle, 1998）。

　　1957年，美國賓州大學接受美國「國家心理衛生中心」（The
National Institute of Mental Health）的委託，開始對美國三大電
視網的電視節目展開長達數十年的訊息系統分析（Message
System Analysis），揭開涵化理論研究的序幕。葛本納認為：「媒

介的效果不在於會讓我們產生什麼樣的行為，還有它賦予各種事物的意義。所以我們要問的是，媒介訊息與系統如何影響大眾的意識。」 葛本納的主要目的為試圖找出電視和社會過程中的直接關係。意即：分析電視造成了什麼樣的「象徵環境」（李孟崇，2002）。

涵化研究強調媒介的長期效果，意即在潛移默化之中建構社會現實的過程（Gerbner & Gross, 1976）。葛本納提出的：「主流效果」（mainstreaming）為涵化理論下了一個最好的註解：「無論何種族群，只要是重度收視者，就會受到暴力電視相當程度的影響，產生與電視近似的認知與信念，匯入主流文化中。」（Gerbner, Gross, Morgan, & Signorielli, 1982）。所謂「主流效果」是指：「對於某特定議題而言，本來應有極為多元化的價值觀，但因為接觸了一定質量的媒介資訊，而變得與媒介中所呈現的『意見主流』雷同。葛本納也發現，對某議題看電視少的人，意見較看電視多的人分歧。」

1976年開始，美國國家心理衛生中心委託學者，進行一系列電視暴力內容的效果研究。學者葛本納和格羅斯（Gerbner and Gross, 1976）對效果的界定，有別於過往短期效果、顯著效果研究，他們主張媒介的效果或影響不是讓人們形成什麼行為，而在於媒介所賦予各種人事物的意義。因此，涵化理論所重視的長期影響，在於人們長期大量暴露於傳播媒介內容，潛移默化地建構社會真實的過程。

葛本納在其著作《走向文化指標：大眾媒介公共訊息體系分析》（*Towards Cultural Indicators: The analysis of mass mediated public message systems*, 1969），質疑大眾媒介公共訊息體系的短

期效果的重要性，而企圖建立探討媒介長期、逐漸增強影響的文化指標。葛本納（Gerbner, 1969）認為傳播媒介瞬息萬變的訊息內容，打破訊息所處環境脈絡的時間、空間、社會團體界限，這些有系統、多樣化的訊息內容帶有集體意識的涵化影響。葛本納並未使用長期效果（long term effects）來形容上述現象，而採用涵化（cultivation）的概念，原因在於他注重分析長期暴露傳播媒介內容所導致理解的傳散效果（diffuse effects on perceptions）。

涵化理論的本質帶有媒體對閱聽人社會化影響的色彩。自1970年代後期至今，已有不少實證研究出現。涵化理論強調傳播媒介對閱聽人認知方面的影響。為了探究傳播媒介的長期影響，葛本納等人進行了「文化指標研究計畫」（The Cultural Indicators Project），分析娛樂內容對客觀真實的呈現，並調查傳播媒介的符號呈現方式對閱聽人社會真實認知的影響（Gerbner, Gross, Morgan, & Signorielli, 1982）。涵化理論的基本假設如下（Gerbner and Gross, 1976; Gerbner, 1969）：

1. 媒體內容的本質：大量呈現刻板、重複的形象，反映傳統的價值、行為及信念。
2. 閱聽人的本質：習慣性、未經選擇地收視同質性高的內容，使用媒體類似一種儀式化的行為。
3. 涵化差別（cultivational differentiation）：使用媒體的多寡會影響人們的世界觀：使用媒體愈多的人，其觀看世界的角度與媒體內容的呈現愈趨一致。

學者帕特（Potter, 1993）指出，文化指標是葛本納用來分析

傳播媒介訊息反映文化現象的概念，文化指標所探討的概念化面向包括：：

1. **是什麼**（what is）：探討什麼被注意，即訊息內容呈現的密集頻率。
2. **什麼被強調**（what is important）：探討什麼是被強調、重視的問題，即指標呈現了什麼重要、相關的脈絡。
3. **什麼傾向**（what is right）：探討呈現的詮釋脈絡、傾向。
4. **什麼結構**（what is related to what）：分析訊息內容相互的關係，有關結構的問題。

文化指標的操作化部分，則有三種研究方式（Potter, 1993）：

1. 採取內容分析法探討符號眞實。
2. 採用次級資料分析（例如政府公報、統計資料等）呈現社會眞實的一面。
3. 使用社會調查法獲知閱聽人主觀眞實的經驗。

葛本納特別關心電視節目中的暴力訊息及其影響。涵化研究的重要發現像是：電視是1960年代以來最具影響力的傳播媒介，其內容往往形成反映社會眞實的重要來源，長期接受扭曲的訊息內容，使得閱聽人對現實生活的人產生不信任並對犯罪恐懼（Gerbner and Gross, 1976; Gerbner, Gross, Jackson-Beeck, Jeffries-Fox, and Signorielli, 1978; Gerbner, Gross, Signorielli, Morgan, and Jackson-Beeck, 1979）；由於電視節目內容大量呈現暴力訊息與刻板印象，與眞實生活有距離，長期暴露於上述訊息的閱聽人，

久而久之受其影響或扭曲，易對生活不滿（Morgan, 1982），將銀髮族塑造成沒有生產力的低效率族群（Gerbner, Gross, Morgan, and Signorielli, 1980），對性別議題抱持片面的刻板印象（Shaffer, 2000）。

媒介效果理論早期多應用於電視黃金時段節目內容對人們的影響，近期則開始印證於不同的傳播媒介，像是平面媒體（Philips, 1983）、流行音樂（Greenberg and Brand, 1993）、音樂電視（Aufderheide, 1986; Sun and Lull, 1986）、電影（Greenberg and Buerkel-Rothfuss, 1993）、暴力和非暴力的色情內容（Malamuth and Briere, 1986; Zillmann and Bryant, 1982, 1988; Bryant and Zillmann, 2002；錢玉芬、黃葳威，2000）、網路一夜情現象（李孟崇，2002）等。

儘管涵化理論的概念化過程曾遭到有關其內在效度與外在效度的批評（Potter, 1993），仍有陸續的研究不斷修正涵化理論的概念化過程，包括由心理過程的內在效度（Shrum, 1996），以及應用於多種媒體實證的外在效度研究（Buerkel-Rothfuss and Strouse, 1993）。

一些文獻涵化理論應用於電視和新媒體，探討有線電視、遙控器與錄放影機的使用，是否會分散電視的涵化效果，結果發現僅有錄放影機的使用對觀眾的暴力恐懼或不信任感有所影響（Perse, Ferguson, and McLeod, 1994）。這表示不只是電視，只要是普及迅速的流行媒體，都可能對閱聽人觀看世界人事物的觀點有所影響。

因此，探索1976年葛本納以「暴力主題」所展開的涵化分析（cultivation analysis）的研究為例：他以探討「暴力節目暴露

（即節目使用量）」與閱聽人認知、態度或信念的關係為主，測量工具主要為自己設計的暴力指標（violence index）。至1978年，以抽樣分析過電視節目一千四百三十七個，主要角色四千一百零六個，次要角色十萬零四千二百九十七個（Gerbner et al., 1978）。結果發現看電視愈多者，愈具有「鄙視世界信念」（mean-world beliefs）。例如重度收視者會高估暴力事件在真實世界中的發生機率，以及高估自己成為暴力受害者的可能，並降低對他人信任等趨向產生。

其次，這項長期觀察發現：「媒體世界」中出現的暴力世界與暴力受害者的機率要高於「真實世界」許多（Gerbner & Gross, 1976）。整體來看，涵化理論的提出具有三個重要意義：(1)設計出「暴力指標」，使媒體暴力內容自此可被測量。(2)當其他研究仍以實驗法來求證暴力內容對閱聽人行為上的短期影響時，涵化理論卻另闢蹊徑，以問卷調查的方式研究暴力內容對閱聽人認知、態度與信念上的長期效果。(3)涵化理論是讓當時的媒介效果研究重回效果論的關鍵之一。

綜合涵化研究的結果，葛本納認為收看充滿暴戾的電視節目會影響閱聽人對真實世界的認知、態度與信念，且看得愈多，受影響的程度愈大──即便真實世界並非如此亦如是；此即為「涵化理論」的初始要旨。

柏斯（Perse, 1986）亦將葛本納的涵化理論歸納為三個要點：

1. 大眾媒介內容構成了一個訊息體系，其功能是製造全面性的意識形態。

| 接觸充斥暴力的媒體內容
（媒體暴露量） | → | 產生鄙視世界的信念 |

圖3-1 涵化理論的基本概念示意圖

資料來源：Gerbner and Gross, 1976。

2.訊息體系的功能是潛在的，例如電視劇不斷灌輸觀眾一些
有關社會上的角色、活動等知識，觀眾自然在心中形成一
套價值系統。

3.媒介意識形態效果隱而不彰，也許表面效果不顯著，但實際
上已成功地涵化了某種意識形態。

涵化理論的主張可用**圖3-1**來表示，其中呈現出初始涵化理
論的兩種特質，其一為涵化過程是「單向且線性的」，其二為
「媒體暴露」是產生涵化效果的重要因素（Gerbner and Gross,
1976）。

從上述主流效果的角度，回歸到本研究的目的，青少兒閱聽
者在接受到一定質量的網路兩性相處資訊後，是否不自覺同化了
網路媒介中所呈現的意見主流，這即是涵化理論的闡述。

由於媒介具有「內容介於虛構與眞實之間」的特性，容易被
閱聽人所接受（Gerbner and Gross, 1976），且具有模糊符號與眞
實的能力，使得閱聽人相信從傳播媒體裡看到的一切也會發生在
實際的生活中。

媒介傳遞了某些經驗，使閱聽者依據其所描述的社會現實來
認知並闡釋眞實生活（許智惠，2003）。所以傳播學者皆肯定媒
介建構社會現實的功能，也直接證明了涵化理論中「資訊接觸量」

與「對眞實世界和媒介描繪世界的一致性認知」，呈現涵化理論中更具體的議題——「資訊認知眞實」。

帕特（Potter, 1986）認爲當閱聽者愈相信媒體資訊所言爲眞，資訊即愈可能影響閱聽人的認知、態度或信念：

第一爲魔窗（magic window）：即閱聽人相信所看到的資訊就是眞實世界的反映。

第二爲教導（instruction）：即閱聽人相信所看到的資訊是一個學習的管道。

第三爲認同（identity）：即閱聽人認爲資訊中的角色和情節可與自身經驗相結合。

帕特在研究中發現，當控制住「魔窗認知」與「使用情境」兩變項時，與媒體暴露相關的涵化效果就消失了。再單以「魔窗」程度高低來看，則只有在「高魔窗」的收視者身上發現資訊的影響效果（即資訊使用情形與個體態度間的因果），此外，帕特（Potter, 1986）更發現「魔窗認知」比「使用情境」更能預測閱聽人的態度。

參酌葛本納涵化理論中對暴力所做的實驗與帕特的「資訊認知眞實」的觀點，「接觸量」會造成閱聽者對眞實世界的「一廂情願」——即近似於媒介中所呈現之主流的描繪，當閱聽者愈相信資訊內容所言爲眞，該資訊就愈有可能影響閱聽人的認知、態度或信念。根據上述文獻，本研究先將「資訊認知眞實」定義爲：「個體相信網路中所描述的兩性關係資訊是眞實世界的反映，並願意將自身經驗融入該資訊中並學習該資訊的狀況。」

從媒體接觸量的文獻來看，艾弗羅（van Evra, 1990）的研究

發現，單親家庭的孩子因為父母介入與監督較少，孩子可以自己決定要不要使用媒體（如看電視），反觀雙親家庭父母往往降低給予孩子接觸媒體的時間。此外該研究亦提及，單親家庭的小孩較常感到孤獨，而使用傳播媒體是他們易於接受的活動（引自吳知賢，1997）。另一項研究也提出類似的結論（Kimball，1986）：來自單親家庭的孩子為了排遣自身的寂寞，往往使其增加使用媒體的時間。這代表家長參與孩童接觸媒體可以引發不同影響。

吳知賢（1997）在針對卡通影片的研究中認為，男女兒童解讀「卡通世界與真實世界比較」的方式有顯著差異存在；林秀芬（2000）研究指出，男女學童對廣告中性別刻板印象沒有顯著差異，但男性學童仍是比女性學童更具性別刻板印象；梁欣如（1991）探討閱聽人閱讀新聞敘事體的形態發現，性別會影響媒介的解讀形式，當解讀的形式不同時，對認知的真實狀況亦有差異。

如果孩童視「傳播媒體」為魔窗，孩童會以媒體人物提供的資訊來解決日常生活問題，他們甚至用媒體呈現的日常傳播類型，來架構自己真實生活的日常傳播。但當兒童成長，認知能力成熟，他們會反省媒介真實與生活真實有何差別（Hawkin，1977）。

文獻探討線上媒體可信程度發現（Johnson and Kaye，1998），閱聽人對該媒體的相信程度與依賴程度和使用量有關。道布爾戴等人（Doubleday et al., 1990）也認為，對媒體內容的判斷情形與個體使用媒體的多寡有很大的相關，而與個體年齡發展較無關係，該研究並顯示看較多暴力動作內容者比較相信媒體所

說為眞實。

研究顯示（van Evra,1990），青少年看較多警匪片也較相信電視上警察的描述。有關青少兒漫畫的研究指出（魏延華，1999），「每週使用漫畫時數」與資訊認知眞實中的「認同認知」因素有顯著相關。

然而，帕特（Potter, 1993）指出，大部分的涵化分析研究都發現資訊暴露與涵化效果相關，但相關係數往往僅在.08至.12間，且控制其他變項後還有可能更小。一些早期的學者曾為此質疑涵化效果的存在（Doob and Macdoanld, 1979; Wober, 1978），研究團隊（Gerbner, Gross, Morgan, and Signorielli,1986）的回應是，雖然相關係數偏低，但是涵化效果的發現始終是普遍而穩定的，因此它的力量不容忽視。如同「氣溫輕微的變化造就了冰河時期」，因此媒體暴露與涵化效果的相關係數雖小，卻十分有力量。

經由成人講解與互動的過程，可以幫助兒童在使用媒體的過程中掌握主要的資訊，並澄清隱含的內容（Westby, 1981）。關心兒童身心發展的文獻指出，成人特定的互動技巧，在兒童觀看電視時有助於其學習，例如成人事實的問題並予以思考的過程，會讓兒童更積極的參與節目並釐清其節目內涵（吳知賢，1997）。

許多文獻已經證實，兒童較喜歡並且較能了解也更能記憶與他們年齡相似的電視內容及劇中人物（吳知賢，1997）。個體也較喜歡描述相同家庭背景的節目，並較能記憶描述相同家庭生活的內容（Collins, 1982）。同時，若兒童本身即有類似影片中的觀念，愈會去認同其中的主角，而更加注意觀看。

因此，當認知基模結構不同的閱聽人面對相同的內容時，會

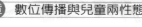

產生不同的詮釋反應。換言之，閱聽人詮釋內容時與他們本身的社會認知有關。社會認知來自家庭、學校或同儕。

1990年代起，涵化理論也被應用於性別角色（Rossler and Brosius, 2001）及政治資訊娛樂化的現象（王泰俐，2004；Davis and Mares, 1998; Young, 2004）。同時在研究方法上也調整以往以內容分析和長期調查法為主的方式，改採實驗法進一步分析媒體內容與閱聽人意見形成的因果關係。

學者研究德國談話性節目是否影響觀眾對雙性戀、同性戀及刺青的態度，結果發現收看談話性節目的青少年將會高估社會中同性戀、雙性戀，或身上有刺青的人口比例，且以為社會大眾對前述族群採取較寬鬆的看法，甚至收看談話性節目的青少年，也對這些族群抱持較寬容的態度（Rossler and Brosius, 2001）。這印證談話性節目內容會對青少年形成涵化效果。

反諷政治人物的談話性節目內容，也被證實對青少年產生影響。像是讓閱聽人將奇特的社會行為視為正常，且有前述觀感的青少年易對他人的不幸遭遇感到麻痺，或將複雜的社會問題簡化（Davis & Mares, 1998）。或將偏差的現象視為正常，混淆了「真實」政治與「模仿」政治（王泰俐，2004）。或因常觀看反諷政治人物的談話性節目，而對政治人物產生負面印象（Young, 2004）

本章將探討網路訊息對青少兒兩性觀念長期涵化效果，並希望藉此尋找形塑青少兒成長過程性別態度形成「社會化」的可能影響因素。兩性態度是指對兩性相處互動描述的持久性評價與看法。

參、青少兒兩性態度形塑

受訪小三學童的性別比例，男生占50.8%，女生占49.2%。根據教育部資料，我國國小三年級學生男學生有十六萬五千七百三十一人，女學生有十五萬三千五百八十人，以教育部資料作為母體，進行卡方適合度檢定，發現母體與樣本並無顯著差異（$X^2 = .672, df = 1, p = .412$）。因而可以推論全台國小三年級學童。

表3-1　性別分布

	個數	百分比
男	701	50.8
女	679	49.2
總和	1380	100.0

小三學童在週末假期平均一天使用電腦網路的時間為一點九八小時，在平常週間平均一天使用電腦網路的時間為一點二七小時。受訪者上網的地點，以家中為主，占75.1%，其次為學校，占17.7%，再者為圖書館，占2.5%，在其他地點上網占2.4%，在網咖上網者則占2.3%。

表3-2　上網地點

	個數	百分比
學校	164	17.7
家裡	695	75.1
網咖	21	2.3
圖書館	23	2.5
其他	22	2.4
總和	925	100.0

註：遺漏值455筆（包含不上網）。

學童平常在家會使用的電子產品，以電腦及網路的比例最高，占55.6%，其次為電動遊樂器，占36.8%，再者為手機，占23.8%，其餘依次為電子字典，占23.5%，無法上網的電腦，占20.0%，數位電視，占15.8%，語言學習機，占11.2%，PDA占5.9%，其他占0.8%，都不使用占7.0%。

表3-3　在家使用電子設備分布

	個數	百分比	百分比
數位電視	179	7.9	15.8
電腦（不能上網）	226	10.0	20.0
電腦及網路	628	27.7	55.6
手機	269	11.9	23.8
電動遊樂器	416	18.4	36.8
語言學習機	127	5.6	11.2
電子字典	265	11.7	23.5
PDA	67	3.0	5.9
都不使用	79	3.5	7.0
其他	9	0.4	0.8
總和	2265	100.0	200.4

在家不上網的原因，以不想用所占的比例最高，占21.7%，其次為不會使用，占21.0%，再者為父母怕影響受訪學生的功課，占20.1%，父母覺得不需要也占19.9%，父母沒錢買占10.8%，父母擔心受訪學生接觸不良網站則占6.5%。

表3-4　在家不上網原因

	個數	百分比
父母沒錢買	68	10.8
不想用	136	21.7
父母覺得不需要	125	19.9
父母怕影響我的功課	126	20.1
父母擔心我接觸不良網站、節目或資訊	41	6.5
不會	132	21.0
總和	628	100.0

一、兩性態度親職互動

兩性態度親職互動方面，針對「我能自由自在的和爸媽討論我對男生和女生之間的兩性相處的想法」，以非常同意所占的比例最高，有37.3%，其次為同意，占25.0%，再者為非常不同意，占21.1%，最後為不同意，占16.6%。

「爸媽總是願意傾聽我對男生和女生之間的兩性相處的看法」，有31.1%表示同意，再者有29.4%表示非常同意，非常不同意占20.2%，不同意則有19.3%。

「我對我和爸媽談論男生和女生之間的兩性相處的方式感到滿意」，表示非常同意占31.3%，表示同意占30.9%，另外非常不同意占19.3%，不同意占18.5%。

「當我問爸媽有關男生和女生之間的兩性相處的問題時，他們會清楚的回答我」，有接近五成受訪學生表示非常同意，表示同意也有25.9%，不同意則有13.8%，非常不同意占13.2%。

「爸媽會試著了解我對男生和女生之間的兩性相處的想法」，其中以非常同意所占的比例最高，有35.8%，其次爲同意，占32.3%，再者爲不同意，占16.9%，非常不同意則有15.1%。

　　「和爸媽討論男生和女生之間的兩性相處的話題會讓我覺得很不好意思」，有30.5%受訪學生表示非常同意，表示同意的有26.6%，其次爲非常不同意，占22.8%，而不同意則有20.1%。

表3-5　兩性態度親職互動分布

	非常同意	同意	不同意	非常不同意
我能自由自在和爸媽討論我對男生和女生之間的兩性相處的想法	509(37.3)	341(25.0)	227(16.6)	288(21.1)
爸媽總是願意傾聽我對男生和女生之間的兩性相處的看法	400(29.4)	423(31.1)	263(19.3)	275(20.2)
我對我和爸媽談論男生和女生之間的兩性相處的方式感到滿意	424(31.3)	419(30.9)	250(18.5)	262(19.3)
當我問爸媽有關男生和女生兩性相處問題時，他們會清楚的回答我	640(47.2)	351(25.9)	187(13.8)	179(13.2)
爸媽會試著了解我對男生和女生之間的兩性相處的想法	486(35.8)	439(32.3)	229(16.9)	205(15.1)
和爸媽討論男生和女生兩性相處話題會讓我覺得很不好意思	413(30.5)	361(26.6)	272(20.1)	309(22.8)
要我相信爸媽告訴我的男生和女生兩性相處的事情，是很困難的	265(19.6)	263(19.4)	340(25.1)	487(35.9)
當我對男生和女生兩性相處有不懂的地方，我通常不會和爸媽說	234(17.3)	207(15.3)	331(24.5)	581(42.9)
和爸媽談到男生和女生兩性相處話題，我會注意態度和說話方式	832(61.0)	345(25.3)	81(5.9)	106(7.8)

「要我相信爸媽告訴我的男生和女生之間的兩性相處的事情，是很困難的」，以非常不同意所占比例最多，有35.9%，其次為不同意，占25.1%，再者為非常同意，占19.6%，同意者有19.4%。

「當我對男生和女生之間的兩性相處有不懂的地方，我通常不會和爸媽說」，有超過四成受訪學生表示非常不同意，不同意亦有24.5%，其次為非常同意，占17.3%，再者為同意，占15.3%。

「和爸媽談到男生和女生之間的兩性相處的話題時，我會注意我的態度和說話方式」，超過六成受訪學生表示非常同意，表示同意有25.3%，其次為非常不同意，占7.8%，表示不同意的比例最低，占5.9%。

不同性別的國小學童，其兩性態度親職互動有明顯差異，女同學與父母間討論兩性相處的情形較男同學好。

表3-6　性別和兩性態度親職互動t檢定

	個數	平均數	標準差	t
男	641	2.8076	.5545	-3.151**
女	631	2.9049	.5470	

**p<.01

母親學歷不同的國小學童，其兩性態度親職互動有所差別。學童母親學歷為大學或大專的受訪者，兩性態度親職互動顯著優於不知道母親學歷的受訪者。

表3-7　母親學歷和兩性態度親職互動單因子變異數分析

	個數	平均數	標準差	F	Scheffe
國中以下	105	2.8667	.5691	5.142***	大學（專）＞不知道
高中（職）	222	2.8564	.5482		
大學（專）	204	3.0033	.4922		
碩士	23	2.8068	.5687		
博士	27	3.0576	.6393		
不知道	671	2.7996	.5558		
總和	1252	2.8542	.5524		

***p<.001

　　父親職業不同的國小學童，其兩性態度親職互動有顯著關聯，其中父親職業為「軍公教」的受訪者，其兩性態度親職互動明顯較父親職業為「工」或「無業」的受訪者來得頻繁。母親職業不會影響受訪者兩性態度親職互動。

表3-8　父親職業和兩性態度親職互動單因子變異數分析

	個數	平均數	標準差	F	Scheffe
工	466	2.8100	.5447		
商業	320	2.9278	.5395		
農業	37	2.7718	.4878		
無業	57	2.6959	.6705	4.301***	軍公教＞工　軍公教＞無業
軍公教	98	3.0283	.5091		
專業	79	2.8847	.5511		
其他	177	2.8129	.5384		
總和	1234	2.8567	.5493		

***p<.001

二、兩性態度師生互動

兩性態度師生互動部分，「在談到男生和女生之間的兩性相處的話題時，老師會友善的跟我們說話」，有超過五成的受訪學生表示非常同意，同意亦有26.5%，不同意占9.9%，非常不同意占9.1%。

「老師願意了解我們對男生和女生之間的兩性相處的想法」，以非常同意所占的比例最高，占38.3%，其次為同意，占31.6%，再者為不同意，占16.7%，非常不同意占13.3%。

「老師會和我們聊有關男生和女生之間的兩性相處的話題」，表示非常同意和非常不同意的比例差不多，分別占27.8%、27.3%，表示同意與不同意的比例也差不多，分別占22.7%和22.2%。

「老師會尊重我們對男生和女生之間的兩性相處所提出的想法」，有四成的受訪學生表示非常同意，有32.3%的學生表示同意，其次為不同意，占14.5%，非常不同意者占13.0%。

「我們有男生和女生之間的兩性相處的困擾時，會找老師商量」，其中以非常同意所占的比例最高，有44.7%，其次為同意，占27.6%，再者為不同意，占15.3%，非常不同意所占的比例最低，有12.4%。

「老師會關心平常在我們周遭所發生有關男生和女生之間的兩性相處的事情」，以非常同意所占比例最多，占42.5%，其次為同意，占30.7%，再者為非常不同意，占13.5%，不同意者占13.3%。

「我們可以很自然地和老師分享男生和女生之間的兩性相處的想法」，有32.3%的受訪學生表示非常同意，有24.8%的學生表示同意，而非常不同意者占21.8%，不同意者占21.2%。

「我們會樂意聽從老師在男生和女生之間的兩性相處方面的指導」，有將近五成的受訪學生表示非常同意，其次為同意，占28.9%，再者為非常不同意，占11.5%，不同意者則有10.1%。

表3-9　兩性態度師生互動分布

	非常同意	同意	不同意	非常不同意
在談到男生和女生之間的兩性相處的話題時，老師會友善的跟我們說話	739(54.5)	360(26.5)	135(9.9)	123(9.1)
老師願意了解我們對男生和女生兩性相處的想法	520(38.3)	428(31.6)	227(16.7)	181(13.3)
老師會和我們聊有關男生和女生兩性相處的話題	375(27.8)	306(22.7)	300(22.2)	368(27.3)
老師會尊重我們對男生和女生兩性相處所提出的想法	540(40.2)	434(32.3)	195(14.5)	175(13.0)
我們有男生和女生兩性相處的困擾時，會找老師商量	602(44.7)	371(27.6)	206(15.3)	167(12.4)
老師會關心我們周遭發生有關男生和女生兩性相處的事	575(42.5)	416(30.7)	180(13.3)	182(13.5)
我們可以自然地和老師分享男生和女生兩性相處的想法	438(32.3)	336(24.8)	287(21.2)	295(21.8)
我們會樂意聽從老師在男生和女生兩性相處方面的指導	675(49.5)	394(28.9)	137(10.1)	156(11.5)

不同性別的國小學童，其兩性態度師生互動有所差異，女學生比男學生較常與老師討論兩性議題時的相處情況。

表3-10　性別和兩性態度師生互動t檢定

	個數	平均數	標準差	t
男	637	2.9066	.6818	-3.418**
女	625	3.0340	.6413	

**p<.01

　　母親學歷不同的學童，其兩性態度師生互動有顯著差異；其中母親學歷為大學或大專的受訪者，其兩性態度師生互動較母親學歷為國中以下的學童頻繁。

　　父母親職業不同的國小學童，其兩性態度師生互動沒有差異。

表3-11　母親學歷和兩性態度師生互動單因子變異數分析

	個數	平均數	標準差	F	Scheffe
國中以下	99	2.8157	.7144	3.115**	大學（專）＞國中以下
高中（職）	219	2.9189	.6397		
大學（專）	204	3.0882	.6222		
碩士	25	3.1700	.5961		
博士	28	2.9598	.7265		
不知道	669	2.9587	.6742		
總和	1244	2.9658	.6659		

**p<.01

　　上網地點有別，其兩性態度師生互動有顯著差異，其中常在家裡上網的學生，與老師討論兩性議題的情形較好，常在網咖上網的學生，與老師相處的情形較差。

三、兩性態度同儕互動

　　兩性態度同儕互動部分，「我認為我的同學對男生和女生之間兩性相處都比我有自己的看法」，以非常同意所占的比例最高，有38.0%，其次為同意，占29.1%，再者為不同意，占17.1%，非常不同意所占的比例最低，占15.9%。

　　「我會和同學討論一些男生和女生之間的兩性相處的話題」，有30.2%的受訪學生表示非常不同意，其次有24.8%的受訪學生表示同意，再者為不同意，占22.7%，非常同意則有22.3%。

　　「我相信同學對男生和女生之間的兩性相處的看法都是很正確」，其中以非常同意所占的比例最高，有28.1%，其次為不同意，占27.0%，再者為同意，占23.7%，最後為非常不同意，占21.2%。

　　「我會很自然的和同學聊男生和女生之間的兩性相處的話題」，受訪同學中有27.0%表示非常同意，但也有26.2%表示非常不同意，而表示同意者占25.2%，不同意則有21.7%。

　　「同學應該尊重別人對男生和女生之間的兩性相處的看法」，有超過五成的受訪學生表示非常同意，表示同意的亦有27.3%，另外不同意者占10.5%，非常不同意占8.9%。

　　「每個人都可以有自己對男生和女生之間的兩性相處問題的看法，不一定要和其他同學一樣」，有五成的受訪學生表示非常同意，其次為同意，占28.8%，再者為非常不同意，占11.2%，不同意者占9.4%。

　　「如果同學的兩性觀念比較前衛，我會很想跟他一樣」，以非

常不同意所占的比例最高，有31.4%，其次爲不同意，占25.9%，再者爲非常同意，占23.1%，表示同意有19.7%。

「對於男生和女生之間的兩性相處的事，同學怎麼做我就應該怎麼做」，有五成的受訪者表示非常不同意，不同意者亦有29.4%，同意者占12.2%，非常同意則有7.7%。

「照著同學處理男生和女生之間的兩性相處的方式去做準沒錯」，其中以非常不同意所占比例最高，有42.8%，其次爲不同意，占32.9%，再者爲非常同意，占12.2%，同意則占12.1%。

表3-12　兩性態度同儕互動百分比

	非常同意	同意	不同意	非常不同意
我認為我的同學對男生和女生兩性相處都比我有看法	520(38.0)	398(29.1)	234(17.1)	218(15.9)
我會和同學討論一些男生和女生兩性相處的話題	303(22.3)	336(24.8)	308(22.7)	410(30.2)
我相信同學對男生和女生兩性相處的看法都很正確	381(28.1)	321(23.7)	366(27.0)	287(21.2)
我會很自然的和同學聊男生和女生兩性相處的話題	366(27.0)	342(25.2)	294(21.7)	355(26.2)
同學應該尊重別人對男生和女生兩性相處的看法	721(53.3)	369(27.3)	142(10.5)	121(8.9)
每個人都可以有自己對男生和女生兩性相處問題的看法，不一定要和其他同學一樣	685(50.5)	391(28.8)	128(9.4)	152(11.2)
如果同學兩性觀念比較前衛，我會很想跟他一樣	312(23.1)	266(19.7)	350(25.9)	424(31.4)
男生和女生兩性相處的事，同學怎麼做我就怎麼做	105(7.7)	165(12.2)	399(29.4)	689(50.7)
照著同學處理男生和女生兩性相處的方式去做準沒錯	166(12.2)	165(12.1)	448(32.9)	582(42.8)

上網頻率與其兩性態度同儕互動有關聯，上網頻率愈頻繁，愈認同同學對兩性議題的看法。

表3-13 網路頻率與兩性態度親職互動、兩性態度師生互動、兩性態度同儕互動、兩性態度網路互動相關分析

		上網頻率a
兩性態度親職互動	Pearson's r	-.007
	個數	1222
兩性態度師生互動	Pearson's r	.025
	個數	1209
兩性態度同儕互動	Pearson's r	.059*
	個數	1231
兩性態度網路互動	Pearson's r	.054
	個數	1217

*$p<.05$

四、兩性態度網路互動

「我認為網路上的內容能反映真實生活中的男生和女生之間的兩性相處」，以非常不同意比例最高，占33.6%，其次為不同意，占28.3%，再者為非常同意，占19.9%，同意的有18.2%。

「我認為網路上的男女生發生的故事，在現實生活裡也會發生」，以表示同意所占的比例最高，占28.7%，其次為非常同意，占27.5%，再者為不同意，占22.2%，非常不同意則占21.6%。

「我認為網路中的資訊能教我一些如何和異性相處的知識」，表示非常同意占37.0%，其次為同意，占29.1%，再者為不同意，

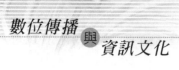

占17.1%，非常不同意占16.9%。

「我可以從網路中獲得有關男生和女生之間的兩性相處的常識」，其中有32.7%的受訪學生表示非常同意，表示同意亦有26.2%，非常不同意者占20.8%，不同意占20.3%。

「在觀看網路時，我會幻想自己是其中的主角」，非常同意與非常不同意所占的比例相當，各占27.5%，不同意者占24.0%，同意者占21.0%。

「我希望自己現實生活中的兩性關係也能像網路裡面所描述的一樣」，其中有36.4%的受訪學生表示非常不同意，另有23.5%的學生表示不同意，非常同意的有20.5%，同意則有19.7%。

表3-14　兩性態度網路互動分布

	非常同意	同意	不同意	非常不同意
我認為網路內容能反映真實生活中的男生和女生兩性相處	264(19.9)	241(18.2)	376(28.3)	446(33.6)
我認為網路上的男女生發生的故事，在現實生活裡也會發生	371(27.5)	388(28.7)	300(22.2)	292(21.6)
我認為網路中的資訊能教我一些如何和異性相處的知識	496(37.0)	390(29.1)	229(17.1)	226(16.9)
我可以從網路中獲得有關男生和女生兩性相處的常識	439(32.7)	352(26.2)	273(20.3)	280(20.8)
在觀看網路時，我會幻想自己是其中的主角	370(27.5)	283(21.0)	323(24.0)	370(27.5)
我希望自己現實生活中的兩性關係能像網路所描述的一樣	277(20.5)	266(19.7)	318(23.5)	492(36.4)

由事後比較發現，居住在中部的學生較北部相信網路上描述的兩性關係，居住在中部的學生也較外島的學生相信網路上描述

的兩性相處情形，居住在東部的學生比居住在外島的學生相信網路上所呈現的兩性相處情形。這意味著可以加強中部、外島地區的青少兒網路安全教育。

表3-15　居住地區與兩性態度網路互動單因子變異數分析

	個數	平均數	標準差	F	Scheffe
北部	427	2.3967	.5226	6.394***	中部>北部 中部>外島 東部>外島
中部	337	2.5441	.5445		
南部	330	2.4485	.5715		
東部	81	2.5432	.3988		
外島	69	2.2609	.5523		
總和	1244	2.4524	.5413		

***p<.001

　　在家中不上網的原因與兩性態度網路互動有關聯，經由事後比較發現，不上網原因為父母怕影響我的功課的學生，較不上網原因為不會使用的學生相信網路上所描述的兩性相處情形。

表3-16　不上網原因與網路兩性認知單因子變異數分析

	個數	平均數	標準差	F	Scheffe
父母沒錢買	62	2.5000	.6409	2.392*	父母怕影響我的功課>不會使用
不想用	126	2.5714	.7289		
父母覺得不需要	110	2.5182	.6399		
父母怕影響我的功課	118	2.7006	.7120		
父母怕我接觸不良網站、節目或資訊	33	2.5202	.6049		
不會使用	126	2.4048	.6987		
總和	575	2.5406	.6906		

*p<.05

　　根據皮爾森積差相關分析，學童的兩性態度親職互動與其兩性態度網路互動顯著有關，即愈常與父母討論兩性議題，愈相信網路上所呈現的兩性相處情形；兩性態度師生互動與其兩性態度網路互動顯著相關，即與老師討論兩性議題的情形愈好，愈相信網路上的兩性相處情形；兩性態度同儕互動與其兩性態度網路互動有顯著關聯，即愈依賴同學意見的學生，愈相信網路上所描述的兩性相處情形。

表3-17　網路兩性態度親職互動、兩性態度師生互動、兩性態度同儕互動和兩性態度網路互動相關分析

		兩性態度網路認知
兩性態度親職互動	Pearson's r	.216***
	個數	1179
兩性態度師生互動	Pearson's r	.517***
	個數	1190
兩性態度同儕互動	Pearson's r	.452***
	個數	1169

***p<.001

五、魔窗、教導與認同

　　進一步探討兩性態度網路互動各題項，其中魔窗效果被界定為「我認為網路上的內容能反映真實生活中的男生和女生之間的兩性相處」；教導效果被界定為「我認為網路中的資訊能教我一些如何和異性相處的知識」、「我可以從網路中獲得有關男生和女生之間的兩性相處的常識」；認同效果被定義為「在觀看網路

時，我會幻想自己是其中的主角」。經由皮爾森相關分析發現，網路使用頻率與網路兩性態度魔窗效果有顯著關聯，網路使用頻率愈高，愈認為網路反映了兩性相處情形，網路使用頻率與網路兩性教導、網路兩性認同沒有顯著關聯。

週末上網時數與網路兩性魔窗、教導、認同等都沒有顯著關聯，週間上網的時數與網路兩性魔窗有顯著關聯，週間上網時數愈長，愈認為網路反映了兩性相處的情形，週間上網時數與網路兩性教導、網路兩性認同沒有顯著關聯。

表3-18 上網頻率、週末上網時間、週間上網時間與兩性態度網路互動相關分析

		魔窗	教導	認同
網路使用頻率	Pearson's r	.066*	.054	-.007
	個數	1271	1273	1289
週末上網時間	Pearson's r	.045	.042	.051
	個數	974	968	981
週間上網時間	Pearson's r	.088**	.007	.046
	個數	948	945	955

*p<.05，**p<.01

經兩階段逐步迴歸分析，第一階段輸入人口統計變項，第二階段輸入兩性態度親職互動、兩性態度師生互動、兩性態度同儕互動變項，經由迴歸分析發現，在第一階段中，母親學歷、家庭形態和父親學歷為能夠顯著預測兩性態度網路互動的變項，但將第二階段變項輸入後，父親學歷的預測能力被減弱，兩性態度同儕互動和兩性態度師生互動成為兩性態度網路互動的顯著預測變

項，其中以兩性態度師生互動變項預測能力最強，整體可解釋變
異量為33.2%。

表3-19　兩性態度網路互動迴歸分析

	β	t
母親學歷（大學）	.150	2.110*
家庭形態（單親家庭）	-.160	-2.283*
父親學歷（高中）	.091	1.266
兩性態度師生互動	.320	3.761***
兩性態度同儕互動	.239	2.731**
Adjusted R^2	.332	

*p<.05, **p<.01, ***p<.001

肆、結論與討論

為了探討e世代學童兩性態度的形塑與上網的行為，這一章
以親身問卷施測方式，調查全台灣二十四個縣市一千三百八十位
國小學童網路使用行為與網路對兩性態度的影響，以下將陳述分
析結果。

一、台灣學童的網路使用行為如何？

根據親身問卷調查，受訪在學學童一星期上網的情形，以不
上網的比例最高，占28.7%，其次為只有週末、假日才上網，占
24.1%，再者為一星期使用一、二天，占18.7%，其餘依序為每天

都用，占13.1%。在週末假期平均一天使用電腦網路的時間爲一點九八小時，在平常週間平均一天使用電腦網路的時間爲一點二七小時。

至於上網的地點，以家中爲主，占75.1%，其次爲學校，占17.7%，再者爲圖書館，占2.5%，在其他地點上網占2.4%，在網咖上網者則占2.3%。這反映國小學童生長環境中的學校老師及家庭成人，有較多機會留意學童上網過程。

受訪學童平常在家會使用的電子產品，以電腦及網路的比例最高，占55.6%，其次爲電動遊樂器，占36.8%，再者爲手機，占23.8%，其餘依次爲電子字典，占23.5%，無法上網的電腦，占20.0%。

這表示學童除在家上網，其餘常在學校或公共圖書館等公共場所上網，家庭與公共場所網路是否適合數位學習的需求，值得學校與家長重視。

學童在家除常使用電腦與網路外，電動遊樂器也是學童常接觸的電子產品，遊樂器的內容如何？在學童生活中扮演哪些角色？有待後續研究探索。

二、台灣學童的兩性態度如何形塑？

整體來看，小三學童兩性態度親職互動的平均得分爲2.86（SD=0.55），表示兒童與父母討論兩性話題時的互動情形良好。兩性態度師生互動平均得分爲2.97（SD=0.66），表示學童與老師討論性別話題時互動情形良好。兩性態度同儕互動平均數爲2.54（SD=0.55），表示學童略微傾向相信其他學生對兩性議題的看

法。兩性態度網路互動的平均得分為2.52（SD=0.68），表示學童略微傾向相信網路上的性別描述。

分析親職、同儕、師生、網路等四個社會化形成面向，國小三年級學童兩性關係依社會化影響程度高低先後為：兩性關係師生互動、兩性關係親職互動、兩性關係網路互動、兩性關係同儕互動。這表示國小學童較易受到學校師長與家庭家長的影響，其次受到網路互動與同儕互動的影響，即這階段的「重要他人」以老師和家長為主。這呼應米德所提出「重要他人」（significant others）的概念，重要他人指的是與兒童關係密切，會影響兒童態度、行為的人們，例如父母、師長等重要他人的影響（Schaefer & Lamm, 1995）。

表3-20　兩性態度親職互動、師生互動、同儕互動，及網路互動整體平均數

	平均數	標準差	最大值	最小值
兩性態度親職互動	2.8559	.5527	4	1
兩性態度師生互動	2.9697	.6649	4	1
兩性態度同儕互動	2.5423	.5488	4	1
兩性態度網路互動	2.5274	.6843	4	1

皮爾森積差相關分析顯示，學童的兩性態度親職互動與其兩性態度網路互動有顯著關聯，即愈常與父母討論兩性議題，愈相信網路上所呈現的兩性相處情形；兩性態度師生互動與其兩性態度網路互動有顯著關聯，即與老師討論兩性議題的情形愈好，愈相信網路上的兩性相處情形；兩性態度同儕互動與其兩性態度網路互動有顯著關聯，即愈依賴同學意見的學生，愈相信網路上所

描述的兩性相處情形。

■假設一：學童的兩性態度親職互動與其兩性態度網路互動有
　　　　關。獲得驗證支持成立。

■假設二：學童的兩性態度師生互動與其兩性態度網路互動有
　　　　關。獲得驗證支持成立。

■假設三：學童的兩性態度同儕互動與其兩性態度網路互動有
　　　　關。獲得驗證支持成立。

　　這說明兒童兩性態度的形塑會藉由選擇其欲模仿的示範者，
而主動提升他們自己的社會學習。這種選擇會受到示範者與兒童
之性格以及環境特性的影響。兒童的示範者可能為父母、其他成
人或同儕（梁丹青，2003；宋文偉、張慧芝譯，2003）。

三、網際網路對台灣學童兩性態度形塑的影響有 哪些？

　　題項中以「我認為網路中的資訊能教我一些如何和異性相處
的知識」敘述平均得分最高（M=2.86, SD=1.09），再者為「我可
以從網路中獲得有關男生和女生之間的兩性相處的常識」
（M=2.71, SD=1.13），其餘題項平均數高低依序為「我認為網路
上的男女生發生的故事，在現實生活裡也會發生」（M=2.62,
SD=1.10）、「在觀看網路時，我會幻想自己是其中的主角」
（M=2.49, SD=1.16），「我希望自己現實生活中的兩性關係也能
像網路裡面所描述的一樣」的平均得分最低（M=2.24,
SD=1.15），「我認為網路上的內容能反映真實生活中的男生和女

生之間的兩性相處」的得分也偏低（M=2.24, SD=1.12）。受訪學童贊同網路所提供學習兩性相處的教導功能比例較高，這反映學童如何分辨、反思網路資訊相形重要。

進一步探討兩性態度網路互動各題項，其中魔窗效果被界定為「我認為網路上的內容能反映真實生活中的男生和女生之間的兩性相處」；教導效果被界定為「我認為網路中的資訊能教我一些如何和異性相處的知識」、「我可以從網路中獲得有關男生和女生之間的兩性相處的常識」；認同效果被定義為「在觀看網路時，我會幻想自己是其中的主角」。經由皮爾森相關分析發現，網路使用頻率與網路兩性態度魔窗效果有顯著關聯，網路使用頻率愈高，愈認為網路反映了兩性相處情形。

週間上網的時數與網路兩性魔窗有顯著關聯，週間上網時數愈長，愈認為網路反映了兩性相處的情形。

不上網原因為父母怕影響我的功課的學生，較不上網原因為不會使用的學生相信網路上所描述的兩性相處情形。這顯示家長從旁引導思辨網路資訊、參與學童網路世界，會比單方面限制學童網路使用、卻不關心學童接觸什麼或相信什麼來得有正面效果。

■假設四：學童網際網路使用行為的不同，其兩性態度網路互動有所差別。經由驗證小部分成立。

使用兩階段逐步迴歸分析，第一階段輸入人口統計變項，第二階段輸入網路分級認知、兩性態度親職互動、兩性態度師生互動、兩性態度同儕互動變項，經由迴歸分析發現，在第一階段中，母親學歷、家庭形態和父親學歷為能夠顯著預測兩性態度網

路互動的變項，但將第二階段變項輸入後，父親學歷的預測能力
被減弱，兩性態度同儕互動和兩性態度師生互動成為兩性態度網
路互動的顯著預測變項，其中以兩性態度師生互動變項預測能力
最強，整體可解釋變異量為33.2%。

■假設五：隨著基本人口變項不同，學童的兩性態度網路互動有
　　　　　所差異。經驗證部分成立。也就是隨著學童母親學
　　　　　歷、家庭形態不同，其兩性態度網路互動有所差異。

　　青少兒由多種管道學習與成長，包括同儕、家長，以及傳播
媒體（Rose, Bush, and Kahle, 1998）。關心兒童身心發展的文獻指
出，成人特定的互動技巧，在兒童觀看電視時有助於其學習，例
如成人事實的問題並予以思考的過程，會讓兒童更積極的參與節
目並釐清其節目內涵（吳知賢，1997）。這說明學童兩性態度形塑
固然受到傳播媒體涵化（魔窗效果），如經由家長及教師講解與互
動的過程，可以幫助兒童在接觸媒體的過程中掌握主要的資訊，
並澄清隱含的內容。

　　建議後續研究可以分析網路兩性資訊呈現樣貌，了解青少兒
如何解讀網路兩性資訊，或探討師長、「重要他人」可以如何參
與且適時關懷引導學童網路兩性視野，以協助青少兒建立健康正
確的兩性觀念。

伍、實證研究設計

　　本章採親身問卷調查法進行實證分析，由於國小學童從小學三年級開始接受正式資訊課程教學，依據教育部公布的2003年底台灣地區二十五縣市國民小學二年級男女學童比例（2004年升為國小三年級），以有效樣本達一千二百份為目標，進行分層隨機抽樣。

　　正式抽樣的二十四個縣市涵蓋四十九所國民小學：北部縣市——基隆市、台北市、台北縣、桃園縣、桃園市、新竹市、新竹縣、苗栗縣；中部縣市——台中市、台中縣、彰化縣、南投縣、雲林縣、嘉義市、嘉義縣；南部縣市——台南市、台南縣、高雄縣、高雄市、屏東縣；東部縣市——宜蘭縣、花蓮縣、台東縣、高雄市、屏東縣；外島地區——金門縣、澎湖縣。

　　面訪問卷施測共分成「傳播媒體使用」、「兩性態度互動」，與「個人基本資料」等三個部分。「兩性態度互動」包含：兩性態度親職互動、兩性態度師生互動、兩性態度同儕互動，以及兩性態度網路互動。

　　經由徵詢相關專家學者（新竹教育大學教育系教授林紀慧博士、台北市政府少輔會主任督導張淑慧、政治大學心理系助理教授錢玉芬博士、南台科技大學企管系助理教授簡南山博士）意見，就問卷內容、問卷架構及問卷用語等，提供修正的意見，以形成專家效度之依據，作為預試問卷編製之參考。經專家學者問卷評審內容回收後，將問卷中每個題目「適合」者予以保留，

「應修正」部分依學者專家提供之意見修正文字與用語，「應刪除」之題目則予以刪除。

其次，研究前測樣本採便利抽樣，樣本先以台北市興華國小三年級學生，一班三十二人進行預試，刪除無效問卷二份（如均選擇同一題項，及多數題項未填答），有效問卷共三十份，預試問卷回收後以因素分析及一致性等統計方法，進行問卷內容分析及效度、信度檢驗，修訂後成為正式施測問卷。

相關量表經討論修改後再正式前往各縣市施測，問卷回收後再進行信度分析，在李克特（Likert）四點態度量表法中常用的信度考驗方法為 "Cronbach's α" 係數來檢驗問卷內部一致性，α 係數值在 .7以上為高可信度（吳明隆，2003），α 係數值在 .6至.7為尚佳。正式研究結果顯示，「兩性態度親職互動」部分經刪除題項10後，問卷信度的 α 值在.6592（表3-21），「兩性態度同儕互動」部分經刪除題項1後，問卷信度的 α 值在.7179（表3-22），「兩性態度師生互動」部分經刪除題項2及題項4後，問卷信度的 α 值在.7874（表3-23），「兩性態度網路互動」部分經刪除題項3及題項4後，問卷信度的 α 值在.7054（表3-24），代表此問卷具有可接受的信度水準。

表3-21　兩性態度親職互動量表項目分析摘要表

題項內容	決斷值
1.我能自由自在的和爸媽討論我對男生和女生之間的兩性相處的想法。	-27.878***
2.爸媽總是願意傾聽我對男生和女生之間的兩性相處的看法。	-26.620***
3.我對我和爸媽談論男生和女生之間的兩性相處的方式感到滿意。	-26.785***
4.當我問爸媽有關男生和女生之間的兩性相處的問題時，他們會清楚的回答我。	-20.056***
5.爸媽會試著了解我對男生和女生之間的兩性相處的想法。	-21.644***
6.和爸媽討論男生和女生之間的兩性相處的話題會讓我覺得很不好意思。	-10.091***
7.要我相信爸媽告訴我的男生和女生之間的兩性相處的事情，是很困難的。	-12.857***
8.當我對男生和女生之間的兩性相處有不懂的地方，我通常不會和爸媽說。	-14.788***
9.和爸媽談到男生和女生之間的兩性相處的話題時，我會注意我的態度和說話的方式。	2.480*

反向題為題項6、題項7、題項8、題項9。*p<.05；***p<.001

表3-22　兩性態度同儕互動量表項目分析摘要表

題項內容	決斷值
1.我並不在乎同學怎麼去看待男生和女生之間的兩性相處。	-8.424***
2.我認為我的同學對男生和女生之間兩性相處都比我有自己的看法。	-4.369***
3.我會和同學討論一些男生和女生之間的兩性相處的話題。	-11.670***
4.我相信同學對男生和女生之間的兩性相處的看法都是很正確的。	-6.862***
5.我會很自然的和同學聊男生和女生之間的兩性相處的話題。	-12.713***
6.同學應該尊重別人對男生和女生之間的兩性相處的看法。	-14.605***
7.每個人都可以有自己對男生和女生之間的兩性相處問題的看法，不一定要和其他同學一樣。	-17.027***
8.如果同學的兩性觀念比較前衛，我會很想跟他一樣。	-19.250***
9.對於男生和女生之間的兩性相處的事，同學怎麼做我就應該怎麼做。	-20.263***

反向題為題項2、題項4、題項5、題項6。***p<.001

表3-23　兩性態度師生互動量表項目分析摘要表

題項內容	決斷值
1.在談到男生和女生之間的兩性相處的話題時，老師會友善的跟我們說話。	-21.844***
2.老師願意了解我們對男生和女生之間的兩性相處的想法。	-30.371***
3.老師認為我們的兩性觀念不夠成熟。	-4.214***
4.老師會和我們聊有關男生和女生之間的兩性相處的話題。	-28.289**
5.老師會尊重我們對男生和女生之間的兩性相處所提出的想法。	-27.598***
6.我們有男生和女生之間的兩性相處的困擾時，會找老師商量。	-28.283***
7.老師會關心平常在我們周遭所發生有關男生和女生之間的兩性相處的事情。	-26.931***
8.我們可以很自然地和老師分享男生和女生之間的兩性相處的想法。	-30.879***
9.我們會樂意聽從老師在男生和女生之間的兩性相處方面的指導。	-22.956***

反向題為題項3。*p<.05；**p<.01；***p<.001

表3-24　兩性態度網路互動量表項目分析摘要表

題項內容	決斷值
1. 我認為網路上的內容能反映真實生活中的男生和女生之間的兩性相處。	-23.790***
2. 我認為網路上的男女生發生的故事,在現實生活裡也會發生。	-21.930***
3. 我認為網路中的資訊能教我一些如何和異性相處的知識。	-28.299***
4. 我可以從網路中獲得有關男生和女生之間的兩性相處的常識。	-30.524***
5. 在觀看網路時,我會幻想自己是其中的主角。	-24.875***
6. 我希望自己現實生活中的兩性關係也能像網路裡面所描述的一樣。	-28.229***

反向題為題項5、題項6。***p<.001

問題與討論

1. 請問涵化理論的基本假設有哪些?

2. 請問文化指標所探討的概念化面向包括哪些?

3. 請舉例說明閱聽人對訊息內容的魔窗、教導、認同為何?

4. 你認為網際網路對台灣學童兩性態度形塑的影響有哪些?

第四章

數位傳播與家庭關係

Chapter 4

壹、前言 @

　　德國學者康德（Immanuel Kant）曾指出，家庭是社會的縮影，家庭是具有自發維持能力的最小社會（張宏文，1996）。家庭，往往被視為人類社會的基本單位。「家」成為宗法制度的組織單位，在中國的法制史上早有脈絡可尋（陳顧遠，1936），婚姻、家庭似僅以廣大家族繁衍子孫為主；其中婚姻儀式與婚姻形式的變異，更反映了社會對男女結合所訂下的規範，以及其背後代表的權力關係（朱瑞玲、章英華，2002）。文化人類學者陳其南（1986）便表示，如果套用佛洛依德（Sigmund Freud）的觀點，美國等西方社會是一個典型以「性」為中心意識的社會；而東方華人社會則以「房」為中心意識的社會。由此來看，家庭既是一種社會基本單位，也可視為一種生物單位（張宏文，1996）。

　　儘管對於家庭的概念，隨著不同文化時空而有差異，但家庭在大部分的國家社會制度、乃至個人成長價值觀的形塑，仍扮演重要的角色。家庭若渙散解體，其危機將超過核武的擴散（張宏文，1996）。聯合國早在1994年將該年命名為國際家庭年，希望提醒世人，家庭是社會的基本核心。

　　近十年來關於台灣社會家庭價值的論述，依據學者（朱瑞玲、章英華，2002）的分類，也以家庭倫理價值（蔡勇美、伊慶春，1997；葉光輝，1997；周麗端，1998）以及家人關係兩方向為主；其中家人關係分別從奉養父母（文崇一等，1989；朱瑞

玲，1993；章英華，1993，詹火生，1989；羅紀瓊，1987；楊靜俐、曾毅，2000；孫得雄，1991）、婚姻關係（呂玉瑕，1983；陳俐伶，1988；陳媛嬿，1988；胡幼慧，1988；利翠珊，1993）、親屬往來（文崇一，1991；瞿海源，1991），以及子女教養方式（朱瑞玲，1994）等觀察。

學者黃迺毓（1998）探討台灣地區影響家庭傳播形態中父母教養方式的因素發現有：

1. **原生家庭**：原生家庭是指自己所由而來的家庭，如原生家庭的父母、原生家庭的手足皆影響家庭傳播的互動。
2. **夫妻關係**：其中包括夫妻感情、夫妻個性與情緒或心理移情作用。
3. **子女特質**：家庭傳播形態中父母教養方式還受到子女性別、子女年齡、子女氣質的影響。
4. **家庭社經地位**：包括父母社經地位、父母職業等。
5. **社會關係**：社會關係中包含朋友和鄰居、專家和權威、大眾傳播等。
6. **文化價值**：如社會風氣、人生觀、傳統文化、宗教信仰等。

在資訊化社會的洪流中，個人觀念、乃至社會文化價值觀的形塑，皆透過家庭、學校、同儕、媒體等管道交互影響，其中傳播媒體所扮演的傳遞或涵化等角色，尤不容輕忽。審視從傳播理論出發的家庭傳播文獻，偏重廣告效果或消費研究（William，2001）、政治社會化或閱聽人回饋（黃彥瑜，1997）；而家庭教育與管理相關論述的焦點，則以個別成員社會化過程中人際互動

影響為主（原生家庭、學校、同儕等），對於傳播媒體所傳遞的家庭概念或價值形塑、特別是網際網路對華人移民家庭傳播或人際關係的影響，並未進行探索。

　　隨著家庭上網迅速普及，網際網路已經改變許多家庭的生活形態，包括購買習慣、親子關係，以及工作與家庭間的平衡等。根據RBC Financial Group/Ipsos Reid於2002年7月發表的調查報告，加拿大家庭一年平均上網一千六百小時（每週約三十二小時），顯示上網已經成為加拿大連網家庭生活的一部分（劉芳梅，2002）。

　　有鑑於此，本章採取深度訪談法，訪問加拿大溫哥華、薩里、里奇蒙三地區來自兩岸三地（台灣、中國、香港）的五十一位華人移民，探討華人移民家庭的家庭傳播網絡、親子關係，以及網際網路對華人移民家庭的家庭傳播網絡和親子關係的影響。

貳、家庭傳播形態 @

　　有關家庭傳播的研究，早期要以查菲（Steven Chaffee）和馬克里奧（Jack M. McLeod）為首的美國威斯康辛大學大眾傳播研究中心（Wisconsin's Mass Communication Research Center），在1966至1972年間所做的一連串有關家庭傳播形態（Family Communication Patterns）與傳播行為的研究最為著名（McLeod and O'Keefe, 1972）。他們的基本論點是，家庭傳播形態是兒童發展認知架構，習得外在事物的重要影響因素。一個人在兒童時期的家庭傳播形態，會影響他對公共事務的關心程度及媒體使用

情形，其影響力甚至可能延續到成年期（Chaffee, McLeod, and Atkin, 1971）。

查菲和馬克里奧所發展出的家庭傳播形態，是根據紐康（Newcomb）「調和模式」（strain toward symmetry model）而來的。紐康理論的基本前提是：一個系統各組之間的關係，長時期下來，會漸漸趨向平衡的狀態（Chaffee and Tims, 1976）。他以A-B-X模式，來分析人際關係（如圖4-1）。

紐康模式同時處理兩個人及兩個人之間的傳播，他將這兩個人稱為A與B，並在其間加入一個與雙方有關的事務X。紐康認為人們有認知一致性的需要，也就是所謂的「趨向調和的持續張力」（persistent strain toward symmetry）。如果A與B雙方所關切的事務X有不一致的態度或認知，則A與B對雙方都會產生趨向調和的張力，但這種張力的大小須視A（B）對X的態度的強度，以及B（A）對A（B）的互動吸引力而定。例如：當A對X的態度不強，而B對A的吸引力（或重要性）又大的話，則A會傾向於改變自己對X的態度，而遷就B對X的態度，如此即達成了調和的目的（羅世宏譯，1992）。

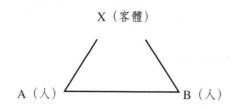

圖4-1　A-B-X模式

資料來源：Chaffee and Tims, 1976.

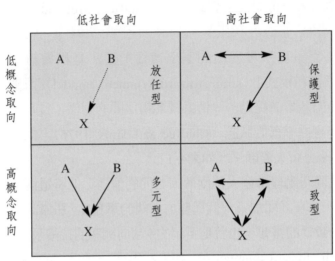

圖4-2　從A-B-X關係分析四種家庭傳播形態

查菲和馬克里奧依據紐康的A-B-X模式，將社會及概念取向的家庭傳播結構予以細分。A代表子女，B代表父母，X為交談論點或傳播的焦點，而箭頭所指方向，則代表在每一類型家庭中所注重強調的關係。社會取向的傳播結構強調人際（A-B）的傳播關係，概念取向的家庭傳播結構，則注重人與論題（A-X）的關係。這兩種取向可以組合成下面四種家庭傳播形態：一致型、多元型、保護型、放任型（如圖4-2）。

這四類型家庭分別具有以下特色：

一、一致型（consensual）（高社會、高概念取向）

這類型家庭同時強調父母與子女間的和諧（A-B），以及子女與論題（A-X）的關係。因此，在這類家庭，孩子似乎面臨一種矛盾的情境，缺乏依循的準則。一方面，子女被鼓勵勇於面對爭議的議題，表達己見；但同時卻又被約束不能違反父母的意見，必須採取和父母一致的標準。

二、多元型（pluralistic）（低社會、高概念取向）

這類家庭注重子女與論題（A-X）間的關係。父母不強調對權威的盲目崇拜，子女常被鼓勵對事情要有自己的立場，並勇於表達和嘗試新的構想，父母常教導子女不必害怕和別人意見不同或得罪他人。

三、保護型（protective）（高社會、低概念取向）

這類型家庭著重維持父母與子女（A-B）關係的和諧。子女被教導要避開爭議性的話題，以免和別人發生不愉快，不但不准子女表達自己的不同意見，而且子女在日常生活中很難有機會接近能形成自己觀點的訊息。

四、放任型（Laissez-faire）（低社會、低概念取向）

這類型家庭不強調子女與父母（A-B），或子女與某一議題

（A-X）間的關係，親子間的傳播率低。子女雖然未被禁止向父母、長者的意見提出質疑，但父母也並不鼓勵他們表達己見，同時也未訓練他們獨立思考。

家庭傳播形態在傳播研究上應用的範圍頗廣，目前主要的研究取向有下列三個方向：(1)對子女媒介暴露的影響；(2)對子女政治社會化的影響；(3)對子女消費者學習的影響。

在媒介使用方面，有的學者從家庭傳播形態對媒體選擇的影響著手，例如節目內容的偏好（Chaffee, McLeod, and Atkin, 1971；吳建國，1981；錢莉華，1988）；也有些是研究其對收視情境的影響（Chaffee and Tims, 1976）。

郭貞（Kuo, 1986；轉引自郭貞，1994）在有關美國與台灣青少年消費社會化的研究中，也曾應用這個理論架構。報告中指出：概念取向的親子溝通不僅會增進青少年的新聞判斷力，而且通常還會使親子間與青少年同儕間注意到消費問題的探討。

查菲、馬克里奧和瑋克曼（Chaffee, Mcleod, and Wackman, 1973，轉引黃彥瑜，1997）以美國初中生與家長為對象，研究「家庭傳播和青少年政治參與」。他們發現：(1)放任型家庭中，家長對子女政治社會化的影響程度很低；(2)在保護型家庭中，由於社會取向觀念的束縛，其子女政治興趣、參與程度也較低；(3)在一致型家庭中，子女政治興趣、參與程度最高，但政治知識卻較不深入；(4)在多元型家庭中，子女們表現較為平均，亦即政治社會化有健全的發展，政治知識、興趣、參與程度較高。

吳建國（1981）對台北市國中生進行調查，發現家庭傳播形態不同，確實影響到子女在公共事務方面的關心。在這四種家庭傳播形態中，多元型和保護型家庭中的子女對公共事務的關心有

顯著差異。多元型家庭的父母在日常生活中經常訓練子女表達獨立見解，不畏懼權威，而保護型家庭的父母則要求子女順從，避免與人衝突，這兩種不同的溝通模式，造成多元型家庭的子女比保護型家庭的子女較爲關切現實社會中的政治問題。

其實，當接觸到不同的家庭時，我們就可以發現不同的家庭在與其他家庭互動傳播時的形態會有所不同。不管一天中的任何事，做抉擇、分享感情及處理衝突等，都會因爲每個人不同的個人經驗而有不同的行爲。每個家庭中獨特的意義系統（meaning system）左右了人們處理主要事務的態度。

參、凝聚力與適應力

研究者發展了一複雜的婚姻及家庭系統之模式。這個模式連結了家庭理論（family theory）、學術研究（research）、實務（practice）（Olson, Sprenkle, and Russell, 1979; Olson, Russell, and Sprenkle, 1983; Lavee and Olson, 1991），家庭行爲兩個主要構面是這個模式的核心，包括家庭凝聚力及家庭適應力。

過去十年中，這個模式已經發展成三個構面（Thomas and Olson, 1994）：(1)凝聚力、(2)適應力、(3)傳播。兩個主要構面仍是家庭凝聚力及家庭適應力，這是交叉線的主軸。第三個構面是家庭傳播，這是一個促進的構面（facilitating dimension），使夫妻與家庭順著第一構面及第二構面繼續發展下去。不過，在最近仍是只有凝聚力和適應力被提及到（Thomas and Olson, 1994）。

凝聚力隱含著家庭體制中情感所結合的彼此以及個人自主的程度（Pistole, 1994）。換句話說，每個家庭都企圖要處理親密的程度。

家庭研究學者將距離規則（distance regulation）視為主要的家庭功能（Kantor and Lehr, 1976），家庭治療專家（Minuchin, 1974）談論到互相牽絆（enmeshed）及無拘無束（disengaged）家庭，也有社會學者（Hess and Handel, 1959）描述到家庭要建立一個獨立（separateness）及聯繫（connectedness）的模式。這四個凝聚力的層級，從極低到極高排序如下（Carnes, 1989）：

1. **無拘無束的（Disengaged）**：家庭成員維持極端的分離與極少部分的家庭親密關係（belonging）或忠誠。
2. **獨立的（Separated）**：家庭成員體驗著聯繫上與親密關係上的獨立。
3. **連結的（Connected ）**：家庭成員努力於個人之間在情感上的親密度、忠誠和聯繫。
4. **互相牽絆（Enmeshed）**：家庭成員彼此間極端親密、忠誠，甚而是沒有了個人。

有著高度凝聚力的家庭常被認為是互相牽絆（enmeshed），家庭成員相當緊密聯繫在一起，幾乎沒有個人自主或是自我需求及目標實現之可能。「無拘無束的」（Disengaged）是在一凝聚力連續面的另一端，是指家庭成員之間十分缺乏親密度或團結，每個人都具有高度的自主及個性，在感情上有著非常強烈的分離，家庭成員彼此間沒有太多的聯繫（如圖4-3）。

適應力可能被認為是在情境式及啟發式的壓力上，較能改變

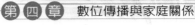

無拘無束	凝聚力	互相牽絆
家庭		家庭

低　　　　　　　高

圖4-3　家人凝聚力關係

婚姻或家庭體制的權力結構、角色關係及關係規則（Thomas and Olson, 1994）。有四個適應力的層級，從最低到最高排列如下：

1. **嚴密的**（Rigid）：家庭成員受控於專制及嚴厲的角色及規則。
2. **建構的**（Structured）：家庭成員受制於威權及部分平等帶領以及穩定角色和規則。
3. **彈性的**（Flexible）：家庭成員可以協商及做決定以及角色和規則較易變化。
4. **混亂的**（Chaotic）：家庭成員中沒有主要的領導者，且有著混亂的決定方式及多變的規則和角色。

　　每個人體系統中都有著促進穩定及促使改變的過程。為了功能作用，這樣的系統需要一段穩定及改變的時間。家庭有著固定且廣泛的改變可能會被認為是混亂，由於不可預測性和壓力，它們有著些微的機會可以發展關係且建立一般性的重要性，更極端來說，嚴密為其特性的家庭壓制了改變與成長（見**圖4-4**）。

　　對一個家庭中的適應功能而言傳播是一核心。任何有效的適應力端視家庭訊息的意義分享程度。透過傳播，家庭使成員更清

圖4-4　家人適應力關係

楚如何調整。影響家庭功能的變數包括：家庭權力結構、協商模式、角色關係、關係規則和回饋。歐森（Olson）和他的同事假設在改變和穩定之中有著一種平衡，那將是彼此更肯定的傳播模式、均衡的領導、成功的協商、角色分享和公開的規則制定及分享。

　　研究者進一步探討適應力和凝聚力相互的影響（Olson, 1997），如圖4-5與圖4-6。

　　中心部分代表較平衡和適度的凝聚力和適應力，對於個人和

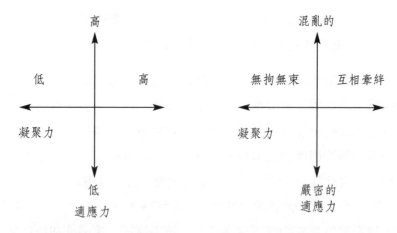

圖4-5　家人凝聚力、適應力關
係軸

圖4-6　家人凝聚力、適應力關
係軸

家庭發展被視爲一高度的傳播模式，外圍部分代表極端的凝聚力和適應力，對於長期的傳播模式沒有太多的幫助。本研究將參酌歐森（Olson, 1997）的家庭傳播模式，探討台灣地區近五十年來家庭傳播形態的變遷，關注焦點以家庭成員之間的互動模式爲主，如夫妻、手足、親職之間的傳播形態。

　　家庭傳播網絡形同家庭成員彼此建立溝通的管道（Galvin and Brommel, 2000）。家庭成員的溝通管道隨著扮演角色與接納程度而有水平（平等）或垂直（威權）的形式。水平溝通出現於家長與子女皆在平等的位置與權力關係，彼此可以進行對等互動；垂直溝通則發生在家庭成員有權力距離，這些差距隨著輩分或排行次序影響彼此互動（Galvin and Brommel, 2000）。

肆、家庭傳播網絡

　　不論水平或垂直溝通，皆反映家庭成員溝通的過程，這些的確反映家庭成員互動的關係。至於家庭成員互動的管道——家庭傳播網絡有以下幾種類型（Galvin and Brommel, 2000；黃葳威，2003）：

一、連鎖網絡（Chain Network）

　　家庭成員之間的溝通管道如同一條鞭的形式，成員甲告訴成員乙，成員乙再傳達給成員丙，成員丙傳遞給成員丁。當成員丁有意見時，也循相反方向的形式，先傳遞給成員丙，成員丙再傳

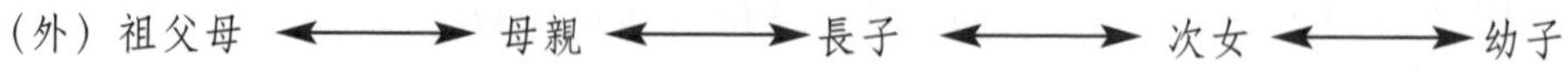
（外）祖父母
母親
長子
次女
幼子

圖4-7　連鎖網絡

回成員乙，成員乙傳遞給成員甲。家庭成員互動僅限於相互傳遞的兩位，未能與第三位（或以上）成員進行溝通。

二、Y網絡（Y Network）

家庭中的一位關鍵成員擔負連結其他成員意見與關係的角色。例如子女有意見告訴母親，養父有意見也告訴母親，母親在其間斡旋、協調。

女兒
女兒
母親
養父

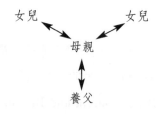

圖4-8　Y網絡

三、車輪網絡（Wheel Network）

家庭中一特定關鍵成員位居輪軸中心，分別與其他成員聯絡，這位關鍵成員的角色帶有權力或掌控性，既可動員家庭所有成員，也可以化解家中的緊張關係。

圖4-9　車輪網絡

四、全頻道網絡（All-Channel Network）

　　類似家庭中任一成員與另一成員皆可雙向互動，家庭成員溝通網絡暢通，可直接分享且立即回饋互動。家中每一成員皆在平等重要位置，沒有特定關鍵成員或「媒人」的存在。

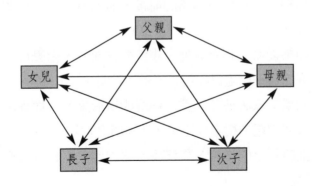

圖4-10　全頻道網絡

伍、華人移民家庭傳播網絡

本章探討華人移民家庭的傳播網絡及親子關係，以加拿大溫哥華的華人移民為訪談對象，訪問加拿大溫哥華、薩里、里奇蒙三地區來自台灣、香港、中國大陸的華人移民各十七位，合計五十一位。

訪談問題包括：

1. 請介紹一下你的家庭？目前住在一起嗎？原因是？

2. 華人移民家庭與加拿大一般的家庭有何異同？家人之間的溝通情形如何？請舉例說明。

3. 你平常使用網路嗎？你的家人是否使用網路？若有，是為了查資料、發信或哪些原因？

4. 你和家人在使用網路的前後，溝通方式有沒有改變？怎麼說？

5. 如果從家人相互凝聚、親近的方面看，你覺得華人移民家庭的親子相處得如何？請舉例說明。

6. 如果從家人彼此調整、適應的情形來看，你覺得華人移民家庭的親子相處得如何？請舉例說明。

7. 網際網路的出現，對移民家庭的親子互動有影響嗎？請舉例說明。

8. 請問你還有其他補充的意見嗎？

根據深度訪談五十一位受訪移民，華人移民家庭的家庭組成

分別有：

1. **寄養家庭**：指一般學生或職業移民寄居於移民國家當地的家庭或當地親友家。

    我住在阿姨家，一人在這兒發展（H2）。

2. **分居家庭**：指家庭中的夫妻各居移民國家兩地，各帶子女居住；或夫妻中妻子帶孩子在移民國家，先生仍在原生國家工作居住，偶爾往返兩國。

    先生在台灣、大陸做生意，我和孩子先移民（T1）。
    我當初以訪問學者身分來，找到工作後辦身分，等安頓好，再接家人過來（M2）。

3. **單親家庭**：指夫妻離異後，一方與子女定居於移民國家。

    爸媽離婚後，媽帶我來加拿大生活（T12）。
    我在這邊找到工作，再替我媽辦身分（H3）。

4. **隔代家庭**：子女與（外）祖父母等隔代長輩定居於移民國家，未與父母親同居。

    舅舅替爺爺奶奶辦好身分，又幫我申請來和他們住在一起（T7）。
    我家在東岸，後來來西岸念書，又找到工作，就住這裡（M11）。

5. **三代同居家庭**：包括（外）祖父母、父母、子女三代同居於一個家戶的家庭。

我結婚後有了孩子，順便接媽媽來幫忙（M5）。

離婚後忙不過來，爸媽就從台灣來幫忙（T8）。

6.三代同鄰家庭：（外）祖父母居住在鄰近家戶，彼此來往密切的家庭。

我們婚後也把長輩接來，正好隔壁房子拍賣（T14）。

工作穩定後，我們便搬到我太太的父母旁邊（T13）。

7.兩代同居家庭：父母親與子女同住、共同生活的家庭。

女兒找到工作便接我們來（H5）。

我們三年前全家來這（H12）。

華人移民家庭常見的家庭傳播網絡大致包括：

1.連鎖網絡：即由家中長輩依輩分傳遞資訊或關懷，如祖父母直接跟父母溝通，父母再依排行次序跟長子或長女溝通，長子或長女再跟次子次女溝通。移民家庭中的三代同居家庭、三代同鄰家庭成員溝通均有連鎖網絡的形式。

我爺爺的觀念保守，奶奶察覺爺爺的意思，再告訴爸爸，爸爸跟媽說，媽再告訴哥，然後我才知道（M5）。

我們家先移民來，後來才接我父母過來，他們怕孫子女吵，喜歡自己住（T13）。

2.Y網絡：即以家中關鍵成員為中心（一般多為母親），分別和子女溝通，子女透過關鍵長輩向其他家長傳達內心感受。Y網絡常見於寄養家庭（樞紐為親戚）、分居家庭或單親家

庭。

> 我阿姨會問我一些事吧，其他人各忙各的（H2）。
> 我女兒都很高興跟我一起住，爸爸太嚴肅不好溝通，工作
> 又忙（T1）。

3. 車輪網絡：常出現子女數較多的家庭，子女與其他家長，
   皆以一關鍵家長為溝通、傳遞意見的中心。例如：分居家
   庭、兩代同居家庭、三代同居家庭、三代同鄰家庭。

> 媽媽是我們一家之主，每個人都靠她（T12）。
> 老婆說什麼，大家都聽，她比較有空（H12）。

4. 全頻道網絡：這一類家庭傳播網絡的特色，是家中成員都
   可平行、對等地與其他成員互動溝通，即使長輩與子女的互
   動也採水平式接觸。常出現於兩代同居家庭或分居家庭。

> 來到國外，總要學學民主的方式多溝通（H5）。
> 我最痛恨以前那種父母權威的姿態，所以要求自己的家人
> 彼此多溝通一下（M2）。

5. 酒杯網絡：母親以家中關鍵成員為溝通中心，但其中另一
   成員僅透過這位關鍵成員了解其他成員的想法。關鍵成員與
   其他成員的互動對等良好。一般寄養家庭、分居家庭、單親
   家庭、三代同居家庭、三代同鄰家庭皆有此溝通網絡。

圖4-11 酒杯網絡

> 我們都從媽那裡知道他的事，他也不理我和弟弟（H7）。
> 老婆會告訴我們她媽媽的想法 （T2）。

6.鈕釦網絡：常見與家長與子女溝通不良的家庭，家長彼此
  交換意見，子女也各自溝通，但子女與家長各自生活，疏於
  溝通。比較常出現於隔代家庭或兩代同居家庭。

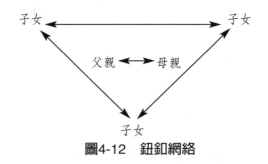

圖4-12 鈕釦網絡

> 爸媽一直要我們像他們，這怎麼可能。我們在學校接觸朋
> 友都不是這樣（T8）。

7.領結網絡：三代同堂家庭，祖父母與父母溝通良好，而與其
  他成員疏於互動。有的三代同鄰家庭也有類似溝通網絡。

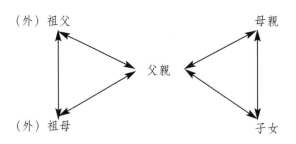

圖4-13　領結網絡

> 爸爸是一家之主，我們都聽他的，媽媽沒發言權，爺爺奶
> 奶又不接受我們的看法（H17）。

　　觀察華人移民家庭的親子關係網路，以連鎖網絡為例，其家
庭親子凝聚力接近無拘無束層級，適應力屬於嚴密層級。Y網絡
的家庭親子凝聚力在獨立層級，適應力屬於建構層級。採車輪網
絡溝通的家庭，其親子凝聚力在獨立層級，適應力介於嚴密層
級。採全頻道網絡互動的家庭，其親子凝聚力屬於互相牽絆層
級，適應力則在混亂層級。酒杯網絡的家庭成員其親子凝聚力在
獨立層級，適應力屬於建構層級。鈕釦網絡的家庭成員親子凝聚
力在無拘無束層級，適應力屬彈性層級。採領結網絡溝通的家
庭，其親子凝聚力屬連結層級，適應力在建構層級。

　　進一步分析網際網路對華人移民家庭傳播網絡的影響，雖然
在面對面溝通時，採連鎖網絡互動的家庭成員，會依輩分、排行
傳遞意見或轉述溝通意見。由於網絡的介入，家中會使用網路的
成員，彼此也可藉由電子書信轉寄笑話奇聞，通常出現於子女之
間，兄弟姊妹間有時會透過網路互相往來增加相互的聯繫，有時
會將連鎖網絡調整為高腳杯網絡。

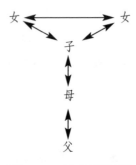

圖4-14　高腳杯網絡

　　本來我只聽姊姊，姊姊聽哥哥傳來爸媽的指示，現在哥哥
會用網路寄笑話給我跟姊，不像以前不太管我（H9）。

　　採Y網絡互動的家庭成員，原本溝通的樞紐在關鍵家長，子女
手足較少聞問，但網際網路進入家庭網絡傳播時，會因為手足間
透過網路聯絡而轉向酒杯網絡，或因為非關鍵家長也會用電子郵
件而朝向全頻道網絡發展。

　　自從爸從台灣發e-mail給我們，感覺他比較像爸爸了（T1）。

　　採車輪網絡聯繫的家庭成員，原本家中核心人物（父親或母
親）在面對面溝通時居重要地位並具影響力，一旦網際網路進入
家庭傳播網絡，會由於不同成員透過網路聯繫而朝變形蟲網絡發
展。

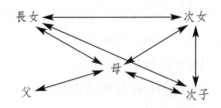

圖4-15　變形蟲網絡

全頻道網絡家庭成員，受到網際網路的影響較小。但當部分家庭成員計畫「設計」特定成員時，其動員速度迅速。例如製造特定成員的意外生日慶祝活動。

> 你知道，我姊點子多，上次透過e-mail，偷襲我媽的生日（T4）。

酒杯網絡互動的家庭成員，也會因網際網路的加入，逐漸朝向全頻道網絡發展，或僅維持現有網絡（當只有子女會上網時）。

採鈕釦網絡聯結的家庭成員，其聯結網絡是否改變調整，端賴家長雙方或某一方是否會上網而定，一旦家長也隨同子女上網，親子一邊一國的互動，便會改觀。如果僅一位家長會用網路與子女互動，便轉為風箏網絡；兩位家長都用網路與子女聯繫，則形同全頻道網絡。

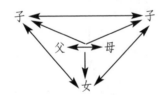

圖4-16　風箏網絡

相對地，也有受訪者表示網路對真實生活沒有影響，只是用來與同學討論作業、聯絡客戶或打發時間。

> 他一下課就在房間上網，一直搞到很晚，我們也不好問，有一次收到一個色情電話帳單，好貴（H10）。
> 我上網查資料、找人聊天，反正跟家人沒什麼好談的（M16）。

領結網絡的家庭成員互動，由於原本受制於不同輩分、血緣
關係的影響，如祖父母與父母互動頻繁，而父親再與母親子女溝
通，網際網路的出現未對領結網絡家庭產生影響。

至於網際網路是否影響華人移民家庭的親子關係，依據深度
訪談的結果，網路可能促使親子關係凝聚力的調整，但對適應力
的影響有限。這是由於凝聚力直接牽涉感性的親密關係，而適應
力涉及家庭體制的權力結構，後者相較之下較難動搖。

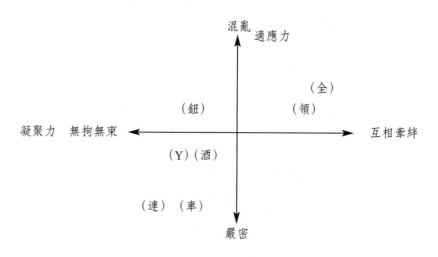

圖4-17　親子凝聚力與適應力關係軸

陸、結論、討論與建議

誠如學者朱瑞玲與章英華（2002）所言，家庭結構的變遷是
全球性的，家庭成員長期「共同生活」（Shared lives）的趨勢已

非華人家庭的特色。探討網際網路對華人家庭的傳播網絡與親子
關係的影響，的確發現網際網路扮演斡旋、聯繫，或紓解鄉愁的
角色。根據深度訪談五十一位加拿大華人移民，獲致以下結論：

1. 華人移民家庭的家庭傳播網絡，分別有連鎖網絡、Y網絡、
   車輪網絡、全頻道網絡、酒杯網絡、鈕釦網絡以及領結網絡
   等形式。其中寄養家庭常採Y網絡、酒杯網絡的形式。分居
   家庭常採Y網絡、車輪網絡、全頻道網絡、酒杯網絡形式。
   單親家庭較常採Y網絡、酒杯網絡等溝通形式。隔代家庭常
   呈現鈕釦網絡的溝通形式。三代同居家庭常出現連鎖網絡、
   車輪網絡、酒杯網絡、領結網絡等溝通形式。三代同鄉家庭
   採連鎖網絡、車輪網絡、酒杯網絡、領結網絡的溝通形式。
   兩代同居家庭會出現車輪網絡、全頻道網絡、酒杯網絡等溝
   通形式。

2. 華人移民家庭的親子關係，大都介於中低凝聚力、中低適
   應力的面向，如採Y網絡、酒杯網絡的家庭。採連鎖網絡
   溝通的家庭親子關係的凝聚力和適應力最低，採車輪網絡
   溝通的家庭親子關係的適應力最低。其次，華人移民家庭
   採全頻道網絡、領結網絡形式的親子關係，多位在中高適
   應力與凝聚力的面向。採鈕釦網絡溝通的家庭親子關係，
   其凝聚力較低，但適應力較高。

3. 網際網路對華人移民家庭傳播網絡的影響，明顯出現在採
   連鎖網絡、Y網絡、車輪網絡、全頻道網絡的家庭。例
   如：採連鎖網絡溝通的家庭，可能轉型為高腳杯網絡；採
   車輪網絡互動的家庭，可能朝向變形蟲網絡發展；採Y網

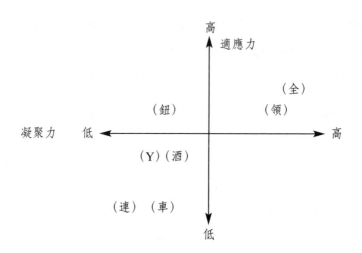

圖4-18　親子凝聚力與適應力關係軸

　　絡或酒杯網絡互動的家庭則可能轉向全頻道網絡形式。探
　　鈕鈦網絡的家庭，可能轉型為風箏網絡或全頻道網絡。當
　　然，網際網路也有不具影響的情形，如果家庭成員僅透過
　　網路與非家庭成員的朋友、同事互動，那麼便不影響華人
　　移民家庭的傳播網絡。

4.網際網路對華人移民家庭親子關係的影響在於凝聚力的調
　　整，對適應力的影響不明顯。如果家庭成員僅用網路查詢或
　　僅聯絡非家庭成員的朋友、同事，有時會因現實生活的壓力
　　出現網路成癮或有資訊焦慮的現象。

　　由RBC Financial Group /Ipsos Reid在2002年7月公布的調查報
告（劉芳梅，2002），可知加拿大家庭一年平均上網一千六百小
時，顯示網際網路逐漸改變許多家庭的生活形態，包括時間安
排、親子關係。本研究觀察加拿大華人移民家庭的成員互動，確

實顯現網際網路影響家庭傳播網絡、親子關係的軌跡，甚至不會
成癮或有焦慮的負面後遺症。

不可否認網際網路持續在影響改變現代家庭的作息與溝通，
建議關心家庭傳播的研究者，可再繼續追蹤網際網路對家庭親密
關係、家庭傳播形態、家庭衝突、家庭儀式的影響，並進一步檢
視和驗證相關理論。

國內近年在中小學推動網路倫理、網路安全教育，而對於計
畫移民的社會人士和家庭，則缺乏建立知能的管道，建議類似網
路倫理觀念，也應推展至社會教育或終身學習範圍。

問題與討論

1. 請問一般家庭傳播形態有哪些？府上的溝通傳播形態為
   何？

2. 請問家庭凝聚力與適應力是指什麼？府上的家庭凝聚力
   與適應力為何？

3. 請問家庭傳播網絡大致有哪些方式？府上的傳播網絡為
   何？

4. 網際網路的出現對你和家人的溝通互動有無影響？原因
   是？

第五章

數位傳播與網路安全素養

Chapter 5

壹、前言 @

　　網路如同一條跨越時間、空間與國界的資訊高速公路，根據台灣網路資訊中心2004年公布的〈台灣寬頻網路使用調查報告〉，台灣地區上網人口已達一千二百七十四萬人；十二歲到十五歲曾經上網使用網路的少年占92.93%，成為新興的網路主力；至於十二歲以下的兒童上網人數則增加至一百零六萬人，首度突破百萬人的記錄（行政院新聞局，2004）。

　　2004年與2005年台灣「資訊月」巡迴展，均將兒少上網安全列為大會主題，會場展出電腦網路使用知識與新知、基本電腦用語，還有網路使用禮儀以及《親情升級，讓愛飛揚：兒少上網安全手冊》；讓家長與孩子可以擁有更多網路使用的資訊，也希望可以讓平常對電腦一無所知的大人們從中了解網路世界的狀況，幫助社區家長了解進而掌握電腦資訊，做好上網安全把關的工作。

　　中國文化部和信息產業部2005年聯合公布〈關於網路遊戲發展和管理的若干意見〉，網路遊戲企業今後不僅要限制未成年人上網遊戲的時間，還要採取實名遊戲制度，拒絕未成年人登錄PK類（格鬥類）練級遊戲，並將嚴格審查網路遊戲內容，提高網路遊戲的准入門檻（聯合報大陸新聞中心，2005；http://udn.com/NEWS/WORLD/WOR1/2837598.shtml）。

　　不可否認，網路資訊與數位科技的高速發展，不僅成為迎向二十一世紀的趨勢，也為數位潮流衝擊下的e世代開闢一塊「學

習與溝通」的新場域。網路資訊與數位科技之所以吸引青少兒，在於網路資訊的豐富性、多樣性，以及網路言論的自由流通性。

人類學家曾形容（Oakley, 1951）：人是工具的製造者與使用者（the maker and user of tools），學者謝瑞（Cherry, 1985）在《接近的年代：資訊科技與社會改革》（*The Age of Access: Information technology and social revolution*）一書中，也以二次工業革命（a second industrial revolution）形容資訊科技對人類社會的衝擊。

台灣電子資訊產業的發展，已在全球生產體系中取得優勢地位，成為全球第三大資訊硬體大國。許多國際顧問公司估計，2007年後，華文將是網路世界的第一大語言（軟體產業通訊，2002）。

從網際網路普及後，以服務為導向的消費形態蔚為主流，隨著網路線上遊戲不斷推陳出新，線上遊戲已成為全球新興娛樂產業，美國線上遊戲市場已超越了電影和音樂市場（邱翊庭，2001）。資策會估計，台灣線上遊戲產值由2002年四十億元成長到2003年的六十億元，成長率達50%。

網路線上遊戲熱潮的消費者，並非限制於傳統行銷的訴求對象（如三十歲至五十歲），而係以青少年（十二歲至二十五歲）為訴求（黃祥祺，2003）。就青少兒的成長來看，傳播媒體如同青少兒在家庭微系統外層的居間系統，其中傳播媒體長期以來也形成現代人認識社會的一扇窗。

現有相關青少年網路使用研究，分別著重同儕關係與自我意識的探索（陳怡君，2003；黃玉蘋，2003），少數分析網路或線上遊戲使用者對價值觀形成的影響（許嘉泉，2003；戴麗美，

2005），但缺乏關注網路使用行為、網路分級認知，與網路安全素養。

　　本章針對大台北地區一千一百九十四位國高中青少年學生，進行親身問卷調查，兼採兩場質化焦點座談方式，探討青少年學生的網路使用行為、網路分級認知、網路安全素養，及影響網路安全素養的因素。

貳、資訊素養與網路安全

　　1950年代的台灣社會，當時政府大力推展掃除文盲（illiterate）運動，提倡國民教育，加強一般民眾識字能力。現代社會所說的素養（literacy）便是一種讀、寫、算的能力，是日常生活的一種基本能力（倪惠玉，1995）。

　　數位時代來臨，資訊的儲存、流通與使用因為傳播科技的發展便捷快速，資訊充斥在現代人的日常生活中，過去單純的讀寫能力，已不足以應付目前資訊爆炸的時代，資訊素養成為現代公民必備的知識之一（黃雅君，2000）。

　　盧怡秀（2001）將素養界定為：一個人為適應所生存的世代而須具備的能力，這些能力可分為數個層次：愈低層次的可能經由非正式學習獲得，目的是為了養成個人基本的生活能力；愈高層次的能力則必須包含各領域正式與非正式的學習累積而得的知識、技能與態度，目的是為了成就個人並能造福他人，而資訊素養（Information Literacy）屬於高層次的能力之一。

　　美國國家圖書館與資訊科學委員會（US National

Commission on Libraries and Information Science）早在1970年便在政策規劃草案中提出資訊素養概念，該草案建議政府應該廣為教育民眾與其工作相關的資訊素養。「資訊素養」的定義為：一個人具有能力知道何時需要資訊，且能有效的尋得、評估與使用所需要的資訊。換句話說，在日常生活中可察覺自己的資訊需求，並且有能力去處理（ALA, 1989）。

美國圖書館協會（American Library Association, ALA）與教育傳播科技委員會（Association of Educational Communication and Technology, AECT）針對學生資訊素養的學習狀況，提出以下的評量標準（1998）：

1.能有效率、有效地接近使用資訊。

2.能完整而嚴格地評估資訊。

3.可以有創意且精確地使用資訊。

4.有能力追求個人本身有興趣的資訊。

5.會欣賞文獻本身或是有創意的資訊表達方式。

6.會努力尋找資訊及創造知識。

7.認知資訊對民主的重要性。

8.可以實踐對資訊及資訊科技應有的倫理。

9.參與討論，並追求和創造資訊。

從理論的發展來看，資訊素養的定義會因為研究偏重的層面不同而有所差異，一則強調它是一組個人的特質，再則強調它是一種資訊運作的技能知識，又或強調它是一種學習的過程（Webber & Johnston, 2000）。

林奇（Clifford Lynch）認為資訊時代裡，個人還必須具備資

訊素養方能有效的使用資訊科技，資訊素養區分為一般性資訊素養（General Information Literacy）與資訊技術素養（Information Technology Literacy）兩種不同的層次（Lynch, 1998；黃葳威等，2008）。亦即除了運用資訊的能力與知識外，更應探討個人對於資訊技術方面的應用能力與知識，例如資訊硬體設備的操作及功能運作的理解程度，資訊軟體工具之應用和熟悉程度等資訊技能。

資訊素養乃是指個人能找出、處理資訊並加以有效利用資訊的能力，不論資訊所得來源為何種「形式」，也就是說，傳統印刷媒體、電子媒體或新興的網路媒體所得的資訊，都是在此一概念範圍（McClure, 1994）。資訊素養被視為人類素養之最大且最為複雜的系統，資訊素養的內涵，必須加入傳統素養、電腦素養、網路素養及媒體素養的概念，才能稱之為資訊素養，資訊素養包含四個不同的層面（McClure, 1994）：

1. 傳統素養（traditional literacy），亦即個人的聽說讀寫等語文能力以及數理計算的能力。
2. 媒介素養（media literacy），意指運用、解讀、評估、分析甚或是製作不同形式的傳播媒體及內容素材的能力。
3. 電腦素養（computer literacy），意指電腦及各項資訊科技設備的使用能力。
4. 網路素養（network literacy），意指運用網路搜尋資訊的能力，對於網路的資源價值及運作規範的理解等。

資訊素養的核心能力的養成，有資訊能力、媒體識讀素養、電腦識讀素養、視覺識讀素養，終身學習及資源本位學習等六

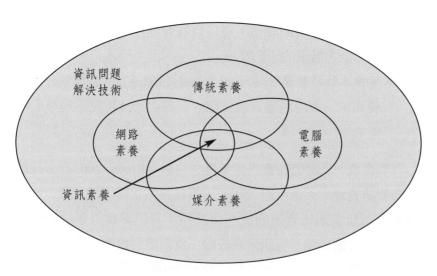

圖5-1 麥克魯爾（Charles R. McClure）的資訊素養概念圖

項，分述如下（Plotnick, 2000）：

1. **資訊能力**（information competence）：尋找、評估及使用以各種形態呈現的資訊之能力，或整合電腦知能、科技知能、媒體識讀、批判思考及溝通的綜合能力。

2. **媒體識讀素養**（media literacy）：即具有以多元形態進行與溝通相關過程及內容的解讀、分析、評估、形成溝通的能力。

3. **電腦識讀素養**（computer literacy）：即使用電腦及軟體完成實用性任務的能力。

4. **視覺識讀素養**（visual literacy）：指的是一種對視覺要素的知識，能理解圖像意義及構成要素的能力。

5. **終身學習**（lifelong learning）：由學習者自發、有企圖的計畫、基於自我內在動機驅動、對自我能力的評估以及對

學習機會資源的評估，透過自我管理程序所進行的自主性學習能力展現的活動歷程

6.資源本位的學習（resource-based learning）：自置於分化式資源中，而能透過資訊辨識，以整合形成特定主題學習的能力。

學者進一步提出的資訊素養概念包括（Bruce, 2003）：確認主要資訊資源、架構可研究問題、尋找評估管理使用知識、挖掘資訊、解析資訊、資訊的批判與評估；資訊素養可包括的面向有：資訊技術經驗、資訊來源經驗、資訊處理經驗、資訊控制經驗、知識建構經驗、知識擴展經驗、智慧經驗。

從終身學習的角度，資訊素養可視為個人的終身學習過程，而非只是單純的去利用圖書館內所提供的資源。美國學院與研究圖書館協會（Association of College & Research Libraries）更提出有關「高等教育資訊素養能力標準」的修正草案，在內容中提到個人在大環境中所受到的影響，會改變每個人資訊素養的程度與看法：資訊素養是超越任何一種素養的意涵，是一種多元化的素養概念。同時，具備有資訊素養的人，將能獲取對資訊的批判能力，進而提升對於資訊的鑑別能力，使其能自覺地發現問題，確立其問題主旨，來尋求所需之資訊、組織及綜合資訊，評估判斷資訊（Marcum, 2002；引自曾淑芬等，2002）。

有關網路素養的概念發展至今，學者仍有不同的界定，認為網路素養是一個仍在發展、尚在形成中的概念。網路素養係指個人網路使用知識與網路資源檢索、應用的能力（施依萍，1997；莊道明，1998；McClure, 1994）。

張寶芳（2000）則指出，網路素養牽涉到下列幾項重要的核心能力：

1.判別資訊的能力。

2.檢索資訊的能力。

3.組合知識的能力。

4.網路公民社交的能力。

網路素養的概念也被區分為（陳炳男，2002）：

1.網路知識。

2.網路操作技能。

3.網路使用態度。

劉駿淵（1996）分析了網路社區與文化特性，認為網路素養至少應該包括下列三個面向：

1.個人對使用網路的認知、評估，與需求程度。

2.使用網路所需的技能，包括硬體的知識以及軟體如語文符號系統的學習。

3.網路社群成員如何在網路上遵循規則與其他成員互動。

隨著網路層出不窮的現象，網路安全也被納入其中。將網路素養的概念分為（Teicher, 1999）：

1.網路使用能力。

2.資訊評估能力。

3.網路安全能力。

4.網路法律能力。

5.網路禮儀能力。

網路素養可視為：個人在網路環境中，除具備一般網路的知識，了解網路的意義、內涵與發展趨勢外，並能在覺知資訊需求後，利用網路技能去檢索相關知識，進而評估與重組資訊，且能做安全且合乎倫理規範的使用，以解決個人生活問題（林佳旺，2003）。

參、網路分級發展

網路上所建構出來的虛擬世界，已經成為現在兒童與青少年生活的一環，無可逆轉。隨著網際網路的發展與普及，兒童少年在上網學習或休閒時，也十分容易接觸到違法或是與其年齡不相當的資訊，而且一些對兒童少年有特別企圖之人，如戀童癖者，也利用網際網路尋找受害兒童，誘拐出來加以性侵害，或是大量散布、製造、複製、販賣兒童色情圖影（係指利用未滿十八歲之人拍攝猥褻、性交圖影）。近幾年來，英國、德國、義大利、澳洲、美國等國紛紛破獲大型兒童色情網站集團，逮捕數萬人，顯示出這個問題的嚴重性，也代表各國政府已採取必要行動來守護兒少上網安全（O'Brian, Borne, and Noten, 2004）。

現今網路社會網站繁多紛雜，當中所夾雜的錯誤或不當的資訊，會形成不當的社會示範，足以影響兒少建立正確的認知（賴溪松、王明習、邱志傑，2003）。從1995、1996年開始，關於兒

童上網的安全問題漸漸形成需要立法進行管制。歐盟1996年所提「網路上非法與有害內容」（illegal and harmful content on the internet），其中非法內容明顯為違反相關法律的內容，而有害內容的界定係以對身心健康造成負面影響為考量（http://www.cordis.lu/en/home.html）。

1996年10月並發表「視聽與資訊服務中有關未成年與人性尊嚴保護綠皮書」（Green Paper on the Protect of Minors and Human Dignity in Audiovisual and Information Service），呼籲歐盟各國成員對於網路上的非法及有害內容，採取管制行動（http://www.cordis.lu/en/home.html）。

歐盟對於非法及有害內容的界定包括（http://www.cordis.lu/en/home.html）：

1. 國家安全之妨害（教人製造炸彈、生產違禁毒品、恐怖活動等）。
2. 未成年人之保護（暴力、色情等）。
3. 人性尊嚴之維護（煽惑種族仇恨及歧視等）。
4. 經濟安全（詐欺、信用卡盜用之指示等）。
5. 資訊安全（惡意之駭客行為等）。
6. 隱私權之保護（未經授權之個人資料之傳遞、電子騷擾等）。
7. 個人名譽之保護（誹謗、非法之比較廣告等）。
8. 智慧財產權之保障（未經授權散布他人著作，如電腦軟體或音樂等）。

「視聽與資訊服務中有關未成年與人性尊嚴保護綠皮書」（林

承宇，2002）則重視未成年人與人性尊嚴的維護，如兒童色情（child pornography）、過度暴力（extremely gratuitous violence），和煽惑種族仇恨、歧視與暴力（incitement to racial hatred dis-crimination and violence）等。1999年多年度行動計畫，除確認兒童色情與種族仇恨觀念的散布外，還加上人口運輸（trafficking in human being），和懼外觀念之散布（dissemination of xenopho-bic ideas）。

　　歐盟也開始執行一項投資四千五百萬歐元、為期四年的計畫，用以保護兒童在上網時免受色情和種族主義資訊的傷害。依據路透社布魯塞爾12月9日電，歐盟當日公布的一項資料顯示，在北歐和英國、荷蘭、愛沙尼亞和捷克等國家，大約60%的兒童經常瀏覽互聯網。歐盟資訊社會和媒體研究人員指出，大多數家長並沒有意識到互聯網潛在的危險，或當他們發現有害的網路內容時也不知道該向誰求助。此前，歐盟已經投資三千八百萬歐元，建立了一個「通報熱線」，以指導家長一旦發現不良資訊如何進行投訴。而這項新的四年計畫將增加更多熱線電話，提供更好的過濾色情內容的技術，並促使家長和孩子提高警惕性。雷丁舉例說，目前遍布在十八個歐盟成員國和冰島的熱線，幫助員警成功打掉了戀童癖者的網路（程慶華，2004）。

　　美國聯邦最高法院在1997年宣布「傳播禮儀法案」違憲後，將網路上的不當資訊交由科技來過濾處理。美國固然重視言論自由，但對於所謂「低價值言論」（law value speech）不受到憲法增修條文第一條表意自由條款保障；例如，煽惑他人犯罪之言論（advocacy of unlawful conduct）、挑釁之言論（fighting words）、誹謗性之言論（defamation），以及猥褻和色情之言論（obscenity and pornography）等範疇（葉慶元，1997）。

　　1998年10月美國國會通過了一項「兒童網上隱私權保護法」，到2000年4月，美國國會的專業委員會又通過了一個舉世矚目的「兒童網上隱私權保護規範」。在這樣一個將「言論自由」標榜為「無上權利」的國家，居然也是世界上第一個通過明確立法賦予政府對兒童相關的網站特別審查權的國家，而不執行這個規範的法律後果竟是非常嚴厲的刑罰。從另外一個側面我們也可以看到，在美國兒童上網的安全備受重視（紅泥巴村，2000）。

　　為加強兒童在瀏覽網路時的安全防範，布希總統在2002年底簽署了一項關於在互聯網上建立一個新的兒童網站功能變數名稱的法案，以保護兒童在上網時免受色情或暴力等內容的侵擾。根據新法律，美國有關部門將建立專門針對十三歲以下的兒童網站，這個新的網站的功能變數名稱為"kids.us"。凡在此功能變數名稱上註冊的網站不能與其他外部網站相連接，其內容不包含任何有關性、暴力、污穢言語及其他成人內容，但可以設立諸如聊天室等功能。

　　美國網路功能變數名稱管理機構NeuStar公司2002年初明確規定，性、暴力和由美國聯邦通信委員會禁止使用的其他七個骯髒的辭彙，都不能出現在面向兒童的網站的功能變數名稱中，非法藥品使用、酗酒、抽煙、賭博、衣著過於暴露等內容也都在被禁止之列。

　　此外，美國還專門成立了網路內容分級協會（ICRA），該機構將網路內容分為性、裸露、語言、暴力四個類別，再將不同的類別分為0到4共五個等級，以限制不同年齡層次的少年瀏覽。近幾年來，美國國會也一直在為使兒童能夠在互聯網上遠離色情、

暴力和其他成人內容而努力。爲在學校和公共圖書館的電腦上保護兒童，美國國會在2000年2月通過了「兒童網上保護法」。該法要求各學校和公共圖書館在2001年7月1日之前，都要在公用電腦上安裝過濾軟體（嚴恆元，2004）。

據美國全國失蹤和被剝削兒童中心（National Center for Missing & Exploited Children）報導，2004年有七百八十五個孩子被他們在網上認識的人綁架。據華府一家本地報紙Connection 10月28日報導，美國幫助孩子組織（Child Help USA）預防專案的主任艾瑞斯·白克維司（Iris Beckwith）說：「孩子們在網上和一個人聊上三次，就不認爲這個人是陌生人了。」 一個星期前，白克維司在克羅斯費爾德小學向大約三十名父母講解了如何保護孩子們的上網安全。白克維司說：「上網是孩子們生活中重要的一部分，所以我們必須保護他們的安全。」（大紀元華府日報，2005）。

全球資訊網有感於全球資訊網被濫用在兒童色情的散布或販賣，有心人士潛伏在網路世界乘機對兒童少年伸出魔爪，確實對兒童少年上網安全產生威脅，因此提倡使用PICS協定，達到分級的效果。爾後，在國際主要的網路與電信業者支持下，網路內容分級協會設立，鼓勵網路內容提供者自我標籤，家長或網路使用者則可下載免費軟體，選擇適合孩子或自己的內容，以達到保護兒少免於接觸到有害資訊與尊重內容提供者言論自由之權利的二大目的。

由於這個機制非強制性，僅能依靠網路內容提供者之認同與自律，所以目前依照該會標準進行分級的網站還不夠顯著，因此要求使用者啓動分級軟體也是徒勞無功。因而在積極面如何宣導

兒少上網安全益形重要。

　　非營利調查組織Pew互聯網與美國生活專案近日發表研究報告顯示（劉建，2005），美國半數以上的十二至十七歲青少兒家長使用網路篩檢程式來限制未成年人利用有害的網路內容。這個數字比2000年增長了65%。然而絕大多數未成年人和家長認為，孩子在網上做著他們父母並不同意的事情。

　　Pew調查了一千一百個未成年人，平均年齡為十二至十七歲，還有一千一百名家長，結果表明：美國54%的上網家庭現在都使用一些網路篩檢程式或監控軟體來保護未成年人，而2000年時有41%的家庭使用篩檢程式。報告還指出，總體而言，美國有一千九百萬個具上網條件的有未成年孩子的家庭，在這些家庭中，使用網路篩檢程式的家庭有一千二百萬戶，而2000年僅有七百萬戶（劉建，2005）。

　　目前關於兒童使用網際網路可能面臨問題的相關研究有：網路資源使用權限混淆不清、網路犯罪等網路法律知識不足（莊道明，1988；溫嘉榮，2002）；網路沉迷與人際關係疏離（馮燕、王枝燦，2002；溫嘉榮，2002）；網路資訊倫理規範缺乏與責任不清（莊道明，1998；溫嘉榮，2002）；網路資訊素養缺乏與網路使用之安全防護能力不足（許怡安，2001；林佳旺，2003）；網路不當資訊充斥而價值性教育資源不足（吳明隆、溫嘉榮，1999）等。

　　《天下》雜誌針對全國家中有就讀國中小學兒童的家長進行調查，高達78%的美國家長會在家中密切監督小孩的上網狀況，而台灣只有27%的家長在兒童使用網路時，會採取密切監督的作法（林玉佩，2000）。

　　歸納兒童上網時會遇到的風險可略分如下（賽門鐵克，2004）：

1. **不適當的資料**：未成年子女可能會暴露在有關性行為、憤恨或鼓吹危險或非法活動的網站內容。一份國外的研究調查指出，十到十七歲的未成年子女中，有25%曾經收到過暴露性的圖片，而且在去年一年裡，每五個兒童就有一個曾經受到性誘惑。

2. **法律或財務方面**：未成年子女可能在未弄清楚網站資訊且又受到誘惑時，被慫恿提供信用卡號、身分證字號或個人資訊，因而危及您的財務狀況或人身安全；或是可能與網友交談時危及他人權利，因而造成您家庭的法律問題。

3. **隱私權**：未成年子女很容易在無心之間向陌生網友透露個人資訊（如名字、地址、年齡和家庭狀況）。據聯邦貿易委員會（Federal Trade Commission）的研究顯示，只有14%的美國商業網站提供蒐集個人隱私資訊的注意事項；其中，只有2%的網站提供完整的隱私權政策；研究同時發現，調查兒童資訊的網站中，有89%的站台是直接向兒童或青少年收集資訊，只有不到10%的網站會在收集資訊的同時，徵求父母的同意。

4. **技術層面**：兒童可能在開啓電子郵件的附件或下載網站資料時，無意間將病毒傳入家庭的電腦中。

　　教育部電算中心將中小學校園及社區公共網路系統類似不適合存取的網站，定義分為五大類：色情、賭博、暴力、毒品與藥物濫用、其他。其定義說明如下（賴溪松、王明習、邱志傑，

2003）：

1. **色情**：包含裸露重點部位、過分煽情、媒介色情交易、色情圖片／影片／聲音／文字、色情文學、情色聊天室、兒童色情、販賣色情用品、性行為等；網站標明「僅供成人瀏覽」，「須年滿十八歲以上才可進入」，「必須到可飲酒之年齡才可瀏覽」等，且其內容足以引起感官或性慾之刺激者。

2. **賭博**：包含線上賭博、地下錢莊等；教導賭博、販賣賭具等。

3. **暴力**：登載或解說任何暴力行為或殘害身體如人體肢解、自殘等圖文內容之網站等；性虐待、強烈殘暴行為之文字、圖片、影片等；蓄意而殘忍的車禍照片。

4. **毒品及藥物濫用**：鼓勵使用毒品；毒品販賣或提供非法藥品相關資訊；毒品種植及製作；教導各種吸毒方式。

5. **其他**：其他違反TANet使用目的，列為拒絕存取之資訊者如指導或鼓勵犯罪、偷竊技巧、詐欺、自殺，以及指導製造或使用武器、改造、販賣槍砲、武器交易等網站或網頁。

為打造家庭最單純的上網環境，響應網路環保理念，台灣於2003年5月「兒童少年福利法」修法通過，根據該法第二十七條第三項規定，行政院新聞局於2004年4月26日訂定發布「電腦網路內容分級處理辦法」，該辦法特別要求電腦網路服務提供者應自本辦法施行之日起十八個月內（即2005年10月25日前），完成電腦網路內容分級之相關準備措施，並進行分級。

除了在資訊高速公路上設置交通號誌，提醒使用者自行選擇是普級或限制級區域外，治本之道在於網路安全素養的宣導。如何教導兒童正確了解及分辨網頁內容，避免不當及危險的使用行為，減少網路對兒童的負面價值觀影響，有必要結合政府及NGO第三部門，以及社區民間力量一起共同努力來推動網路安全教育（O'Brian, Borne, and Noten, 2004）。

台灣在網路安全權責單位有行政院新聞局、教育部、內政部警政署刑事警察局、兒童局、經濟部、交通部、通訊傳播委員會（NCC）；推動網路安全教育宣導的有台灣網站分級推廣基金會、民間公益團體如白絲帶工作站、台灣終止童妓協會、勵馨社會福利基金會等（行政院新聞局，2004）。

台灣竭力推展e化的努力行動，社區上網普及率有逐漸升高的趨勢，網路的使用者年齡亦有逐年下降的現象，社區青少兒接觸數位媒體現況與所具備的網路安全素養如何，乃本研究擬探討的課題。

有關青少兒個人背景和數位媒體實證研究，蕭佑梅（2003）和謝佩純（2005）研究結果顯示，男學生在使用家庭資訊科技的機會上得分優於女學生；李京珍（2004）的研究結果則顯示並無差異。朱美惠（1999）研究發現，大學生男性使用者比女性多，在宿舍或家中上網的比例也最高，平均每天上網的時數以四小時以上為多數。

戴麗美（2005）對國小學童的調查結果，居住縣市不同、家裡是否使用網路，與是否知道實施電腦網路分級制度有顯著差異；學童父親學歷不同，與其父母是否會在家設定電腦網路分級制度有顯著差異。

　　研究證實，父母之教育程度愈高，其子女愈享有在家中使用電腦之機會；父母職業不同，子女資訊素養與網路安全素養亦有差異（李京珍，2004；戴麗美，2005）。

　　大台北地區青少兒學生使用電腦網路時間與網路安全素養有顯著關聯（戴麗美，2005）；台南市國中生網路使用頻率與網路素養相關（謝佩純，2005）。由於網路的匿名性與多元的樣貌，現今的青少年可以輕易在網路世界中贏得友誼、尋求歸屬感，更可以去除現實生活中不愉快經驗以自我保護，及與他人建立親密關係，國內許多研究均顯示網路使用與人際關係有顯著的相關（黃玉蘋，2003）。

肆、實證研究設計 @

　　實證研究兼採量化問卷調查，以及焦點團體訪談法，並輔以「網路分級語彙」關鍵字詞討論，了解與會青少年與家中有青少年的家長對網路分級語彙的看法。

　　這項網路分級語彙焦點團體意見調查，一共舉行兩場座談會，兩場分別邀集十二位國中及高中學生，以及中學生家長代表出席，總計二十四位民眾參與討論。

　　研究提出研究架構如圖5-2。

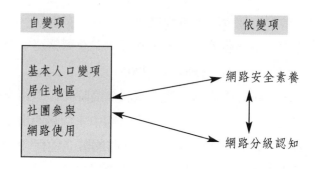

圖5-2　研究架構

　　實證問卷共分成「網路媒體使用」、「網路安全素養」，與「個人基本資料」等三部分。

　　「網路媒體使用」部分係參考曾淑芬（2002）之「台閩地區2002年數位落差調查報告問卷」、蔡志強（2003）之「國小學童數位素養」研究調查問卷，自行修改編製歸納成本問卷。施測問題包括：受訪者使用網路時間長短、使用頻率、使用地點、網聚（網路社團）參與，以及家中擁有的電腦數目等。網路社團或家族分類則依照雅虎奇摩網站家族的分類：親友學校、聯誼交友、娛樂流行、星座命理、運動休閒、醫療保健、電腦通訊、藝文學術、商業金融，以及沒參加家族。

　　網路安全認知係指是否知道網路分級制度辦法實施、是否會（懂得）自行在家中設定網路分級。其中知道且會設定得4分，不知道但會設定得3分，知道但不會設定得2分，不知道也不會設定則得1分。

　　研究者參考全球性非政府組織第三部門對於兒少上網安全的關懷重點（Home Office, 2003），將「網路安全素養」界定為：

遵守電腦網路相關使用規範，有計畫使用網路，能留意、辨別網路內容與其他網友與眞實世界有別，且不洩漏個人資料與上網密碼。量表以獨立敘述句表達，分別標示爲：「非常同意」、「同意」、「不同意」、「非常不同意」四個選項，每一題目後面都附有一李克特四點量表，由受試者聽問卷調查員解說，根據對自我的知覺情形針對問題勾選其中一項。

經由徵詢相關專家學者（新竹教育大學教育系教授林紀慧博士、台北市政府少輔會主任督導張淑慧），就本研究之問卷內容、問卷架構及問卷用語等，提供修正的意見，以形成專家效度之依據，作爲預試問卷編製之參考。

其次，本研究前測樣本採便利抽樣，樣本先以台北縣永平高中一年級學生，一班四十二人進行預試，刪除無效問卷二份（如均選擇同一題項，及多數題項未塡答），有效問卷共四十份，預試問卷回收後以因素分析及一致性等統計方法，進行問卷內容分析及效度、信度檢驗，修訂後成爲正式施測問卷。

信度分析部分，本研究經前測結果顯示，在「網路安全素養」問卷信度的 α 值在.768。相關量表經討論修改後再正式前往各校施測，問卷回收後再進行信度分析，在李克特四點態度量表法中常用的信度考驗方法爲 "Cronbach's α" 係數，來檢驗問卷內部一致性，α 係數值在 .7以上爲高可信度（吳明隆，2003），α 係數值在 .6至.7爲尙佳。正式研究結果顯示，在「網路安全素養」問卷信度的 α 值在.80（**表5-1**）。網路安全素養量表項目分析如表5-1所列。

表5-1　網路安全量表項目分析摘要表

題項內容	決斷值
1.我在網路上不要給別人自己的個人資料	14.186***
2.聊天室的陌生人，身分和描述不一樣	15.115***
3.我不要在聊天室認識陌生人	16.438***
4.我會注意聊天室的聊天內容	16.400***
5.我會遵守網路分級規定依自己的年齡上網	15.849***
6.我會有計畫的使用或停止使用網站內容	18.154***
7.我會有警覺想認識孩童的人	14.460***
8.我知道學校對網路使用的規定	17.055***
9.爸媽會監督我使用網路的行為	13.909***
10.我不會洩漏個人與學校的上網密碼	12.603***

＊＊＊p<.001

伍、媒體使用與網路安全

　　為了讓與會人士自在表達意見，兩場座談會分別邀集青少年組與家長組出席。出席座談會的青少年與家長代表，平常使用電腦過程會順便上網，僅少數用電腦處理文書或一些電腦遊戲。

　　多數出席的青少年與家長使用網路，多半為了與人聊天、收信、查資料、線上遊戲、下載軟體、聽音樂、看影片、看新聞、宣洩情緒、上色情網站、找工作，或交易購物等。

1.與人聊天：大部分青少年學生在使用電腦網路的同時，會順便上即時通跟同學聊天，少數上班族家長也會用即時通與親友交談；部分青少年學生和一位家長也進入聊天室與

不認識的陌生人交談,他們共同的感想是以女性身分出現,比較會有人來搭訕。

2. 收發信件:幾乎所有出席座談會的青少年與家長每天都會利用網路收發信件,這代表電子郵件的聯絡方式普遍被現代人採用。

3. 搜尋資訊:家長代表較常使用網路查詢專業或工作資料;青少年學生傾向在學校作業規定的前提,使用搜尋資訊的功能;一些青少年偏好由網路搜尋流行話題與偶像相關資訊。

4. 玩遊戲:青少年學生會上網玩線上遊戲,或下載遊戲區軟體玩試用版;部分學生會玩角色扮演,順道認識新朋友。

5. 下載軟體:包括出席座談會的青少年與家長代表,平常使用電腦網路時會下載電影、MP3或防毒軟體。

6. 收聽音樂:部分青少年學生偏好一邊收聽網路下載音樂,一邊使用電腦或網路。

7. 觀賞影片:青少年學生除收聽網路下載音樂外,也會觀賞線上播放的電影或電視節目。

8. 看新聞氣象:多數家長代表與少數青少年學生會上網查閱新聞或氣象資訊,或財金與流行話題。

9. 宣洩情緒:部分青少年學生所屬社團或班級有專屬留言板,他們常在留言板交換日常生活或校園生活的點滴,以及快樂或不滿的情緒。

10. 瀏覽色情網站:少數青少年學生會趁夜晚居家獨處時看色情網站,也有人不諱言在學校電腦教室趁老師不注意,會偷看或和同學一起觀看。

11. 找工作：上網找工作或工讀機會也是青少年學生或家長使用網路的原因之一，如學生會上網找家教的資料。

12. 上網交易：不少青少年學生與家長都會上拍賣網站選購用品，或拍賣二手用品，這反映網路交易行為分布於青少年與家長生活經驗。

13. 瀏覽國外網站：一些青少年學生與家長代表會藉由瀏覽國外網站，接觸自己不了解的生活經驗，拓展個人視野。

14. 學習語文：一位家長代表會上網看日本《朝日新聞》，練習日語，他並向公司報備每天會看十五分鐘的《朝日新聞》。

15. 組織內部溝通：一些上班族家長因為工作場所的工作分配與溝通，都透過電腦網路進行，因此使用電腦網路是為了工作組織的內部溝通。

參加焦點座談會的青少年與家長代表，使用電腦的地點，包括居家、學校或辦公場所。青少年學生常在家中使用電腦，其次是學校電腦教室；家長代表常在辦公場所使用電腦，其次是居家場所。

兩場座談會出席代表不常到網咖使用電腦原因，在於家中使用較方便，以及不被鼓勵外出或去網咖。

這些座談會的出席人士，使用電腦或網路的時間從不到一小時，到長達八小時；多數青少年或家長每次使用電腦一至二小時，其次會至少使用三小時到四小時；少數青少年學生因為家長有所規範，只在週末使用一次大概一到兩小時。

部分家長代表為了以身作則，往往在週末或半夜子女就寢

後，或假日子女外出時間才會上網，一次約兩三小時。

在輕鬆坦誠的分享過程，包括青少年與家長代表都肯定網路分級的必要與必然。他們對於限制級的內容分級，有以下建議：

1. **年滿十八歲**：多數青少年學生與部分家長抱持，限制級內容最好在年滿十八歲以上再接觸。一些青少年表示，有些關鍵語彙從字面一看便可推想，加上現在國中的健康教育或輔導課還沒有教完整的性別衛生知識，到高中護理課才逐漸有所認識，所以限制級內容在年滿十八歲以上再接觸，比較不會誤導。

2. **年滿十九歲**：其次有大部分家長與青少年學生認爲，網路上限制級內容在年滿十九歲以上接觸較合適；一些基本正確的觀念已在高中階段建立，年滿十九歲後接觸較可分辨。

3. **年滿二十歲**：家長代表在瀏覽有關語言、性與裸露、暴力、恐怖、靈異及毒品等關鍵語彙時，以爲限制級內容最好設限在二十歲以上，待青少年身心更成熟、觀念正確時再接觸。

4. **暴力恐怖設定十二歲**：一位青少年學生認爲性與裸露語言等限制分級可設定於年滿十八歲；而暴力恐怖內容可以設定於年滿十二歲以上，即保護國小學童不會接觸到。

5. **年滿十六歲**：僅一位女性家長表示目前孩子比較早熟，包括身體各方面皆如此，所以她主張限制級內容分級可設在年滿十六歲以上。

反觀另一場青少年座談會的學生，倒不贊同十六歲以上即可

接觸限制級內容，他們認為會造成觀念偏差，有些並干擾了班上同學的作息，太早接觸並不妥當。

　　根據親身問卷施測結果，國高中受訪者大部分居住在台北縣，有六百九十九人，占63.8%，居住在台北市的受訪者有三百九十人，占35.6%，居住在其他縣市的受訪者有六人，占0.5%。

　　國高中受訪者學校社團參與以沒有參加社團的比例最高，有三百八十五人，占29.3%，有參加社團者，以參加藝術社團的比例最高，有一百七十八人，占13.5%，其次為康樂社團，有一百五十七人，占11.9%，再者為學術社團，有一百五十六人，占11.9%，參加綜合社團者有一百五十三人，占11.6%，參加其他社

表5-2　參加學校社團與網路家族分布

學校社團	個數	百分比	累計百分比	參加網路家族／社群	個數	百分比	累計百分比
學術社團	156	11.9	15.1	親友學校	456	23.7	44.4
藝術社團	178	13.5	17.2	聯誼交友	190	9.9	18.5
服務社團	76	5.8	7.4	娛樂流行	364	18.9	35.4
聯誼社團	66	5.0	6.4	星座命理	152	7.9	14.8
綜合社團	153	11.6	14.8	運動休閒	251	13.0	24.4
康樂社團	157	11.9	15.2	醫療保健	21	1.1	2.0
自治學生會	61	4.6	5.9	電腦通訊	223	11.6	21.7
沒參加社團	385	29.3	37.2	藝文學術	91	4.7	8.9
其他	82	6.2	7.9	商業金融	9	.5	.9
總和	1314	100.0	127.1	沒參加家族	137	7.1	13.3
				其他	33	1.7	3.2
				總和	1927	100.0	187.6

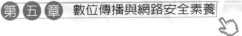

團者有八十二人，占6.2%，其餘參加社團依次為服務社團，有七十六人，占5.8%，聯誼社團有六十六人，占5.0%，參加自治學生會有六十一人，占4.6%。

國高中受訪者參加網路家族或社群的情況，以參加親友學校類型家族的比例最多，有四百五十六人，占23.7%，其次為娛樂流行，有三百六十四人，占18.9%，再者為運動休閒，有二百五十一人，占13.0%，其餘依序為電腦通訊，有二百三十三人，占11.6%，聯誼交友有一百九十人，占9.9%，星座命理有一百五十二人，占7.9%，藝文學術有九十一人，占4.7%，其他家族有三十三人，占1.7%，醫療保健有二十一人，占1.1%，商業金融有九人，占0.5%，另外沒有參加網路家族或社群者有一百三十七人，占7.1%。

如果有參加網路家族或社群，大多數國高中受訪者從不出席網聚，有三百七十九人，占39.7%，有二百六十七位受訪者不常出席網聚，占28.0%，有二百五十六人偶爾出席網聚，占26.8%，有五十三人經常出席網聚，占5.5%。

表5-3　出席網聚情形分布

出席網聚情形	個數	百分比
經常出席	53	5.5
偶爾出席	256	26.8
不常出席	267	28.0
從不出席	379	39.7
總和	955	100.0

國高中受訪者家中擁有電腦的數量，平均擁有一點七一台電腦，大部分的受訪者家中有一台電腦，有五百四十五人，占

表5-4 電腦數量與上網地點分布

電腦數量	0	1	2	3	4	5	6	7	8	總和
個數	20	545	316	168	24	10	2	1	1	1087
百分比	1.8	50.1	29.1	15.1	2.2	0.9	0.2	0.1	0.1	100

上網地點	學校	家裡	網咖	圖書館	其他	總和
個數	73	849	106	11	14	1053
百分比	6.9	80.6	10.1	1.0	1.3	100.0

50.1%，家中有二台電腦者有三百一十六人，占29.1%，家中有三台電腦者有一百六十八人，占15.5%，擁有四台電腦者有二十四人，占2.2%，家中有五台以上者有十四人，占1.3%，另外仍有二十位受訪者家中沒有電腦，占1.8%。

上網地點方面，大部分國高中受訪者通常在家中上網，有八百四十九人，占80.6%，其次有一百零六人最常在網咖上網，占10.1%，再者有七十三人在學校上網，占6.9%，在其他地點上網者有十四人，占1.3%，另外有十一人通常在圖書館上網，占1.0%。

受訪者在家使用電腦及網路最為普遍，其次為手機，再者為電子字典，其餘依序為電動遊樂器、電腦（不能上網）、數位電視、語言學習機、PDA、其他。

國高中受訪者平常使用網路的動機，以用即時通和查詢資訊最多，其次為寄發電子信件，再者為下載軟體，其餘依序為玩線上遊戲、瀏覽娛樂資訊、上聊天室或BBS、瀏覽新聞、看色情網站和網路購物、其他。

大部分的國高中受訪者只有週末、假日才使用電腦網路，有

二百九十五人，占27.2%，其次有二百八十七人每天使用網路，占26.5%，一星期使用網路三、四天有二百二十二人，占20.5%，一星期使用網路五、六天和一、兩天者各有一百一十四人，各占10.5%，另外有五十二位受訪者不使用網路，占4.8%。

　　國高中受訪者在週末假期使用電腦（不含網路）的平均時數為一點九九時，大部分受訪者在週末平均一天使用電腦的時數為一小時，有二百六十人，占24.6%，另外也有二百四十四受訪者在週末不使用電腦，占23.1%；週間使用電腦（不含網路）的平均時數為一點二小時，大部分的受訪者在週間不使用電腦，有四百零二人，占38.9%，其次有二百五十二人在週間平均一天使用電腦時數為一小時，占24.4%。

　　國高中受訪者使用網路的時數方面，週末假期使用電腦網路的平均時數為三點三七小時，大部分的受訪者在週末平均一天使用網路的時數為三小時，有二百一十五人，占20.5%；週間使用網路的平均時數為一點六六小時，大部分的受訪者在週間平均一天使用網路的時數為一小時，有二百八十五人，占27.3%，另外有二百五十四人在週間不使用網路，占24.3%。

　　有四成國高中受訪者知道將在2005年10月25日開始實施電腦網路分級制度，有六成的受訪者表示不知道。如果網路分級制度需要自行在家中設定級別，有六百零五位國高中受訪者表示會設定，占55.2%，有四百九十一位受訪者表示不會設定，占44.8%。

　　在網路安全素養方面，大部分國高中受訪者表示非常同意「我在網路上不要給別人自己的個人資料」，占45.0%，有43.4%表示同意，不同意者占5.8%，非常不同意占2.0%，另外不知道者占3.8%。

表5-5　居家使用數位科技用品與上網動機分布

平常在家使用	個數	百分比	百分比	上網動機	個數	百分比	百分比
數位電視	253	8.1	23.0	玩線上遊戲	551	11.0	49.8
電腦（不能上網）	266	8.5	24.2	寄發電子信件	730	14.6	65.9
電腦及網路	921	29.5	83.7	查詢資料	786	15.7	71.0
手機	661	21.1	60.1	用即時通	791	15.8	71.5
電動遊樂器	380	12.2	34.5	看色情網站	181	3.6	16.4
語言學習機	97	3.1	8.8	上聊天室或BBS	294	5.9	26.6
電子字典	476	15.2	43.3	瀏覽娛樂資訊	460	9.2	41.6
PDA	45	1.4	4.1	下載軟體	663	13.3	59.9
其他	28	0.9	2.5	網路購物	181	3.6	16.4
總和	3127	100.0	284.3	瀏覽新聞	292	5.8	26.4
				其他	68	1.4	6.1
				總和	4997	100.0	451.4

表5-6　使用網路頻率分布

使用網路頻率	個數	百分比
每天都用	287	26.5
一星期用五、六天	114	10.5
一星期用三、四天	222	20.5
一星期用一、兩天	114	10.5
只有週末、假日才用	295	27.2
不用	52	4.8
總和	1084	100.0

表5-7　網路分級認知與設定分布

知道網路分級制度	個數	百分比	會設定網路分級級別	個數	百分比
知道	424	40.0	會	605	55.2
不知道	637	60.0	不會	491	44.8
總和	1061	100.0	總和	1096	100.0

　　絕大多數受訪者表示同意「網路聊天室沒有見過面的陌生人，經常和他們描述的身分不一樣」，占45.7%，而有23.0%的受訪者表示非常同意，不同意者占12.3%，非常不同意占4.3%，另外不知道者也有14.8%。

　　受訪者表示同意「我不要在聊天室認識沒有見過面的陌生人」，占31.7%，有27.8%表示不同意，而非常同意者占25.2%，非常不同意占7.7%，另外不知道者占7.5%。其中將近四分之一的受訪者不同意「我不要在聊天室認識沒有見過面的陌生人」，是否與青少年階段對網路交友仍抱持著好奇嘗試，或是對其有正面評價有相關聯呢？

　　大部分受訪者表示同意「我會特別注意在聊天室中的聊天內容」，占44.3%，有27.4%表示非常同意，不同意者占14.3%，不知道者占9.8%，另外非常不同意的占4.2%。

　　對於網路分級的看法，大部分受訪者表示同意「我會遵守電腦網路分級規定，依照自己的年齡級別去上網」，占39.9%，有27.6%表示非常同意，不同意者占15.0%，不知道者占9.9%，另外非常不同意的占7.6%。

　　願意遵守網路分級的受訪者，有將近七成高的比例，網路使用者會願意配合遵守網路分級規定來進行網路使用的行為。可以

樂觀其成的是未來網路分級規定的實施，可以發揮其成效所在。

網路使用內容方面，大部分受訪者表示同意「我會有計畫地使用或停止使用網站的內容」，占44.3%，有22.7%表示非常同意，不同意者占14.8%，不知道者占12.7%，另外非常不同意的占5.6%。大部分受訪者表示同意「我會警覺在聊天室中特別想要認識孩童的陌生人」，占38.6%，有33.2%表示非常同意，不知道者占12.5%，不同意者占11.2%，另外非常不同意的占4.5%。

有關學校網路的規定，大部分受訪者表示同意「我知道學校對網路使用的規定」，占45.2%，有24.5%表示非常同意，不知道者占19.1%，不同意者占8.4%，另外非常不同意的占2.8%。值得一提的是有接近兩成的學生，是不知道學校對網路使用的規定，也暴露出學校以及老師在學生網路使用的教育宣導上，仍有待加強改善的空間。

大部分受訪者表示同意「爸媽會監督我使用網路的行為」，占35.0%，但有23.1%表示不同意，非常同意者僅占18.4%，非常不同意者占12.3%，另外不知道者占11.1%。明顯的可以看到，有將近一半的學生家長是疏於對正處於青少年階段孩子，在使用網路上的限制監督與關心。

高達五成多受訪者表示非常同意「我不會洩漏個人與學校的上網密碼」，占55.5%，有33.4%表示同意，不知道占5.1%，不同意占4.0%，另外非常不同意者占2.0%。接近九成的學生對於網路安全的認知具有相當概念，知道不洩漏個人或學校密碼於網站上。

表5-8 國高中受訪者網路安全素養

	不給別人資料個數 (%)	聊天室身分個數 (%)	不見陌生人個數 (%)	注意聊天內容個數 (%)	遵守分級規定個數 (%)	計畫使用網路個數 (%)	警覺陌生人個數 (%)	知道學校網路個數 (%)	爸媽監督使用個數 (%)	不洩露密碼個數 (%)
非常同意	497 45.0	253 23.0	279 25.2	302 27.4	306 27.6	249 22.7	367 33.2	271 24.5	203 18.4	615 55.5
同意	480 43.4	504 45.7	351 31.7	489 44.3	442 39.9	486 44.3	427 38.6	499 45.2	386 35	370 33.4
不同意	64 5.8	135 12.3	308 27.8	158 14.3	166 15	162 14.8	124 11.2	93 8.4	255 23.1	44 4
非常不同意	22 2.0	47 4.3	85 7.7	46 4.2	84 7.6	61 5.6	50 4.5	31 2.8	136 12.3	22 2
不知道	42 3.8	163 14.8	83 7.5	108 9.8	110 9.9	139 12.7	138 12.5	211 19.1	122 11.1	57 5.1
總和	1105 100.0	1102 100.0	1106 100.0	1114 100.0	1114 100.0	1114 100.0	1106 100.0	1105 100.0	1114 100.0	1108 100.0

陸、網路安全素養與網路分級

隨著青少年學生的年齡、居住地區、網路使用的不同,青少年的網路安全素養也有差異。

一、網路安全素養分析

進一步分析發現,國、高中學生對網路安全素養有差異,國中學生對網路安全素養顯著高於高中學生。

年級會造成網路安全素養程度的差異，其中國中一年級的學生對網路安全素養顯著高於國中三年級、高中一年級、高中二年級和高中三年級；國中二年級的學生的網路安全素養顯著高於高中二年級和高中三年級的學生。

表5-9 年級與網路安全素養單因子變異數分析

	個數	平均數	標準差	F	Scheffe
國中一年級	118	3.3110	.4701	12.075***	國中一年級＞國中三年級
國中二年級	103	3.1786	.3887		國中一年級＞高中一年級
國中三年級	111	3.0162	.4719		國中一年級＞高中二年級
高中一年級	77	2.9351	.5096		國中一年級＞高中三年級
高中二年級	84	2.8905	.5224		國中二年級＞高中一年級
高中三年級	109	2.9972	.4404		國中二年級＞高中二年級
總和	602	3.0704	.4864		

***p<.001

年齡與網路安全素養有顯著關聯，年齡愈小的學生對網路安全素養愈高。

居住地區的不同會造成網路安全素養程度的差異，居住在台北縣的學生的網路安全素養顯著高於居住在台北市的學生。就讀學校地區會影響學生的網路安全素養，就讀學校位於台北縣的學生的網路安全素養高於就讀學校位於台北市的學生。

表5-10 就讀階段、居住縣市、學校縣市與網路安全素養t檢定

就讀階段	個數	平均數	標準差	t	居住縣市	個數	平均數	標準差	t	學校縣市	個數	平均數	標準差	t
國中	332	3.1714	.4623	5.798***	台北縣	347	3.1369	.4662	3.800***	台北縣	311	3.1415	.4743	3.745***
高中	270	2.9463	.4874		台北市	235	2.9838	.4919		台北市	291	2.9945	.4885	

***p<.001

在學校參加社團與網路安全素養之間的關聯，沒有參加學術
社團的學生的網路安全素養，高於參加學術社團的學生；沒有參
加服務社團的學生的網路安全素養，高於參加服務社團的學生；
沒有參加聯誼社團的學生的網路安全素養，高於參加聯誼社團的
學生；沒有參加綜合社團的學生的網路安全素養，高於參加綜合
社團的學生；有參加其他社團的學生的網路安全素養，高於沒有

表5-11　參加社團與網路安全素養、網路安全認知t檢定

學校社團		個數	平均數	標準差	t	網路家族		個數	平均數	標準差	t
學術社團	有	86	2.9570	.4283	-2.354*	學術社團	有	141	2.7305	1.3141	2.127*
	無	514	3.0901	.4941			無	902	2.4800	1.2063	
藝術社團	有	103	3.0320	.4685	-.880	藝術社團	有	166	2.6988	1.2527	2.108*
	無	499	3.0784	.4901			無	880	2.4807	1.2169	
服務社團	有	55	2.9273	.4002	-2.298*	服務社團	有	66	3.5152	.9960	8.302***
	無	547	3.0848	.4922			無	980	2.4480	1.2096	
聯誼社團	有	49	2.9122	.3762	-2.985**	聯誼社團	有	58	3.6724	.8458	10.423***
	無	553	3.0844	.4928			無	988	2.4474	1.2097	
綜合社團	有	95	2.9821	.3941	-2.273*	綜合社團	有	142	2.8380	1.2066	3.395**
	無	507	3.0870	.5004			無	904	2.4646	1.2204	
康樂社團	有	78	3.0718	.4988	.027	康樂社團	有	150	2.2267	1.1880	-3.115**
	無	524	3.0702	.4850			無	897	2.5619	1.2251	
自治學生會	有	50	2.9440	.4708	-1.924	自治學生會	有	54	3.7593	.7507	12.022***
	無	552	3.0819	.4866			無	991	2.4470	1.2098	
沒參加社團	有	212	3.0854	.5106	.556	沒參加社團	有	367	2.4932	1.2076	-.401
	無	390	3.0623	.4732			無	680	2.5250	1.2350	
其他社團	有	36	3.2250	.5432	1.971*	其他社團	有	72	2.2222	1.0776	-2.367*
	無	566	3.0606	.4814			無	974	2.5370	1.2326	

***p<.001, **p<.01, *p<.05

表5-12　參加網路家族／社群與網路安全素養、網路安全認知t檢定

安全素養		個數	平均數	標準差	t	安全認知		個數	平均數	標準差	t
親友學校	有	229	3.0122	.4776	-2.309*	親友學校	有	435	2.3310	1.2051	-4.102***
	無	373	3.1062	.4889			無	612	2.6438	1.2233	
聯誼交友	有	112	2.9295	.4119	-3.855***	聯誼交友	有	180	2.4389	1.3167	-.851
	無	490	3.1027	.4966			無	867	2.5294	1.2053	
娛樂流行	有	176	3.0994	.4729	.940	娛樂流行	有	346	2.1561	1.1364	-6.995***
	無	426	3.0585	.4919			無	700	2.6929	1.2285	
星座命理	有	85	2.9776	.4807	-1.878	星座命理	有	140	2.7071	1.3112	1.865
	無	515	3.0845	.4866			無	905	2.4873	1.2084	
運動休閒	有	140	3.0021	.4402	-1.900	運動休閒	有	231	2.4199	1.2516	-1.321
	無	462	3.0911	.4981			無	816	2.5404	1.2168	
醫療保健	有	11	2.9000	.5079	-1.173	醫療保健	有	20	2.0000	1.1698	-1.982
	無	591	3.0736	.4858			無	1027	2.5239	1.2244	
電腦通訊	有	108	3.0528	.4719	-.399	電腦通訊	有	212	2.4858	1.2410	-.354
	無	493	3.0734	.4900			無	834	2.5192	1.2212	
藝文學術	有	40	3.2925	.4999	3.009**	藝文學術	有	85	2.1412	1.1665	-2.937**
	無	562	3.0546	.4820			無	962	2.5468	1.2251	
商業金融	有	8	2.6625	.7689	-1.517	商業金融	有	8	1.8750	1.1260	-1.482
	無	594	3.0759	.4801			無	1039	2.5188	1.2249	
沒參加家族	有	69	3.2681	.5257	3.624***	沒參加家族	有	129	2.3876	1.0556	-1.417
	無	533	3.0448	.4756			無	918	2.5316	1.2464	
其他家族	有	18	2.9944	.4832	-.673	其他家族	有	33	1.7879	1.1926	-3.478**
	無	584	3.0728	.4867			無	1014	2.5375	1.2193	

***p<.001, **p<.01, *p<.05

表5-13　使用網路頻率與網路安全素養相關分析

		使用網路頻率
網路安全素養	Pearson's r	-.190***
	個數	585

***p<.001

參加其他社團的學生。

　　網路家族或社群參與方面，沒有參加網路家族或社群的學生，其網路安全素養程度高於有參加網路家族或社群的學生；沒有參加親友學校網路家族的學生，其網路安全素養高於有參加的學生；沒有參加聯誼交友網路家族或社群的學生，其網路安全素養高於有參加的學生；有參加藝文學術網路家族的學生的網路安全素養，高於沒有參加的學生。

　　學生的上網地點與其網路安全素養沒有關聯。家中電腦數量的多寡會影響受訪學生的網路安全素養，家中電腦數量愈多，受訪學生的網路安全素養愈低。

　　出席網聚頻率與網路安全素養沒有顯著關聯。受訪學生使用網路的頻率與其網路安全素養有顯著關聯，使用網路頻率愈高，其網路安全素養愈低。

　　受訪學生使用電腦時數（不含網路）會影響其網路安全素養，不論週末或週間，使用電腦的時數愈多，其網路安全素養愈低。使用網路的時數會影響學生的網路安全素養，不論週末或週間，使用網路的時數愈多，學生的網路安全素養愈低。

表5-14 出生年份、家中電腦數量、週末與週間電腦時數、週末與週間網路時數與網路安全素養相關分析

		出生年份	家中電腦數量	週末電腦時數	週間電腦時數	週末網路時數	週間網路時數
網路安全素養	Pearson's r	.283***	-.170***	-.083*	-.102*	-.135**	-.151***
	個數	530	586	576	564	570	568

***$p < .001$, **$p < .01$, *$p < .05$

二、網路分級認知分析

　　青少年學生的性別、年齡、雙親職業、居住地區的不同，青少年學生的網路分級認知各有差別。

　　性別與網路分級認知有顯著關聯，女學生的網路分級認知得分明顯高於男學生。就讀國中的學生，其網路分級認知得分較高中生來得高。

　　年齡與網路分級認知有顯著關聯，年齡愈大的學生，其網路分級認知得分愈低。年級會影響網路分級認知，經由事後檢定發現，國中一年級學生的網路分級認知得分顯著高於高中一年級和高中二年級的學生。

表5-15 性別、就讀階段與網路分級認知t檢定

性別	個數	平均數	標準差	t	就讀階段	個數	平均數	標準差	t
男	579	2.4249	1.2405	-2.186*	國中	616	2.6347	1.1790	3.793***
女	451	2.5920	1.1990		高中	431	2.3411	1.2694	

***$p < .001$, *$p < .05$

表5-16　父親職業與網路分級認知單因子變異數分析

父職業	個數	平均數	標準差	F	Scheffe	母職業	個數	平均數	標準差	F	Scheffe
工	280	2.4321	1.2074			工	146	2.2397	1.1161	9.294***	商業>工
商業	460	2.6391	1.2421			商業	371	2.7817	1.2361		商業>專業
農業	13	3.0769	1.1875			農業	18	3.5556	1.0416		商業>其他
無業	30	2.4000	1.2484		兩兩無差異	無業	205	2.5366	1.2267		農業>工
軍公教	93	2.5269	1.1850	2.591*		軍公教	94	2.4255	1.1867		農業>軍公教
專業	57	2.1754	1.2553			專業	68	2.1471	1.1232		農業>專業
其他	104	2.3462	1.1386			其他	138	2.2101	1.1805		農業>其他
總和	1037	2.5169	1.2235			總和	1040	2.5212	1.2244		

***p<.001, *p<.05

　　父親職業與受訪學生的網路分級認知沒有顯著差異。母親職業與受訪學生的網路分級認知有顯著關聯，經由事後檢定發現，母親職業為商業的學生，其網路分級認知得分高於母親職業為工、專業和其他職業的學生，母親職業為農業的學生，網路分級認知得分明顯高於母親職業為工、軍公教、專業和其他職業的學生。

　　居住縣市與網路分級認知有顯著關聯，居住在台北市的學生網路分級認知的得分較居住在台北縣的學生高。學校所在縣市與學生的網路分級認知有關聯，學校在台北市的學生，其網路分級認知得分較學校在台北縣的學生高。

表5-17　居住縣市與網路分級認知t檢定

居住縣市	個數	平均數	標準差	t	學校縣市	個數	平均數	標準差	t
台北縣	666	2.2688	1.1457	-8.709***	台北縣	620	2.1823	1.1127	-11.160***
台北市	360	2.9417	1.2442		台北市	427	2.9953	1.2219	

***p<.001

整體來看，是否有參加學校社團與網路分級認知沒有關聯，但針對個別社團來看，參與社團會影響學生的網路分級認知。其中有參加學術社團、藝術社團、服務社團、聯誼社團、綜合社團、自治學生會的學生，對網路分級認知的得分較高，參加康樂社團和其他社團的學生，對網路分級認知的得分較低。

參加親友學校、娛樂流行、藝文學術和其他類型網路家族與網路分級認知有關聯，是否參加其餘網路家族與網路分級認知沒有關聯，其中有參加親友學校、娛樂流行、藝文學術和其他類型網路家族的學生，其網路分級認知得分較沒有參加這些家族的學生來得低。

出席網聚的情形與網路分級認知有關聯，經由事後檢定發現，偶爾出席網聚的學生，其網路分級認知得分較從不出席網聚的學生高，不常出席網聚的學生，其網路分級認知得分較經常出席網聚和從不出席網聚的學生高。出席網聚的情形與網路分級認知有關聯，出席網聚愈頻繁，其網路分級認知得分愈低。

家中電腦數量與受訪學生網路分級認知有關聯，家中電腦數量愈多，受訪學生的網路分級認知得分愈高。

表5-18　出席網聚頻率、使用網路頻率與網路分級認知相關分析

		出席網聚頻率	使用網路頻率
網路分級認知	Pearson's r	-.145***	-.040
	個數	897	1019

***p<.001

皮爾森相關分析發現，受訪學生使用網路的頻率與其網路分級認知沒有顯著關聯。單因子變異數分析顯示，受訪學生使用網路的頻率與其網路分級認知有關聯，經由事後檢定發現，不用網路的學生，其網路分級認知得分較有使用網路的學生來得低，另外一星期使用網路三、四天的學生，其網路分級認知得分較每天都使用網路的學生高。

表5-19　使用網路頻率與網路分級認知單因子變異數分析

	個數	平均數	標準差	F	Scheffe
每天都用	268	2.3881	1.2477		每天都用>不用
一星期用五、六天	108	2.4630	1.2783		一星期用五、六天>不用
一星期用三、四天	203	2.7980	1.2402		一星期用三、四天>不用
一星期用一、兩天	109	2.5321	1.1593	6.710***	一星期用一、兩天>不用
只有週末、假日才用	283	2.5124	1.1527		只有週末、假日才用>不用
不用	48	1.7500	1.0211		一星期用三、四天>每天都用
總和	1019	2.4975	1.2214		

***p<.001

　　使用電腦（不含網路）的時數與網路分級認知有關聯，不論週末或週間，使用電腦時數愈多，受訪學生的網路分級認知得分愈高。使用網路時數與網路分級認知有關聯，不論週末或週間，使用網路時數愈多，受訪學生的網路分級認知得分愈高。上網地點與學生的網路分級認知有關聯，經由事後檢定發現，常在網咖上網的學生，其網路分級認知得分較在家中上網的學生高。

表5-20　上網地點與網路分級認知單因子變異數分析

	個數	平均數	標準差	F
學校	71	2.7324	1.1583	13.467***
家裡	803	2.4010	1.1979	
網咖	96	3.2917	1.1509	
圖書館	9	3.1111	1.3642	
其他	13	2.8462	.9871	
總和	992	2.5232	1.2194	

***p<.001

　　網路分級認知與網路安全素養有顯著關聯，網路分級認知得分愈高的學生，其網路安全素養得分亦愈高。

表5-21　出生年份、電腦數量、週末與週間電腦時數、週末與週間網路時數、網路安全素養與網路分級認知相關分析

		出生年份	電腦數量	週末電腦時數	週間電腦時數	週末網路時數	週間網路時數	網路安全素養
網路分級認知	Pearson's r	.155***	.114***	.129***	.302***	-.117***	.088**	.089*
	個數	941	1024	995	975	990	984	561

***p<.001, **p<.01, *p<.05

柒、結論與討論

本章探討大台北地區國高中青少年學生網路安全素養與網路分級認知，以下將提出研究結果與討論。

大台北地區青少年學生的網路使用行為與網路分級認知如何？

大台北地區青少年在家以使用電腦及網路最為普遍，其次為手機。受訪國高中生上網動機以溝通、娛樂為主。親身問卷調查發現，國高中生平常使用網路的動機，以用即時通和查詢資訊最多，其次為寄發電子信件，再者為下載軟體，其餘依序為玩線上遊戲、瀏覽娛樂資訊、上聊天室或BBS、瀏覽新聞、看色情網站和網路購物、其他。

印證焦點座談結果，多數出席的青少年使用網路，多半為了與人聊天、收信、查資料、線上遊戲、下載軟體、聽音樂、看影片、看新聞、宣洩情緒、上色情網站，或交易購物等。

大部分的國高中受訪者只有週末、假日才使用電腦網路，有二百九十五人，占27.2%，其次有二百八十七人每天使用網路，占26.5%，一星期使用網路三、四天有二百二十二人，占20.5%，一星期使用網路五、六天和一、兩天者各有一百一十四人，各占10.5%，另外有五十二位受訪者不使用網路，占4.8%。

國高中生在週末假期與週間上網情形較使用電腦頻繁。受訪者在週末假期使用電腦（不含網路）的平均時數為一點九九小時，大部分受訪者在週末平均一天使用電腦的時數為一小時，有

二百六十人，占24.6%，另外也有二百四十四位受訪者在週末不使用電腦，占23.1%；週末假期使用電腦網路的平均時數爲三點三七小時，大部分的受訪者在週末平均一天使用網路的時數爲三小時，有二百一十五人，占20.5%。週間使用電腦（不含網路）的平均時數爲一點二小時，大部分的受訪者在週間不使用電腦，有四百零二人，占38.9%；週間使用網路的平均時數爲一點六六小時，大部分的受訪者在週間平均一天使用網路的時數爲一小時。

有四成國高中受訪者知道2005年10月25日開始實施電腦網路分級制度，有六成的受訪者表示不知道。如果網路分級制度需要自行在家中設定級別，有六百零五位國高中受訪者表示會設定，占55.2%，有四百九十一位受訪者表示不會設定，占44.8%。

焦點座談會中幾位曾接觸色情網站的青少年學生，現身說法不贊同十六歲以上即可接觸限制級內容，他們認爲會造成觀念偏差，有些還干擾了班上同學的作息，太早接觸並不妥當。青少年家長大部分關心且擔心網路不宜資訊對青少年的負面影響，僅一位母親認爲網路不需要分級或設限，反正防不勝防。

大台北地區青少年學生的網路安全素養如何？影響的因素有哪些？

在網路安全素養方面，大部分國高中受訪者表示非常同意「我在網路上不要給別人自己的個人資料」，占45.0%，有43.4%表示同意，不同意者占5.8%，非常不同意占2.0%，另外不知道者占3.8%。

絕大多數受訪者表示同意「網路聊天室沒有見過面的陌生人，經常和他們描述的身分不一樣」，占45.7%，而有23.0%的受

訪者表示非常同意，不同意者占12.3%，非常不同意占4.3%，另外不知道者也有14.8%。

受訪者表示同意「我不要在聊天室認識沒有見過面的陌生人」，占31.7%，有27.8%表示不同意，而非常同意者占25.2%，非常不同意占7.7%，另外不知道者占7.5%。其中將近四分之一的受訪者不同意「我不要在聊天室認識沒有見過面的陌生人」，是否與青少年階段對網路交友仍抱持著好奇嘗試，或是對其有正面評價有相關聯呢？

大部分受訪者表示同意「我會特別注意在聊天室中的聊天內容」，占44.3%，有27.4%表示非常同意，不同意者占14.3%，不知道者占9.8%，另外非常不同意的占9.8%。

對於網路分級的看法，大部分受訪者表示同意「我會遵守電腦網路分級規定，依照自己的年齡級別去上網」，占39.9%，有27.6%表示非常同意，不同意者占15.0%，不知道者占9.9%，另外非常不同意的占7.6%。

願意遵守網路分級的受訪者，有將近七成高的比例，網路使用者會願意配合遵守網路分級規定來進行網路使用的行為。可以樂觀其成的是未來網路分級規定的實施，可以發揮其成效所在。

單因子變項分析顯示，國、高中學生對網路安全素養有差異，國中學生對網路安全素養顯著高於高中學生。年級會造成網路安全素養的差異，其中國中一年級的學生對網路安全素養顯著高於國中三年級、高中一年級、高中二年級和高中三年級；國中二年級的學生的網路安全素養顯著高於高中二年級和高中三年級的學生。

年齡與網路安全素養有顯著關聯，年齡愈小的學生對網路安

全素養的程度愈高。

居住地區的不同會造成網路安全素養的差異，居住在台北縣的學生的網路安全素養顯著高於居住在台北市的學生。就讀學校地區會影響學生的網路安全素養，就讀學校位於台北縣的學生的網路安全素養高於台北市的學生。

在學校社團參與方面，沒有參加學校社團（學術、聯誼、服務、綜合）與同儕互動的學生，其網路安全素養高於有參加社團與同儕互動頻繁的學生。僅有參加其他社團的學生的網路安全素養，高於沒有參加其他社團的學生。

■假設一：青少年個人背景的不同，其網路安全素養有顯著差異；獲得驗證支持大部分成立。

1-1：青少年就學階段的不同，其網路安全素養有顯著差異；驗證成立。

1-2：青少年就讀年級的不同，其網路安全素養有顯著差異；驗證成立。

1-3：青少年年齡的不同，其網路安全素養有顯著差異；驗證成立。

1-4：青少年居住地區的不同，其網路安全素養有顯著差異；驗證成立。

1-5：青少年校園社團類型的不同，其網路安全素養有顯著差異：大部分成立。

性別與網路分級認知有顯著關聯，女學生的網路分級認知得分明顯高於男學生。就讀國中的學生，其網路分級認知得分較高

中生來得高。

年齡與網路分級認知有顯著關聯，年齡愈大的學生，其網路分級認知得分愈低。國中一年級學生的網路分級認知得分顯著高於高中一年級和高中二年級的學生。

母親職業與受訪學生的網路分級認知有顯著關聯，經由事後檢定發現，母親職業為商業的學生，其網路分級認知得分高於母親職業為工、專業和其他職業的學生，母親職業為農業的學生，其網路分級認知得分明顯高於母親職業為工、軍公教、專業和其他職業的學生。

居住縣市與網路分級認知有顯著關聯，居住在台北市的學生網路分級認知的得分較居住在台北縣的學生高。學校所在縣市與學生的網路分級認知有關聯，學校在台北市的學生，其網路分級認知得分較學校在台北縣的學生高。

整體來看，是否有參加學校社團與網路分級認知沒有關聯，但針對個別社團來看，參與社團會影響學生的網路分級認知，其中有參加學術社團、藝術社團、服務社團、聯誼社團、綜合社團、自治學生會的學生，對網路分級認知的得分較高，參加康樂社團和其他社團的學生，對網路分級認知的得分較低。

■假設二：青少年個人背景的不同，其網路分級認知有顯著差異；獲得驗證支持大部分成立。

　2-1：青少年性別的不同，其網路分級認知有顯著差異；驗證成立。

　2-2：青少年年齡的不同，其網路分級認知有顯著差異；驗證成立。

2-3：青少年母親職業的不同，其網路分級認知有顯著差異；
　　　驗證成立。

2-4：青少年居住地區的不同，其網路分級認知有顯著差異；
　　　驗證成立。

2-5：青少年校園社團類型的不同，其網路分級認知有顯著差
　　　異；大部分成立。

　　網路分級認知與網路安全素養有顯著關聯，網路分級認知得分愈高的學生，其網路安全素養得分亦愈高。

■假設三：青少年網路分級認知的不同，其網路安全素養有顯著差異；獲得驗證支持完全成立。

　　網路家族或社群參與方面，沒有參加網路家族或社群（含親友學校、聯誼交友）的學生，其網路安全素養高於有參加網路家族或社群的學生；有參加藝文學術網路家族的學生的網路安全素養程度，高於沒有參加的學生。這或許說明網路家族以藝術文學為主，參與成員動機以學習交流為主，有別於其他聯誼取向的網路家族。

　　學生的上網地點與其網路安全素養沒有關聯。家中電腦數量的多寡會影響受訪學生的網路安全素養，家中電腦數量愈多，受訪學生的網路安全素養愈低。

　　出席網聚頻率與網路安全素養沒有顯著關聯。受訪學生使用網路的頻率與其網路安全素養有顯著關聯，使用網路頻率愈高，其網路安全素養愈低。

　　受訪學生使用電腦時數（不含網路）會影響其網路安全素養，不論週末或週間，使用電腦的時數愈多，其網路安全素養愈

低。使用網路的時數會影響學生的網路安全素養，不論週末或週間，使用網路的時數愈多，學生的網路安全素養愈低。

■假設四：青少年網路使用行為不同，其網路安全素養有顯著差異；獲得驗證支持大部分成立。

4-1：青少年使用網路頻率，與其網路安全素養呈負相關；印證成立。

4-2：青少年家中電腦數量，與其網路安全素養呈負相關；印證成立。

4-3：青少年使用電腦時數，與其網路安全素養呈負相關；印證成立。

4-4：青少年使用網路時數，與其網路安全素養呈負相關；印證成立。

4-5：青少年網路家族類型的不同，其網路安全素養有顯著差異；印證成立。

參加親友學校、娛樂流行、藝文學術和其他類型網路家族與網路分級認知有關聯，是否參加其餘網路家族與網路分級認知沒有關聯，其中有參加親友學校、娛樂流行、藝文學術和其他類型網路家族的學生，其網路分級認知得分較沒有參加這些家族的學生來得低。

出席網聚的情形與網路分級認知有關聯，經由事後檢定發現，偶爾出席網聚的學生，其網路分級認知得分較從不出席網聚的學生高，不常出席網聚的學生，其網路分級認知得分較經常出席網聚和從不出席網聚的學生高。出席網聚的情形與網路分級認

知有關聯，出席網聚愈頻繁，其網路分級認知得分愈低。

家中電腦數量與受訪學生網路分級認知有關聯，家中電腦數量愈多，受訪學生的網路分級認知得分愈高。

皮爾森相關分析發現，受訪學生使用網路的頻率與其網路分級認知沒有顯著關聯。單因子變異數分析顯示，受訪學生使用網路的頻率與其網路分級認知有關聯，經由事後檢定發現，不用網路的學生，其網路分級認知得分較有使用網路的學生來得低，另外一星期使用網路三、四天的學生，其網路分級認知得分較每天都使用網路的學生高。

使用電腦（不含網路）的時數與網路分級認知有關聯，不論週末或週間，使用電腦時數愈多，受訪學生的網路分級認知得分愈高。使用網路時數與網路分級認知有關聯，不論週末或週間，使用網路時數愈多，受訪學生的網路分級認知得分愈高。

上網地點與學生的網路分級認知有關聯，經由事後檢定發現，常在網咖上網的學生，其網路分級認知得分較在家中上網的學生高。這代表一般家庭對於網路分級認知的不足，值得社區家長警惕。

■假設五：青少年網路使用行為不同，其網路分級認知有顯著差異；獲得驗證支持大部分成立。

> 5-1：青少年家中電腦數量，與其網路分級認知呈正相關；印證成立。
>
> 5-2：青少年使用電腦時數，與其網路分級認知呈正相關；印證成立。
>
> 5-3：青少年使用網路時數，與其網路分級認知呈正相關；印

證成立。

5-4：青少年網路家族類型的不同，其網路分級認知有顯著差
　　　異；印證成立。

5-5：青少年出席網聚頻率，與其網路分級認知呈負相關；印
　　　證成立。

　　有別於以往傳播法規關心的是言論自由與市場開放，傳播學
者認為（Ang, 2005），數位時代網路規範與倫理的價值在於對權
利的釐清（clarify the rights），尤其對兒少人權與安全的重視已為
全球化的共識。教育是百年大計，面對多元化、跨國際的網路資
訊，如何與國際兒少上網安全行動接軌，在校園資訊課程融入相
關議題教學，或縮短家庭親職之間的數位落差，建立社區青少兒
及成年人的網路安全素養，顯然刻不容緩。

問題與討論

1. 請問資訊素養、媒介素養、網路素養、網路安全素養的
　 異同何在？
2. 請舉例說明先進國家在網路安全所採取的行動有哪些？
3. 請問什麼是網路安全素養？
4. 請問什麼是網路分級？

第二篇　訊息策略篇

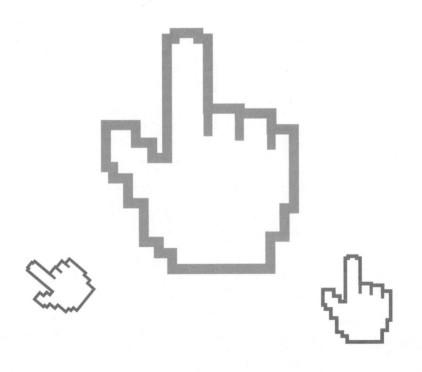

第六章

數位傳播與公共資訊

Chapter 6

壹、前言 @

　　我國繼積極推動國家整體的電子化政府建設以來，籌劃多時的數位電視終於自2002年5月31日，在台灣西部地區全面開播，期待全台將有96%的民眾可透過數位電視機，或在現有電視機加裝數位機上盒，接收數位電視訊號。雖然至今發展不如預期，仍反映台灣電視產業在近期內將全面邁入數位化紀元。面對數位化發展的趨勢，如何整合網路媒體與數位電視的加乘服務效益，尤值得關心。

　　政府為推動廣播、電視及電影的數位化，促進數位視訊產業的發展，特於「數位台灣（e-Taiwan）計畫」中，研擬數位娛樂計畫。其目標在推展有線、無線廣播電視之數位化及輔導獎勵數位電影，並藉修訂相關法規、補助數位設備、協助籌建數位傳輸平台等策略，來健全數位發展環境，且以補助數位視訊製作、獎勵優良數位視訊及培訓數位視訊人才等方式，來提升數位節目品質。

　　其次，政府力推的「挑戰2008：國家發展重點計畫」，即將數位內容產業列為「兩兆雙星」的重點產業，且將設立「數位內容學院」，培育跨學門和跨領域的數位內容人才。其中積極籌組的「數位內容產業發展推動小組」，便開始積極協調、整合、推動數位內容產業之發展，致力建構台灣成為亞太地區數位內容設計、開發與製作中樞。

　　數位電視可讓消費者欣賞畫質清晰、色彩逼真、身歷聲音響

的影音節目內容，經由科技壓縮技術，可在原有頻道接收四到五套的同品質影音節目或互動服務。也就是說，裝有有線電視系統的消費者，原來擁有一百個頻道選擇，進入數位化階段後，可以增加到五百個頻道選擇。

以服務民眾觀點出發，世界各國政府在推動政府改造計畫中，近來最引人矚目的首推電子化政府（Electronic Government 或 Government on-line）。電子化政府是政府機關運用資訊與通訊技術形成網網相連，並透過不同的資訊設施（如電話、網際網路等），對機關、企業與民眾在不同時間、地點及方式下，提供自動化服務之整體概念，建構一個「無所不在，隨時服務」的機構；即化身在網路上為不同機關或民眾服務（行政院資訊發展推動小組，1998）。

從科技層面來看，電子化政府與科技運用密不可分；從生產角度觀察，電子化政府目的在改善政府的運作與服務（Hwang, Choi, and Myeong, 1999）。

美國政府資訊科技（NII）服務小組對電子化政府制定明確的發展方向（陳啓光，2001）：

1.建立整合的、共同的政府運作程序，提供民眾一個單一的申請管道，所有要跨機關申請的事項，將會由系統自動處理，民眾不必介入。

2.提供一套共同與統一的資訊科技使用工具，以及取用資訊的方法與服務措施，使政府機關的人員可以取用其他機關的資訊，並且減少每一機關對獨特性及個別性的資訊科技解決方案的需求。這些工具會支援、易於使用，並且可以

取用標準化、公開、普及與互動式的服務。

3.推動跨機關分享資訊，使社會大眾享有簡單及一致性使用政府資訊的管道和方法，這些管道和方法允許「單一窗口」（One-Stop）的取用所有層級的政府資訊，並且民眾不論從任何管道皆可方便地進入獲取所需的資訊。

我國自1997年起，開始推行「電子化／網路化政府中程計畫」頗具成效，但在政府與民眾溝通的管道仍顯薄弱，民眾對政府施政問題隨著網路使用人口背景的不同，仍有許多茫然與不確定。

政府部門近年全力推展電子化政府（e-Government）的便民措施與服務，但比較電腦與電視，消費者使用電視的意願顯然較高，使用的年齡層也較廣。有線電視產業數位化後，如藉由新增頻道，結合電子化政府的服務內容及雙向互動，一方面可協助政府公共服務的有效e化，一方面也展現有線電視兼顧公共服務的誠意（徐言，2002）。

貳、公共服務的定位

定位是1950年代中期興起的一種行銷策略，由於一般閱聽大眾每日沉浸於千變萬化的訊息洪流，如何令閱聽人印象深刻，在眾多競爭者中脫穎而出，是定位的主要考量（Albarran, 1997；黃葳威，2002），所以，學者曾將定位界定為「按著心中期望來推動」（Ries and Trout, 1986；黃葳威，2002）。對於傳播產業而言，定位如同建立一種清晰的識別或認同，以求與眾不同，學者

伊斯曼（Eastman, 1993；黃葳威，2002）便認為「使閱聽大眾相信電台或電視公司有別於其競爭者」，即是定位。例如，不同定位的音樂類型電台，或有線電視與無線電視各頻道的內容與服務的區別。

伊斯曼的界定並未強調產業競爭者之間真正本質的差異，但重視「使閱聽大眾相信」的表象區隔。換言之，本質有關的內容可能異中有同、同中有異，但電台對外的形象、號召要有其特色。

《媒介與傳播辭典》（*Webster's New World Dictionary of Media and Communication*）將定位解釋為：經由廣告、公共關係或其他技巧等對產品或服務所塑造出的獨特認同、形象或概念（Weiner, 1990；黃葳威，2002）。以廣播產業為例，電台定位可由台聲、節目編排、節目訴求聽眾、相關公共關係活動呈現。如新聞台、交通資訊台、漁業氣象台的節目表安排與所服務的聽眾群便不盡一致。

根據《大眾媒介辭典》（*NTC' Mass Media Dictionary*）的界定（Ellmore, 1991；黃葳威，2002），定位包含以下幾種含義：

1.廣告主、廣播電台、電視公司、報紙或其他組織機構嘗試說服大眾其產品或服務的獨特及略勝一籌之處。
2.廣告代理人及節目編排人員嘗試為廣告或節目選擇適當的位置或時段，以觸及最多訴求閱聽人，發揮最大效益。

審視上述定位的定義，不難發現既有環境、訴求閱聽眾、產品或服務的特色，以及與既有市場的區隔，影響傳播產業的成長與服務品質。

公共利益與公共領域兩概念，都是為了闡釋傳播媒介作為一種公共財，其可能涵蓋的範圍；以大眾傳播媒介為例，作為一個公共利益的大眾媒介，其能在最多民眾擁有的公共利益上具體呈現，形成名副其實的公共領域（姜孝慈，1996；黃葳威，2004a）。由前述觀點推論到現有多頻道廣電生態的分眾媒介，扮演一個公共領域的分眾媒介，其能在最多分眾擁有的公共利益上具體呈現，便形構為這些分眾人口的公共領域。

公共利益的概念，較常與民主政治相提並論，學者唐斯（Downs, 1962）由民主政治體制分析公共利益有三個主要功能（轉引自彭芸，1994）：

1. 它是個別市民判斷政府作為，並將其判斷溝通給他人的工具。

2. 公共利益的概念隱含著一個對大家都好的共同益處，因而以公共利益來訴求將可抵抗那些個人利益；也就是班費爾德（Banfield, 1955）所言，凡是可稱為公共利益的，即其最終目的為公共服務，而非部分為公眾服務。

3. 公共利益可成為指引和檢視政府行動的一個標準。

唐斯將公共利益區分為三類，第一類主張公共利益乃人民意願所趨；第二類以為在民意所趨之外，公共利益要以一些絕對價值的標準為基礎；而且，公共利益未必牽涉倫理的意涵，而是由一些決策方式產生具體的結果（黃葳威，2004a）。簡言之，公共利益不僅是一種價值判斷基準，也是溝通對話的基礎。

以中學教育為例，教育相關部門是否應推動常態分班，除就有關方案與影響進行報導、探討外，現有激烈競爭下的商業媒介

所傳遞的刺激、聳動、急功近利的訊息，其背後所隱含的價值觀
——功名利祿為人生成功的指標，其實與常態分班所崇尚的人各
有志、適性發展的意義完全對立，這時政府經由電子化政府便民
服務的功能，便可加強疏導政策與相關理念。

　　從個人利益角度出發，公共利益呈現的重點，在荷爾德
（Held, 1970）的《公共利益與個人利益》（*Public Interest and
Individual Interest*）一書中也有陳述（轉引自彭芸，1994；黃葳
威，2004a）：

1. 優勢理論（Preponderance Theory）：主張個人利益的總和
   最為重要，因此採多數決的看法，即任何情況發生，公共利
   益都不會違背大多數人的利益。
2. 共同利益理論（Common Interest Theory）：強調利益為所
   有人共同想要的，對其喜好爭議不大，譬如交通、能源、
   水利等基本服務，或是一個有秩序的社會所需的，如政
   府、國防、法律、司法、警察、貨幣系統等。「公共領域」
   也包含其中，既是民主政治系統中的必需，也為個人利益
   體現的場域。
3. 單一理論（Unitary Theory）：主張公共利益是由一些較大
   社會理論或意識形態所分出來的具絕對性的規範原則。這與
   唐斯所說「絕對價值標準」觀點相通。

　　上述三種理論，其中優勢理論與共同利益理論都強調公共利
益是社會多數個人利益的體現，然而，優勢理論並未說明大多數
人利益整合的過程，是在衝突與否的情境下整合。而共同利益理
論則闡明共同利益為一有秩序社會所需，人們對其爭議不大，似

乎從利益整合和諧性的角度界定公共利益。

其次，優勢理論與共同利益理論的整合結果，會隨不同社會、不同成員、不同時期階段有所差異，例如台灣電子媒介未解禁時期以及開放時期，所整合的共同利益，可能不盡一致。

相對地，單一理論因具絕對規範原則，則不容易受到人、事、環境、時間的改變而更改。其與前兩種理論的主要差異在於歷時性。

傳播學者馬奎爾（McQuail, 1992）指出，公共利益常被界定為對大家都好，但對大家都好可能只代表對某些人有益處。當公共利益與傳播媒介相提並論時，主要是考慮社會所認可的傳播利益，包括意見的多樣化、自由化、教育、藝術、資訊、文化認同等。

公共利益是否落實於傳播媒介，可由媒介在結構和表現的五個原則來檢視，這五個原則分別是（McQuail, 1995）：是否足夠自由化、是否呈現多樣化、是否兼顧資訊化、是否兼顧社會秩序和整合的角色，以及是否擔負文化傳遞的功能。

由前述五個原則觀察台灣傳播媒介與公共利益的落實情形，不可否認地，傳播媒介的解禁（如報禁解除、電子媒介頻道開放），多少反映傳播事業牽涉人力、物力等複雜投資，是否仍受制於政經勢力團體，其受制程度仍影響自由化的程度。而且這也影響了多樣化、資訊品質、文化傳遞，以及社會秩序與整合的情形。

最明顯的是，傳播媒介的解禁雖多少代表媒介發言角逐不再受制某一強勢政治勢力，但相對地卻受制於新興經濟勢力，這包括投資財團及廣告、收視／聽率等（黃葳威，1997）。雖然國內

外傳播學者咸認爲，多樣化的觀點是維繫公共利益的重要因素（鄭瑞城，1993；熊杰，1995；Aufderheide, 1992）。但顯而易見的是，傳播媒介勢必在擺脫政治經濟主導團體的影響後，才比較可能朝向呈現多樣化、兼顧資訊品質、文化傳承、促進社會秩序與整合等理想邁進。這正是公共服務頻道可以在多頻道廣電生態嶄露頭角或開花結果的主因。

相關研究發現（Krugman and Reid, 1980），美國聯邦傳播委員會（Federal Communication Committee）在制定有線電視政策時，政策制定者便以多樣化、異質化、地方化等因素作爲政策擬定的原則。其次，從閱聽人需求層面來看，國內有關市場及閱聽人分析也反映，在地民衆對媒介內容、觀點、價值呈現多元化的期許（黃葳威，1995）。

一般以爲，廣電頻道的釋放，閱聽人的選擇便較過去多，這便代表多樣化、異質化，但事實卻證明，由於本土節目產製的不足，節目內容疊床架屋，受制於跨國企業流行文化產品的情形，屢見不鮮（黃葳威，1994a）。其不僅沒有達到內容多樣化、價值觀多樣化（異質化）與接近多樣化（地方化）等預期目標（Entman and Wildman, 1992），反而形成一元化與跨區／跨媒介經營的態勢。

簡言之，公共利益雖常與民主政治相提並論，但爲了盡力符合人民利益的理想，當公共利益欲落實於傳播媒介時，須盡量不受制於民主社會自由經濟市場競爭的牽制，使得不同的教育、性別、黨派、族裔、語言、年齡、收入、職業、地域的民衆，皆可在傳播媒介中享有自己的發言權與關懷空間。

在實踐公共利益的過程，必須存在一個自由、公開的領域，

民眾可以在這個領域中藉著討論，尋找對大家都好的公共事務，然後形成政策；實踐的關鍵在於審視扮演公共領域的媒介角色是否健全（Habermas, 1989）。

電子化政府便民服務與溝通政策、民意的角色，如何達到極大化成效，實關係公共利益與公共服務的落實。

有關公共領域的論述不少，包括艾倫特（Arendt, 1958）、盧曼和哈伯瑪斯（Luhmann and Habermas, 1971）、密爾斯（Mills, 1970）、杜蘭（Touraine, 1977）等均曾闡釋公共領域的內涵，其中以法蘭克福學派的哈伯瑪斯提出較深入的討論；哈伯瑪斯在其著作《公共領域的結構性轉變》（*The Transformation of Public Sphere: An inquiry into a category of bourgeois society,* 1962年出版，1989年出版英譯本；轉引自張錦華，1994），採取歷史性的觀點，分析十七世紀至當代，傳播媒介公共領域的興起及沒落。

所謂公共領域，如同一個由民意或共識構成的社會生活領域，民眾在其中可以自由表達與溝通看法，且他們有相當的表達機會，這些民眾是由一群私人身分的個人自主性的聚集所形成（Habermas, 1989；黃葳威，2004a）。

這說明了公共領域的構成特徵包括：

1.民眾具有同等機會自由表達、溝通他們的意見。
2.由一群個別身分的公共團體組成。
3.這個公共團體由他們共同關心的議題而組成。
4.他們關心的議題以公共事務為主，但不包含私人事務或商業的個別聚集。

哈伯瑪斯將公共領域的發展歸類為三個時期，分別是十七、

十八世紀的早期、十八世紀至十九世紀初的自由主義時期，及十
九世紀以降的商業主義報業時期（Thompson, 1990）。其中早期
階段的公共領域參與者，以教育和經濟能力較佳的中產階級爲
主，並未完全落實普羅大衆；自由主義時期因受到憲法明文保障
民衆有表達意見自由的權利，這時期主要的傳播媒介——報紙扮
演傳達輿論的角色，甚或領導輿論，在法國大革命時期，各小黨
林立，所屬言論刊物也紛紛興起，自由主義時期的基本前提爲民
衆具備辨別共同利益的理性（Habermas, 1989；黃葳威，
2004a）。

然而隨著商業主義時期的來臨，廣告營收的經濟衝擊，使得
報紙扮演公共領域角色的功能漸趨瓦解（Thompson, 1990；黃葳
威，2004a）。

公共領域興衰的不同時期，反映出公共領域形成和維繫的要
件，分別有：

1.須受法律明文規範保障。
2.須不受商業利益的干擾。
3.可由民衆（不限於消費大衆）平等自由參與。
4.民衆具備辨別共同利益的理性。
5.可發揮批評時事、教化的力量。

很明顯地，傳播媒介視爲可以扮演公共領域的角色之一，不
過，隨著大規模的工商業組織的興起，市場、廣告，甚至公共關
係的包裝，公共關係往往結合了一些公共利益議題，掩蓋原本的
商業目的（Habermas, 1989；黃葳威，2004a）。在市場（閱報
率、發行量、收視率、收聽率）、廣告收入、公關活動的呼應

下，傳播媒介成為公共媒介的角色已經變質。民眾被視為消費者，其是否仍不受經濟利益干擾，而能理性辨別共同利益，實令人質疑。

反觀國內傳播媒介近十年分別從報業、廣播、電視陸續開放、解禁，經營的自由化帶來商業競爭的壓力，商業媒介所能扮演的角色，相對被賦予重任。

傳播媒介成為公共領域的主要前提，是能廣納民眾的意見，讓民眾參與訊息內容的討論或傳遞。美國聯邦傳播委員會早在1975年12月，簽署一項廣播執照與公眾協定（Policy Statement on Agreements between Broadcast Licenses and the Public），說明民眾有權涉入聯邦傳播委員會公聽會，參與核發執照的過程，且可基於團體利益考量，上訴廣播執照換發事宜，一般民眾並可嘗試改由廣播業者控制的傳播體系（Garay, 1978；黃葳威，2004a）。這項協定不僅可促使廣播（包括無線電視）業者正視本身負有的公共利益責任，也代表民眾對媒介接近使用權利的延伸，民眾有權利影響傳播體系的改變。

聯合國教育科學文化組織並在1982年12月，提出國際資訊新秩序（New International Information Order）的主張，倡導「傳播的權利」（the right to communicate），揭示不同地域，乃至不同個人均應享有傳播權（Snijders, 1983；黃葳威，2004a）。所謂傳播權，如同1977年加拿大電訊傳播研究（Canadian Telecommunication Studies）報告所指陳：「由獲悉、被知悉、告知、被告知等權利所構成」，又如1978年馬克·布萊德（Sean McBride）報告所說明：傳播可被視為個人、區域，乃至國家參與任何公共機構管理的保證途徑（Snijders, 1983；黃葳威，

2004a）。

上述對傳播權概念的界定，明顯地勾勒出不論發展程度的任何國家、社區以及個人，皆享有主動蒐集、主動傳遞或被動知曉、被動通知的權利，也就是參與任何公眾事務的權利。這種傳播權可避免傳播媒介被誤用，亦可監督媒介運作，不僅反映一種參與權，也表示一種接近媒介的權利。研究發展傳播的學者並且主張，接近資訊的權利與參與傳播的權利是亞洲社會須努力的方向。奚伯曼（Silberman, 1979；黃葳威，2004a）指出，即使被認為應由專業人士主導的節目內容安排，只要基於健康、營養及教育等需求，市民均有參與規劃的權利。奚伯曼的主張說明民眾可否參與傳播過程與參與權密不可分。

有關參與權的概念，傳播學者馬塔（Matta, 1984）認為，任何傳播政策的擬定，都應根據下列原則（轉引自陳世敏，1989）：

1. 將資訊視為一種公共服務事業。資訊如果是一種公共服務事業，則資訊究竟是由私人、公眾，還是政府所控制，並無關緊要。資訊既在服務每一個人，則資訊製作者和傳播者即負有責任。

2. 要重視傳播是一種社會權利。現行法律對傳播權利的保障不足，尤其傳播已逐漸從個人權利演變為社會權利，此時更須特別立法保障。

3. 要能促進有效的傳播參與。大眾傳播的最大問題，在於人口中某些團體或個人，難以積極參與傳播活動。主要原因乃是官僚體系對於公眾接近媒介感到疑慮不安，因而設下

層層障礙；其次是大眾傳播媒介業者視媒介爲禁臠，不許大眾染指。目前的制度，一方面沿襲十九世紀的經濟理論，另一方面又加上新殖民主義跨國公司從中控制，造成資源和權力的集中，由極少數人決定要傳播什麼，要如何傳播，閱聽人從無置喙餘地。

4. 科技人性化。科技表面上使人類能夠接近更多的資訊，讓互動機會增加，因而減少人與人之間的矛盾衝突，其實這是幻象，因爲傳播科技可能帶來更多垂直式的傳播方式，反而阻礙參與。

馬塔對於參與權的詮釋，將傳播事業視爲一種須由傳播業者與社會大眾共同參與的公共服務事業，他不諱言有效的傳播參與難以落實到社會各團體或分子，但強調立法保障傳播權利的重要性，促使傳播業者廣徵民意，並鼓勵社會大眾珍視善用其參與權利。

亞洲大眾傳播研究資訊中心的執行秘書馬隆（Menon，1986；黃葳威，2004a）在談及資訊共享與公民參與傳播過程時，也提出以下建議：

1. 政府相關部門應改善在傳播過程中行政體系過度集權中心化的現象，加速訊息傳遞給民眾的時效，並考慮基層老百姓對發展訊息的了解程度。例如一些社區發展工作者不僅提供居民特殊技藝的訓練，還應協助居民傳播溝通的技巧能力。又如社區工作者不妨鼓勵居民對發展政策與計畫提供回應意見；社工人員即可扮演促使基層民眾提供回饋意見的管道角色。

2. 媒介不僅可反映政府相關部門的事務，也應呈現社會其他層面的事宜。媒介本身應主動尋求一般大眾的回饋意見，如報紙開闢讀者投書、讀者評論，或較多大眾參與的廣播電視談話性節目、評論節目等。如果可能，媒介應邀集不同團體代表參與媒介規劃事項。

3. 政府應加強諸如遠距學習、非正式、以社區為主導的教學節目或活動，以補償因學雜費上漲而無法正式就學的失學人士之學習需要。

4. 政府應派遣能與居民打成一片的專業人士，提供基層民眾適宜的訓練計畫。媒介與深入社區的草根性組織可扮演基層民眾需求代言人，將民眾的需要反映給地方政府。

5. 媒介與一般民眾應不斷牢記人民所享有的傳播權利。包括媒介本身爭取自由傳播的權利，以及民眾本身表達其意見的權利。

　　馬隆的建議不僅針對媒介組織在社會中所應享有的自由傳播權利，更揭櫫社會每個成員都應珍惜與使用其監督媒介運作，及傳遞內容的傳播權。這代表一般民眾回饋意見的重要性，也呈現媒介組織與民眾之間的互動、雙向溝通關係。所謂回饋是先有訊息輸入，爾後產生閱聽人對訊息的反應、效果及互動溝通（黃葳威，1997），我國傳播學者陳世敏（1989）將報紙讀者投書視為民眾對媒介接近使用權的實踐；而電台叩應節目、聽眾叩應或利用網路（net-in）、傳真（fax-in）也有相似的角色。

參、閱聽人的滿意度

　　探討電子化政府便民服務成效的滿意度，首先應對「滿意」這個詞彙加以界定。滿意是一個社會組織成員對組織團體所產生的一種積極情意導向的程度（Price, 1972）。社會組織成員具有積極情意導向時，被視為「滿意」；但抱持消極情意導向時，則被界定為「不滿意」。換言之，當一個組織團體對其成員具有高度的吸引力，即代表團體成員對組織團體抱持積極的情意導向；相對而言，當團體成員對組織團體抱持疏遠傾向時，便表示成員抱持一種不滿意的消極情意導向。

　　從個人需求與期望的觀點觀察，滿意代表存在於個人需要與組織期望間兩者一致性的函數（Getzels, Lipham, and Campbell, 1968）。一旦個人需要與組織期望一致時，達到最高滿意；反之，則滿意程度自動降低。

　　再由心理學層面來看，滿意代表一種心理感覺或情意性的反應（許士軍，1977）。這種感覺或滿意程度高低，也受到所處環境的影響；即實際的價值和預期的價值之間的差距大小，差距小表示反應愈佳，差距大表示反應愈差。

　　顯而易見的是，滿意程度的理論研究，通常與「人性需要」密切相關。心理學者馬斯洛（Maslow, 1954）曾提出人的心理需求階層，這是一個金字塔階層，底端至頂端分別是生理、安全感、社會、自尊和自我實現。生理需求如同人對於食物、水、衣服等基本需要，當人的基本需求被滿足，會進入安全感的需求層

次；當人有了安全感後，也需要爲周圍的人群接納、與人相處等社會層次的需求；當人的社會層次需求被滿足，再進入自尊的建立與肯定；當人的自尊需求獲得滿足，則進入自我實現的階段，嘗試完成各項任務，成就自我。心理需求階層主張，各個需求層次之間，也隨個人的性別、年齡、習慣、教育程度、天資、志趣等不同因素而有所差異。一般而言，愈高層次的需求愈難滿足，但愈能形成長期性激勵行爲的效果；而愈低層次的需要，基於彈性較小的特性，較易失去激勵行爲的影響力（吳挽瀾，1976）。通常心理需求層次愈低的成員，對產品服務品質的要求也愈低，滿意程度愈高；而心理需求層次愈高的人，對產品服務品質的要求也愈高，但滿意程度愈低（彭富雄，1982）。

有關滿意程度的理論基礎，大致分爲：期望理論、公平理論、差異理論、及兩因素理論等四種（吳清基，1981）。

期望理論也就是實際差異理論，意指滿意程度將隨個人所感受到滿意的需求不同而有所差異，學者符祿（Vroom, 1964）認爲，需求能否獲得滿意與事物價值的高低密不可分，價值愈高的事件愈容易滿足需求，他提出的基本觀念是：激勵等於Σ期望價×期望。

公平理論主張個人滿意與否，視個人感覺其投入與報酬之間是否公平。當一個人覺得公平時，自然感到滿意。換言之，當電視觀眾覺得用在無線電視觀賞的時間、金錢、需求等投入，與所得到的服務品質、需求滿足等報酬有所平衡，便比較容易感到公平及滿意。

差異理論又稱爲期望差異理論，差異理論主張人們將因慾望和期望的不同，而出現不同的滿意程度。這個理論強調滿意度隨

個人期望水準與實際獲得的差異大小而定，而個人滿意程度與期望大小亦呈負相關。贊成差異理論觀點的學者有凱茲（R. A. Katzel）、洛克（E. A. Locke）、伯特（L. W. Proter）等人（彭富雄，1982），三人將滿意程度的測量分為「非常不滿意」、「不滿意」、「無意見」、「滿意」及「非常滿意」等五個尺度。

兩因素理論認為影響滿意與不滿意的因素，包括內在激勵因素及外在維護因素。內在激勵因素是與本身有關心理滿足因素；外在維護因素則代表產生不滿的因素，例如環境因素等（Herzberg, 1966）。

從採用的角度來看，滿意代表對於所付出與實際獲得的代價是否合理的心理狀態（Howard and Sheth, 1969）；或一種購買與使用產品的結果，由使用者比較預期結果的報酬與投入成本產生。

滿意也是一種藉由經驗與評估而產生的過程（Hunt, 1977），即個人對產品或服務的整體態度（Solomon, 1991）。研究人員從產品與服務推出後的效果分析，認為滿意可由使用後效果與使用前認知相比較，若服務提供者實際提供的服務成果高於使用者對特定服務方式的期望，則使用一方感到滿意；但如果服務提供的效果不如使用一方的預期，則令人感到不滿意（Engel, Blackwell, and Miniard, 1993）。

影響滿意與否的因素除了價格之外，服務性產品還具備了的無形性（intangibility）的特性，也就是服務品質。曾有研究人員提出五個缺口「服務品質差距模式」評估服務品質，其歸納出十個構面：可靠性、反應性、勝任性、接近性、禮貌、溝通、信用、安全、了解使用者及有形性（Parasuraman, Zeithaml, and

Berry, 1985）。

前述研究團隊爾後修正服務品質的測量方式，其中有形性如整體設施設備的外觀和服務人員的儀表，可靠性如服務人員願意協助使用者且快速提供服務的能力，確實性像是服務一方的知識和禮貌與獲得使用一方信賴和安心的能力，關懷性為提供使用者的個別服務與尊重的權益（Parasuraman, Zeithaml, and Berry, 1988）。

國內研究者從服務品質分析滿意程度，結果提出消費者導向、效率性、確實性、可靠性等四項構面，發現前述構面影響滿意程度的評估（葉凱莉、喬友慶，2001）。

個人因素也是影響滿意與否的因素之一。針對汽車消費者的滿意度測量研究，曾將使用者的性別和年齡納入考量（Peel, Goode, and Moutinho, 1998）。有關健康照料服務的滿意程度研究發現，個人因素中的年齡影響使用一方的滿意程度，其他如性別、所得則未必影響（Kolodinsky, 1999）。

還有銀行業的實證研究，將年齡、職業、收入、教育程度四項個人因素區分為年輕專業群（教育程度高的年輕人，主要職業為服務業）、專業群（高教育程度的中年人）、小額存款群（教育程度無特別限定的特別年輕或特別年老者）、創新群（教育程度為中、小學的中年人且擁有公司戶頭或貸款能力），以及傳統群（教育程度為中、小學且僅以投資政府公債的獲利來做存款）等，發現不同團體對各式服務構面的滿意程度有別。

本章將了解一般民眾對電子化政府透過數位電視服務到家的需求與期待。

肆、數位電視公共資訊需求

　　一般民眾對數位電視公共頻道的需求與期待為何？以下將依序陳述台灣一千二百四十八位十歲至七十歲民眾的電話調查結果。

　　「民眾是否認為政府網站切合其需求」與「民眾是否對政府所做之便民服務感到方便、清楚易懂」部分，見表6-1。

表6-1　「民眾是否認為政府網站切合其需求」與「民眾是否對政府所做之便民服務感到方便、清楚易懂」分布

題項	非常實用	方便	還好	不易使用	沒使用過	不知道拒答	總計
民眾是否認為政府網站切合其需求	16 (1.3%)	135 (10.8%)	322 (25.8%)	87 (7.0%)	472 (37.8%)	216 (17.3%)	1248 (100.0%)
民眾是否對政府所做之便民服務感到方便與清楚易懂	28 (2.2%)	244 (19.6%)	412 (33.0%)	122 (9.8%)	111 (8.9%)	331 (26.5%)	1248 (100.0%)

　　「民眾對政府各單位過去所做之政令文宣短片了解程度」部分，其中最多者為「可以」，共計五百九十三人，占47.5%；偶爾獲悉占18.3%；完全了解占17.5%。

表6-2　「民眾對政府各單位過去所做之政令文宣短片了解程度」分布

了解程度	人數	有效百分比（%）
完全了解	218	17.5
可以	593	47.5
偶爾獲悉	228	18.3
事後才知	100	8.0
完全無法掌握	28	2.2
不知道／拒答	81	6.5
總計	1248	100

「民眾是否能掌握政府法令」部分，其中最多者為「可以」，共計五百三十三人，占42.7%；偶爾獲悉占29.7%；事後才知占9.1%。

表6-3 「民眾是否能掌握政府法令」分布

掌握程度	人數	有效百分比（%）
完全可以	51	4.1
可以	533	42.7
偶爾獲悉	371	29.7
事後才知	113	9.1
完全無法掌握	75	6.0
不知道／拒答	105	8.4
總計	1248	100.0

「民眾是否曾經透過政府網站或相關之便民服務措施辦理相關手續」部分，其中最多者為「從未使用」，共計六百三十人，占50.5%；偶爾使用、只有瀏覽、根本不知道各占一成二至一成三。

表6-4 「民眾是否曾經透過政府網站或相關便民措施辦理相關手續」
分布

使用情形	人數	有效百分比（%）
很頻繁	18	1.4
偶爾使用	166	13.3
只有瀏覽	161	12.9
從未使用	630	50.5
根本不知道	155	12.4
不知道／拒答	118	9.5
總計	1248	100.0

「民眾對政府整體之為民服務態度表現印象」部分，其中最多者為「還可以」，共計八百八十九人，占71.2%；還可以占一成二；不知道占一成左右。

表6-5 「民眾對政府整體之為民服務態度表現印象」分布

印象程度	人數	有效百分比（%）
非常好	54	4.3
還可以	889	71.2
不好	156	12.5
很惡劣	14	1.1
不知道／拒答	135	10.8
總計	1248	100.0

「民眾認為政府採用何種政令宣導模式較助其知道與了解」部分，其中最多者為「電視廣告與報導」，共計九百六十八人，占77.6%；其次為報紙，各占7%；再者依序為廣播、里民說明會、信箱廣告紙等。大致仍以大眾傳播媒體較有助於民眾了解公

表6-6 「民眾認為政府採用何種政令宣導模式較助其知道與了解」分布

採用模式	人數	有效百分比（%）
電視廣告與報導	968	77.6
報紙	87	7.0
廣播	13	1.0
雜誌	2	.2
信箱廣告紙	6	.5
馬路燈箱看板	1	.1
電話語音說明	4	.3
里民說明會	9	.7
海報	1	.1
其他	21	1.7
不知道／拒答	136	10.9
總計	1248	100.0

共訊息。

「民眾印象最深刻的政府便民服務項目」部分，其中最多者為「不知道／拒答」，共計被選一千零九次；其次為「財政、經濟、稅捐」，占8%；再者是「內政、民政、市鎮區公所、行政、兵役」，占5.8%。這表示民眾對政府的公共服務印象不深刻。

「若可透過網路設備連接電視，民眾對政府便民服務的需求程度」部分，其中最多者為「需要」，共計六百一十二人，占49%；也有近三成六表示不需要。大致以需要的意見較多。

表6-7　「民眾印象最深刻的政府便民服務項目」分布

內容	被選次數	各次數與被選填總次數之比（%）	受試樣本數與被選填總次數之比（%）
內政、民政、市鎮區公所、行政、兵役	73	5.6	5.8
外交、國防、僑務委員會	3	.2	.2
財政、經濟、稅捐	100	7.7	8.0
法務、訴願審議、消費者保護	6	.5	.5
建設、交通、都市發展、捷運、國宅、工務	31	2.4	2.5
教育、文化、社會、原住民族、客委會	23	1.8	1.8
衛生、環境保護、家畜疾病	24	1.9	1.9
警察、消防	1	.1	.1
新聞、資訊	24	1.9	1.9
不知道／拒答	1009	78.0	80.8
總計	1294	100.0	103.7

表6-8 「透過網路設備連接電視，民眾對政府便民服務的需求程度」分布

需求程度	人數	有效百分比（%）
非常需要	42	3.4
需要	612	49.0
不需要	447	35.8
非常不需要	13	1.0
沒意見	134	10.7
總計	1248	100.0

　　「如果透過數位化網路設備連接電視，民眾對政府各項便民服務，最需要的服務項目」部分，其中最多者為「不知道／拒答」，共計被選八百八十二次；其次依序為「財政、經濟、稅捐」、「內政、民政、市鎮區公所、行政、兵役」。

　　「如果將E化電子政府的便民服務，應用於電視互動服務，民眾所需要的服務種類」部分，其中「互動式節目介紹」最多人勾選「同意」，共計七百九十五人，占63.7%。整體已同意居多。

　　「計次付費電視服務」最多人勾選「不同意」，共計四百六十九人，占37.6%。但整體仍以同意居多。

　　「音樂頻道服務」最多人勾選「同意」，共計七百一十五人，占57.3%。近七成表示同意。

　　「成人頻道」最多人勾選「不同意」，共計六百二十人，占49.7%。整體有五成四表示反對。

　　「緊急通告系統」最多人勾選「同意」，共計七百三十八人，占59.1%。整體有八成七表示同意。

　　「新聞氣象資訊服務」最多人勾選「同意」，共計七百六十八

表6-9 「透過數位化網路設備連接電視，民眾對政府各項便民服
務，最需要的服務項目」分布

內容	被選次數	各次數與被選填總次數之比（%）	受試樣本數數與被選填總次數之比（%）
內政、民政、市鎮區公所、行政、兵役	118	8.5	9.5
外交、國防、僑務委員會	5	.4	.4
財政、經濟、稅捐	145	10.4	11.6
法務、訴願審議、消費者保護	24	1.7	1.9
建設、交通、都市發展、捷運、國宅、工務	41	2.9	3.3
教育、文化、社會、原住民族、客委會	72	5.2	5.8
衛生、環境保護、家畜疾病	49	3.5	3.9
農業、勞工	5	.4	.4
警察、消防	3	.2	.2
新聞、資訊	51	3.7	4.1
不知道/拒答	882	63.2	70.7
總計	1395	100.0	111.6

人，占61.5%。近八成八持同意立場。

「股票財經資訊服務」最多人勾選「同意」，共計五百九十
人，占47.3%。超過六成持同意立場。

「娛樂運動資訊服務」最多人勾選「同意」，共計七百九十五
人，占63.7%。超過八成持同意立場。

「聊天室、電子郵件與網路電話、視訊會議等通訊服務」最
多人勾選「同意」，共計五百一十四人，占41.2%。整體有五成一

表6-10 「電子政府便民服務應用於電視互動服務，民眾所需要的服務種類」分布

題項		難以判斷	非常不同意	不同意	同意	非常同意	總計
15互動式節目介紹	人數	124	3	197	795	129	1248
	百分比	(9.9%)	(.2%)	(15.8%)	(63.7%)	(10.3%)	(100.0%)
16計次付費電視服務	人數	151	30	469	531	67	1248
	百分比	(12.1%)	(2.4%)	(37.6%)	(42.5%)	(5.4%)	(100.0%)
17音樂頻道服務	人數	96	7	281	751	149	1248
	百分比	(7.7%)	(.6%)	(22.5%)	(57.3%)	(11.9%)	(100.0%)
18成人頻道	人數	125	46	620	404	53	1248
	百分比	(10.0%)	(3.7%)	(49.7%)	(32.4%)	(4.2%)	(100.0%)
19緊急通告系統	人數	87	3	79	738	341	1248
	百分比	(7.0%)	(.2%)	(6.3%)	(59.1%)	(27.3%)	(100.0%)
20新聞氣象資訊服務	人數	68	4	74	768	334	1248
	百分比	(5.4%)	(.3%)	(5.9%)	(61.5%)	(26.8%)	(100.0%)
21股票財經資訊服務	人數	102	13	376	590	167	1248
	百分比	(8.2%)	(1.0%)	(30.1%)	(47.3%)	(13.4%)	(100.0%)
22娛樂運動資訊服務	人數	82	6	160	795	205	1248
	百分比	(6.6%)	(.5%)	(12.8%)	(63.7%)	(16.4%)	(100.0%)
23聊天室、電子郵件與網路電話、視訊會議等通訊服務	人數	112	27	469	514	126	1248
	百分比	(9.0%)	(2.2%)	(37.6%)	(41.2%)	(10.1%)	(100.0%)
24電子商務、電視購物服務	人數	104	25	413	605	101	1248
	百分比	(8.3%)	(2.0%)	(33.1%)	(48.5%)	(8.1%)	(100.0%)
25電視遊戲、線上電玩服務	人數	97	31	472	520	128	1248
	百分比	(7.8%)	(2.5%)	(37.8%)	(41.7%)	(10.3%)	(100.0%)
26意見調查	人數	100	7	304	761	76	1248
	百分比	(8.0%)	(.6%)	(24.4%)	(61.0%)	(6.1%)	(100.0%)

表示同意。

「電子商務、電視購物服務」最多人勾選「同意」，共計六百零五人，占41.3%。抱持同意的不到五成。

「電視遊戲、線上電玩服務」最多人勾選「同意」，共計五百二十人，占41.7%。整體有五成二表示同意。

「意見調查」最多人勾選「同意」，共計七百六十一人，占61.0%。近六成七表示同意。

「人生當中最重要的事情」部分，其中最多受訪民眾表示是「家庭」，共計四百四十一人，占35.3%；其次分別是追求自我、健康，各占16.7%及14.6%。

表6-11 「人生當中最重要的事情」分布

項目	人數	有效百分比（%）
事業	107	8.6
愛情	16	1.3
家庭	441	35.3
追求自我	209	16.7
健康	182	14.6
財富	54	4.3
隨遇而安	130	10.4
其他	46	3.7
拒答	63	5.0
總計	1248	100.0

「目前最關心的事」部分，其中最多者為「與家人溝通」，共計四百三十三人，占34.7%。「了解自我」、「理財」分居第二及第三。

表6-12　「目前最關心的事」分布

項目	人數	有效百分比（%）
與家人溝通	433	34.7
與同事溝通	32	2.6
了解自我	184	14.7
理財	165	13.2
居住安全	35	2.8
社會安定	63	5.0
國家大事	102	8.2
其他	104	8.3
拒答	75	6.0
學業	55	4.4
總計	1248	100.0

「每月的娛樂消費支出」部分，其中最多者為「一千元或一千元以下」，共計三百二十四人，占26.0%。

表6-13　「每月的娛樂消費支出」分布

娛樂消費支出	人數	有效百分比（%）
1000元或1000元以下	324	26.0
1001-2000元	95	7.6
2001-3000元	145	11.6
3001-4000元	123	9.9
4001-5000元	85	6.8
5001-6000元	76	6.1
6001元以上	187	15.0
拒答	213	17.1
總計	1248	100.0

伍、數位電視與電子化政府

　　受訪的資訊科技學者對於電子化政府便民服務各階段目標的成效，多表示肯定但需要再改進。其中清華大學科技管理學院前任院長王國明教授與陳啓光教授均認爲，我國規劃目標、成果、企圖心都很足夠，排名也在全世界電子化政府施行成效的前三名，這證明台灣政府有條件可繼續改進，做得更好。梁朝雲教授指出，從電子化政府便民服務現階段的發展來看，似乎仍鎖定讓政府行政人員熟悉電子化，仍未推廣到一般大衆。

　　電子化政府除透過網路外，是否可結合其他的媒體？三位受訪者均持同意的觀點，只是結合的時程須評估。

　　王國明院長表示，電子化政府是與新科技結合的產物，所以不論結合哪種媒體都屬必需與重要。爲民服務之主要機制之一，就是要提升爲民服務的品質，讓老百姓可以得到各種服務，有很多種方法，包括以下幾種：

1. 電子化：利用新科技技術來進行便民服務，比如說申請戶籍資料不需要像以前一樣等待、排隊。
2. 網路：期以透過網際網路，以網路來代替馬路，讓民衆使用網路來進行各項便民服務，比如政府的各種表單都貼在網路上供民衆申請使用。
3. 電視：透過有線電視，未來有線電視將邁向數位化，再加上互動式功能，即可讓民衆更輕鬆方便地在家享用公共資訊與

各項便民服務，這正是研考會的目標——「服務到家」。

陳啓光教授進一步說明，從民眾的接近性來看，當然要與其他媒體結合，其中電視比電腦還更容易被民眾接受；此外，無線上網也是未來可以推行的方向。

不過，梁朝雲教授提醒，目前與數位電視相關的法規、標準、制度、技術皆不健全，待日後數位廣播電視普及，再來談其他媒體的結合才有意義。

便民服務方式中哪些部分可經由網路或藉由整合媒體來執行？三位受訪者分別持不同角度分析電子化政府與其他媒體整合之道，包括內容整合、互動服務、民眾使用習慣等區隔。王國明院長指出，由於許多民眾不會使用電腦與網路，對於這些民眾而言，電子化政府便民服務最好與其他媒體整合內容。

梁朝雲教授也說明，公共服務仍要考量閱聽眾區隔，整合方式未必以服務項目考量，而應從閱聽人媒體使用習慣來設計。

陳啓光教授則表示，民眾若要對政府施政表達意見，可透過語音留言，再由相關人員進行數位化的處理，如此一般民眾的表達意願可以提高。

邁向數位媒體的紀元，電子化政府的推展將如何與數位廣播或數位電視相結合？三位受訪者提供的意見包括內容整合、推廣形式，與訴求對象等觀點。

1. 內容整合：王國明院長建議可參考如「大編輯台」概念，將所有資源整合於同一平台，便能有效率地運用內容，這樣電子化政府的各項作業推展更便捷。

2. 推廣形式：陳啓光教授以羅傑斯（Everette Rogers）的創新

傳布概念，在知曉階段採取大眾傳播媒體推廣，後期可經由小團體、人際傳播、面對面傳播的方式進行。

3.**訴求對象**：梁朝雲教授建議從閱聽眾的使用習慣與市場區隔切入，較為合宜。

比較數位電視與網路，有線電視最大的優點是普及、可輕易操作。

數位電視與電子化政府結合的優缺點兼有，優點部分在於：

1.**普及化**：王國明院長指出，有線電視較網路普及，是相當方便的工具；資深學者也指出，電視老少咸宜。

2.**操作簡易**：有線電視對一般民眾而言可輕易操作，王國明院長強調其可親近性。

3.**互動服務加值功能**：王國明院長進一步表示，有線電視數位化之後，將具互動服務功能，這可解決現在單向傳播的問題。

至於缺點包括：

1.**民眾認知有限**：陳啟光教授說明目前民眾的認知程度、熟悉程度仍有限，如何讓民眾習慣去使用電視、網路接受便民服務，相當重要。

2.**推廣時程不確定**：梁朝雲教授表示，電視的效果當然比較好，但他擔心數位電視或數位廣播從推出到普及仍有一段距離。

究竟電子化政府的便民服務，有哪些需要或適於結合數位電

視的互動服務？三位受訪者大致的看法是：

1. **任何便民服務措施**：王國明院長說，不論是何種便民服務，最好都要全部使用，放置於電視頻道。
2. **與即時影音相關的資訊**：梁朝雲教授說明，電視的特性在於即時影音資訊的提供，所以，只要與「即時性影音資料」有關的資訊，如新聞突發事件，就比較需要結合數位電視的特色。

不過陳啓光教授提醒，在技術面仍須考量民衆的接受程度。至於數位電視互動服務可行的方式，三位學者專家的意見有：

1. **整合所有傳輸方式**：王國明院長解釋，不同媒體供不同族群使用，比如電腦、手機、PDA等以年輕人爲訴求；電視可供年長者、弱勢團體使用，其中原住民還可藉由衛星電視享用各項服務，最好將上述傳輸方式結合。
2. **加強資訊軟體內容**：梁朝雲教授認爲，政府在推動時應多注重資訊軟體內容部分，而非一味重視硬體，如此較易成功。
3. **推廣資訊教育**：王國明院長強調技術不是問題，觀念才是問題，他認爲資訊教育是很重要的一環。
4. **整合便民服務**：陳啓光教授指出，在推動之後須先將便民服務的許多「點」整合，再透過「面」的擴散，才可發揮數位電視的效果。

陳啓光教授並補充，日後透過電話與電腦技術的結合，在普遍推行之後，民衆對數位電視的接受度絕對比電腦來得高。他

說，政府在推動電子化政府方面是有認知，但是行動力還不足，而學術界僅提供前瞻性眼光，讓官員們有心理準備進入e化的世界，倘若一個創新科技沒有政府的引導，就會比其他有政府領導的國家落後二十年：還好台灣政府在這部分早有遠見，還算是盡心盡力，但是還是有一些困境如下：

1. 政府雖然積極推動，但卻沒有推廣與宣傳讓民眾了解，非常可惜。應該建立「顧客導向〔顧客關係管理（CRM）〕」，提供個人化的服務，才能讓民眾多多使用便民服務。

2. 本國非聯合國會員，所以被區域化，也無法參加聯合國組織的相關會議，如果可以參與會議，那對本國電子化政府的推展將會更有幫助。台灣在國際上走不出去，也是政府所擔憂的。

3. 在推動一項創新觀念或技術時，會遇到「創新動機的困境」，比如媒體困境、報酬困境及民意代表困境。

4. 需要防止政府與私人機構的利益輸送，以免打壞了「電子化政府」原有的美好概念。

王國明院長表示，每種新科技都有問題跟弊病，所以必須從大方面看，不能害怕就不去做。

另一方面，梁朝雲教授則以為，如果把現在在電腦網路的公共服務資訊都放在電視上，會不會使電視的功能太過複雜？如此一來真是便民嗎？這值得深思。

陸、結語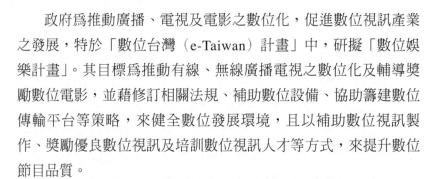

　　政府為推動廣播、電視及電影之數位化，促進數位視訊產業之發展，特於「數位台灣（e-Taiwan）計畫」中，研擬「數位娛樂計畫」。其目標為推動有線、無線廣播電視之數位化及輔導獎勵數位電影，並藉修訂相關法規、補助數位設備、協助籌建數位傳輸平台等策略，來健全數位發展環境，且以補助數位視訊製作、獎勵優良數位視訊及培訓數位視訊人才等方式，來提升數位節目品質。

　　設置數位內容產業專案研發計畫，以DTV、DAB及DVD的內容為切入點，不僅要建立數位內容的編輯（Authoring）製作能力，尤須定期評核成效及引進相關前瞻、關鍵技術分享移轉業界，成立專責團隊進行技術研發。

　　同時，建構台灣數位電視（無線、有線、衛星）及數位廣播等之共通平台，加強整合視訊產業及數位內容之發展。

　　其中建構台灣數位電視（有線、無線、衛星）及數位廣播等共通平台，這與清大王國明教授所言內容整合的「大編輯台」概念不謀而合。

　　根據筆者研究調查台灣一般民眾認為「人生當中最重要的事情」依序為：家庭、追求自我、健康、隨遇而安、事業、財富、愛情等。受訪民眾「目前最關心的事」先後為：與家人溝通、了解自我、理財、國家大事、社會安定、學業、居住安全、與同事溝通等。

　　這反映現代人的關心主軸在個人與家庭、生活需求的層面。因此，有關個人生涯成長、兩性溝通、家庭成員及親職互動、個人權利義務、老弱婦孺安養照料等相關公共資訊與服務，皆可加強提供。

　　如何在視訊產業全面進入數位化的階段，提高民眾對數位時代的認知與掌握、善用，這又牽涉數位電視能否在有效期間普及化的部分。如果數位視訊接收設備（數位電視機）在短期內無法為一般民眾所採用，那麼，便不易深植數位化於生活之中。

　　如何有效整合現有電視接收方式與數位化傳遞接軌，將一再挑戰數位媒體訊息設計。

問題與討論

1.請問什麼是電子化政府？推行電子化政府對一般民眾有何影響？

2.就你生活的社區會涉及到哪些電子化政府提供的服務？

3.請問什麼是定位？定位與媒體內容、服務的關係何在？

4.你認為如何尋找個人利益與公共利益的平衡點？你認為數位電視可以提供哪些公共資訊或服務？

第七章

數位互動節目接收分析

Chapter 7

壹、前言 @

隨著網路廣播與網路電視、數位多媒體廣播和數位電視的啓用，如何掌握閱聽眾方向，加強傳播媒體與閱聽人的互動，並隨時修正廣播電視節目管理策略，是進入二十一世紀的重大革新與挑戰。

還記得兒時看電視的情景嗎？家中的電視機門拉開後，打開開關，闔家觀賞棒球、連續劇、群星會或國慶實況轉播活動。

在那個一個選擇、兩個選擇，到三個選擇的時代，電視機從拉門到無門、黑白到彩色、機上旋鈕到遙控器，每個家庭的電視機擁有數，也從〇到一，甚至一戶多機。

二十一世紀的現在，很少再有全家集聚一堂看電視的情形了。因為頻道的選擇已從三到一百以上，個眾化的選擇取代過去大眾化的定位。

新電台和電視台陸續開播，由於普遍採取現代化的經營策略，帶動電子媒體之間的競爭及市場區隔的媒體定位，電子媒體定位愈趨多樣化，節目內容與選擇亦與電子媒體解禁之前有別，一般民眾閱聽選擇行為也有所改變。

從資訊尋求的觀點來看，人類傾向依賴解決問題過程所形成的資訊，解釋這些參考資訊為無目的性選擇行為的一種依據。代表資訊透過過濾與選擇，而非照單全收。

站在心理決策模式角度解釋人的選擇，人類能否完成決策，受過程中資訊的複雜性與不確定性的影響。

　　如果將資訊尋求的概念及心理決策模式應用於電視選台行為，決策過程中資訊的複雜性如同電視頻道數目的增加，致使選台過程中的複雜性增加。而資訊的不確定性，則形同觀眾對多頻道電視生態多樣化節目的不確定。

　　探討觀看電視過程中的選擇行為，一般將觀看過程中的轉台行為分為三種取向（黃葳威，2004a；Heeter and Greenberg, 1988）：

1. 計畫型收視（Preselection）：包括在固定時段收看特定頻道的節目、開電視機前已知道要看的頻道節目。
2. 搜尋模式（Orienting search）：像是選台時碰到好節目會立刻收看的情形，選台時會一路找下去再回到最好的頻道，會轉台看哪一台有好節目等。
3. 再評估模式（Reevaluation）：節目結束前換台或停看，節目結束時立刻轉台，節目中廣告出現時換台，同時看兩個節目且在兩台間切換，從頭到尾一直看完同一個節目等。

　　前項研究發現，台灣地區有近七成的民眾會採取計畫型收視模式。由於七成以上受訪民眾表示會採取計畫型收視方式，這表示不同電視頻道宜加強節目表公布與說明宣傳，甚至在各時段預告即將播出的節目順序與內容大要。

　　根據行政院的數位電視規劃導入時程， 2008年台灣市場上所推出的電視都須為數位系統，這是政府推展數位台灣的計畫與理想，以現行推動時效來看其達成率如何，猶待觀察。

　　電視媒體數位化，匯流是傳播科技的趨勢，形成匯流現象的原因不僅是技術面的突破，強調高品質、高互動性的數位／互動

電視，是否符合一般閱聽人的需求，更是推動「數位台灣」須考慮的關鍵原則。

審視數位電視發展與規劃（見表7-1），台灣互動電視雖尚未達到完全的數位電視之理想，然而互動電視不同於傳統的類比電視，在訊號壓縮技術的數位化之後，已經能夠提供更優於傳統類比訊號電視的畫質，而藉由簡單的與閱聽眾互動性之加入，也等於間接達成了其部分的數位與互動之本意。

表7-1 2004年政府公布台灣數位電視發展計畫時程

2004.11.8	政府設立數位電視發展計畫的預定時程
2006.1	所有螢幕29吋及大於29吋的電視都須配備有內建的數位電視轉換器
2007.1	所有螢幕21吋以上的電視都須配備有內建的數位電視轉換器
2008.1	所有市場上販售之電視都須為數位系統
2010底之前	為了降低價格及刺激民眾之購買動機，所有數位電視的商品稅須減少50%；加值服務稅（Value Added Tax）減少13%至6.5%目標為85%消費者皆能收看數位電視
2010底	政府將回收所有的類比頻道，並將補助無法負擔的中低收入戶使其購買數位機上盒，以免其收視權受到忽視

資料來源：整理自2004年台灣廣播電視博覽會國際數位電視高峰論壇暨研討會。

當社會愈來愈發達，科技媒體愈來愈多，遙控互動方式也愈來愈多。當身處這些便利的環境，我們是否清楚掌握了遙控和資訊尋求的權力？

其實，每天花時間看電視便形同一種消費行為。我們消費些什麼？如何消費使用注重互動內容服務的互動電視節目呢？

貳、數位媒體變革與知識經濟

　　數位媒體的急遽發展不僅出現在辦公室生活，連社區青少兒也被視爲「e世代」。

　　政治大學數位文化行動研究室2005年6月17日舉辦「繫上白絲帶，關心e世代」記者會，所公布「青少兒網路安全素養調查報告」發現（黃葳威，2005），國小學童平常在家會使用的電子產品，以電腦及網路的比例最高，占27.7%，其次爲電動遊樂器，占18.4%，再者爲手機，占11.9%，其餘依次爲電子字典，占11.7%，無法上網的電腦，占10.0%，數位電視，占7.9%，語言學習機，占5.6%，PDA占3%，其他占0.4%，都不使用占3.5%。

　　一般來說，數位媒體的發展反映傳播媒體產生了以下幾種變革（黃葳威，2002）：

一、節目訊號數位化

　　所謂的數位電視，是指電視訊號在發射端就是以數位方式記錄、處理、壓縮、編碼、調變及傳送；而在接收端也是以數位的方式接收、解調、解碼、解壓縮及播放，換言之，眞正的DTV在訊號的所有傳播過程都是全數位化（fully digital）（李長龍，1996）。

二、傳輸管道網路化

由於各式通訊網路技術普遍應用於有線電視、電話、電腦網路、廣播網路等，這些應用促使跨媒介網絡的聯絡結合，建構了更寬廣的溝通形式。

三、使用方式多樣化

簡單來說，過去觀看電視節目是藉由使用電視，一旦數位媒體日益普及，閱聽人可經由電腦觀看電視，即使收聽廣播亦然；甚至一般青少年極感興趣的電玩遊戲，已經不只透過使用電玩遊戲機，也可藉由電腦、手機來玩電玩遊戲。

四、節目內容分殊化

數位電視系統將訊號數位化後加以傳送，可提供清晰無雜訊的影音訊號，業者可採用不同規格播送節目，例如以一個頻道播送一個高畫質電視節目或四個標準畫質節目（可做多頻道節目播送）；節目播送外可播送數位化資料（股市、體育、旅遊、新聞、教育等服務）。此外還可發展連接網際網路、點播節目等互動功能。這意味著內容供應者將朝向更區隔、專業化的方向努力。

五、資訊彙統全球化

　　數位媒體的聚合似乎勾勒理想的遠景，不過，如果各地區、國家的資訊產製能力有限，不同地區與地域的內容勢必受到資訊產製強勢國家的主導，全球化的形成更爲迅速。

　　挪威奧斯陸大學廣電學者甚至指出（Syvesten, 2000），數位化帶來頻道激烈的競爭，反促使不同頻道由單一獨大媒體集團支持，致使媒體內容可能流於同質化。

　　其次，節目版權的競價大戰勢必揭幕。如一些影集、現場節目、體育節目會以拍賣競價方式推出，使商業媒體採出價優勢，搶得原本屬於公共服務屬性的內容，將其藉由付費頻道播出，直接損及民衆的媒介接近使用權。

　　因此，如何帶動數位電視產業普及，並兼顧公共服務的平衡，備受矚目。

　　不可否認，政府機關的創新能力爲政府服務再造成功與否的關鍵因素之一；如果將政府創新產生、創新擴散，與創新應用等機制，納入政府創新知識經濟體系，全面推動政府創新的產生、擴散與應用，將有助於促進政府整體運作效能的提升（陳啓光、王國明，2002）。

　　聯合國經濟合作發展組織（OECD）早在1996年發表「知識經濟報告」，所謂「知識經濟」是指直接建立在知識和資訊的激發、擴散與應用的所有經濟活動；在知識經濟的時代，支持經濟發展的主要動力未必是傳統的土地、資金、勞力等生產要素，而是應用知識和創造新知識的能力和效率（馮震宇，2002）。

根據經濟合作發展組織的界定，知識產業分為以製造為主的「知識製造業」，與提供服務為主的「知識服務業」。前者如同高科技產業和中高科技為主的製造業；知識服務業諸如通訊服務、金融服務、工商服務、教育服務，及醫療服務等項目（王健全，2001）。

美國商務部對知識服務業的定義在於，只要符合「提供服務時融入科學、工程技術等產業，或協助科學工程技術推動的服務業」，皆屬於知識服務業，由此觀察美國商務部的界定，知識服務業涵蓋的行業包括通訊服務、金融服務、工商服務（如電腦軟體、電腦及資訊處理、醫藥臨床實驗、各類技術研究發展、工程服務）及其他相關服務（王健全，2001）。

身處知識經濟與數位媒體的紀元，媒體不再只是供給，而是需求。數位台灣應以藉由數位化「解決了多少民眾的困難」，和「提供了多少過去沒有的便利」作為目標（張昭焚，2002）。張昭焚舉例說明：評估百分之多少的機關，建置了網站，跟民眾是否因此享受到「e化政府」的好處，不一定相關。他比擬台北市市容提報網站和經濟部公司名稱預查系統，兩百六十萬新進的台北市民，使用網路提報市容的案件，一個月不到十件；而公司名稱預查，卻達千件以上。這反映電子化政府僅透過網路服務民眾的效果待評估。

由此可見，數位電視產業如何在商業化、多元化中，仍與政府公共利益接軌，一方面為政策與公眾的期盼方向，另一方面也反映媒體經營者對社會公共利益的關懷及實踐。

公視Demo TV「下課花路米」，是一個為國小中、高年級學童製播的兒童鄉土探索節目。節目中主持人帶著閱聽眾們一起關

心身邊的每一件人、事、物；以互動節目形態呈現，讓觀眾有機會從被動的「被教導者」，搖身變為主動的「學習者」。

「從生活出發」目的在提供學童從遊戲中學習、增廣見聞，包括「城鄉探索」與「鄉土語文」等單元設計，期望引發兒童探索生活環境的好奇心，進而去探索、發現、認識（http://www.pts.org.tw/php/html/followme/main.php?PAGE=ABOUT）。

到底類似公共電視互動節目的內容規劃，是否符合使用者的生活經驗呢？十四位具傳播背景的觀察員利用四個月的時間，個別觀看節目且經由分組討論後，有以下的意見與建議。

參、互動節目內容與工程科技

互動功能提供閱聽人與訊息內容直接與即時溝通的管道，很明顯地，數位電視互動節目在資訊儲存與檢索，建立觀影先前知識基礎——延伸資訊提供、啟發思維應用、豐富學習資源等，扮演有別於傳統電視節目的角色。

1.資訊儲存與檢索：參與觀看互動節目的觀察員以為，在使用的過程可以檢索相關訊息，不必擔心資訊會稍縱即逝，可隨時檢索一些關鍵資訊，方便閱聽人接收與觀看。

F1：在這次的使用過程中，我們所使用到的是能在電視播放的同時，點選與電視內容相關的資訊。這樣的方式對於教學或兒童節目而言相當方便，閱聽人可以更明確地去了

解自己所學習的東西，不會像一般電視，所有的資訊都稍縱即逝，閱聽人根本沒法真的從電視上學習到什麼東西，例如：英文教學節目則可以透過互動電視，把當次的英文單字或課文放在上方，讓閱聽人可以事先預習，節目之後也有利於閱聽人複習。

2.建立先前知識基礎：從教育文化影響層面來看，互動節目提供的資訊檢索，可協助閱聽人在尚未看節目前，預先勾勒節目將傳遞的內容方向，有助於閱聽人建立觀影之前的知識基礎。

M1：節目內容，其實滿淺顯易懂，對小朋友來說應該是滿新鮮的，後來我也有去花路米的網站看看，發現過往的節目內容也是包羅萬象，自然人文兼具，主要是可以讓觀眾更認識台灣這個小島；另一部分在節目裡也有生活台語的學習，這部分倒是很棒，還會介紹不同地區不同念法，透過節目學習台語，如此可以讓台語繼續流傳下去。

F6：在節目開始時，我已對即將收看的內容有初步的了解，因此在隨後節目正式播出時便對內容留下較深刻的印象；也可以在節目開始前或節目結束後做一些小測驗，來評估當日觀賞的成果。

3.提供延伸資訊：多數觀察員表示，一般在觀看電視節目時，經常過目即忘，或未留下太多印象，如今互動節目搭配的資訊探索等設計單元，可以傳遞閱聽人相關延伸的資訊內容。

F3：以「下課花路米」而言，設計的內容對於一般的小朋友來說淺顯易懂，且輔助不同的場景以及解說方式，像是出外景、室內的景，多方面生動的解說由淺入深的知識，除此之外，還可以有延伸性的閱讀，像是相關書籍參考或是網站等。

M1：互動選單的內容，主要包含學習的部分——讓我們學習這集的內容，緊接著有問答，此外也有一些延伸的相關資料可參考等等。但是經由「下課花路米」這個節目來看，的確是導引了公共電視結合數位化與教育服務的理念，是值得讚許的。

4.啟發思維應用：互動節目提供的互動內容選單，其中將節目內容的要點，透過題型設計，應用於現實生活，啟發閱聽人的應用與咀嚼反思的機會。

M3：以公共電視我們所觀察的節目來說，益智性或是知識性的節目都是很吸引人的，我本身也是被節目內容所吸引，對於節目內容的設計之下再搭配上互動中的問題來作為節目的表現方式，實在是對於學習方面有很大的收穫。

5.豐富學習資源：數位電視互動節目配合影音與即時多媒體呈現，其中結合節目設計的互動內容，可成為校園或社會教育的教學參考，豐富現代人的學習資源。

F2：在兒童節目的內容上，搭配左方的四個大項目：資訊探索、愛的鼓勵……等，來作為兒童吸收新知的捷徑，還

有從節目中找尋左方問題的答案，用意良好，也期許能有學習效果的產生。

M2：「下課花路米」的網站上有現任國小教師結合節目內容所設計的教案，豐富的教學資源，可自行下載。「公視教育資源網」中節目教學資源區提供「下課花路米」的教師手冊和遊戲本下載，豐富的節目資源希望給國小師生更多「教」與「學」的啟發。

再從互動電視的工程科技表現來看，操作的觀察員對於畫面品質，遙控操作介面的方式，抱持好感。

1. 數位互動畫質清晰：觀察員指出，觀看數位電視的互動節目，其畫質明顯較錄影帶或DVD畫質清晰，色彩也較鮮明。

   M4：互動電視因為本質上的訊號已經過數位化的轉換，因此在觀賞時，可以明顯的發現畫質十分清晰，此為我覺得互動電視最大的優點之一。

   F5：在觀看互動電視時，發現其畫質果然比較清楚，這就像是錄影帶（VHS）與DVD間畫質的差異一樣，數位化的畫面比平時看到類比訊號的要鮮明。

2. 遙控操作簡易：數位電視互動內容控制介面的遙控器，與一般電視遙控器相仿，容易上手使用，對於長期慣用傳統電視遙控器的人來說，不感陌生，也不易形成排斥感。

F1：互動電視的介面使用方式與電腦類似，對於常使用電腦的人而言，使用互動電視非常容易上手，因此，未來互動電視推動時所針對的族群，應該先以常使用網路的人為主，因為他們是最容易接納者，而且對於很少使用網路的人而言，若要向他們推動互動電視，可能需要較長的一段時間，才能讓他們慢慢接受。

M2：控制介面部分，我覺得控制的介面很容易操作，簡單不複雜。

F3：遙控器和傳統的遙控器差不多，對於新使用者或是年齡偏高的使用者而言，比較不會有懼怕使用新科技的感覺，進而容易上手使用，針對特定的按鈕也以顏色作為區分，相當簡單的遙控器。而電視上的左邊互動的操作介面，也是簡單明瞭，如同一般小孩子看兒童教材影帶般。

肆、互動節目特色與收視形態

進一步觀察數位電視「下課花路米」互動節目的內容題材，觀察員偏好其兼具自然人文關懷的設計，可以應用的生態常識，淺顯易懂的內容，認為可以達到寓教於樂的效果。

1.自然人文兼具：觀察員除觀看當集節目，也上網搜尋「下課花路米」的節目題材，發現節目取材多元，兼顧台灣的自然環境和人文發展，是不錯的嘗試。

M1：節目內容，其實滿淺顯易懂，對小朋友來說應該是滿新鮮的，後來我也有去花路米的網站看看，發現過往的節目內容也是包羅萬象，自然人文兼具，主要是可以讓觀眾更認識台灣這個小島；另一部分在節目裡也有生活台語的學習，這部分倒是很棒，還會介紹不同地區不同念法，透過節目學習台語，如此可以讓台語繼續流傳下去。

2.實用生態常識：以台灣為主的題材規劃，有助於閱聽人認識台灣發展的不同角度與角落，傳遞資訊生活化。

M5：公共電視所推出的「下課花路米」節目作為兒童資訊節目相當不錯，題材內容也頗能吸引一般成人，因此是相當適合父母陪同小孩一起收視。

M2：對於內容部分，我覺得提供的資訊十分易懂也很實用，特別是一些自然生態的知識

3.內容淺顯易懂：觀察員說明在節目開始前，已從互動選單上對內容有初步認識，觀看過程或節目結束的互動選單內容設計適於一般孩童，不僅可達教育兒童的效果，也吸引成年人，適合親子共視。

M2：「下課花路米」的網站上有現任國小教師結合節目內容所設計的教案，豐富的教學資源，可自行下載。「公視教育資源網」中節目教學資源區提供「下課花路米」的教師手冊和遊戲本下載，豐富的節目資源希望給國小師生更多「教」與「學」的啟發。

F3：以「下課花路米」而言，設計的內容對於一般的小朋友來說淺顯易懂，且輔助不同的場景以及解說方式，像是出外景、室內的景，多方面生動的解說由淺入深的知識，除此之外，還可以有延伸性的閱讀，像是相關書籍參考或是網站等。

數位電視互動節目的互動內容服務，提供閱聽人回饋的溝通管道，衍生為數位學習的園地，甚至讓閱聽人可主動上網下載所需服務，這些也吸引現代人主動使用。

1. 互動回饋的溝通管道：觀察員提及節目選單上的滿意與否選項，認為這種互動回饋的機制，形同閱聽人對電視台的直接回饋，可供電視台修正節目內容參考。

F1：在這次的電視選單上，有一個閱聽人可以點選對於節目是否滿意的選項，但是在這次的節目之中，只有幾個選項可以選，未來也許能夠再增加更多的選項。由閱聽人的回饋來做節目內容的修正。

M2：我認為互動電視跟一般電視比較起來，感覺確實相差很多，由於互動電視觀眾藉由互動系統，可以從中得到更多的訊息，讓觀眾對內容產生立即性的回饋，產生一個即時的互動感覺。

M4：藉由遙控器的操作，體驗到「互動」的本質，這點乃是不同於以往的類比電視，僅能做單向的資訊吸收；經過互動後所獲得的資訊，無形中也較能深入於腦海之中，雖

然以現行的技術及內容開發程度，僅能做到簡單的互動，然而這代表了此部分在未來應該擁有更多的發展空間及潛力。

M6：我第一次接觸到互動電視，感覺很新鮮有趣。互動電視讓我們在收看完節目以後，能夠立即的對於節目內容做出回應以及反應，是採取問問題的方式讓我們回答。

F6：能夠針對節目進行評比，代表了閱聽眾的聲音能夠反映給製作單位了解，即實現了閱聽人「回饋」的理想。

2.數位學習的園地：數位電視互動節目延伸的資訊，讓過去一成不變的節目內容轉變為「產品加值」的表現方式，儼然成為可以開發的數位學習園地。

M7：在觀看節目的同時，還可以與電視台做互動，更可以做一些測驗，還有衍生的資訊。所以數位化的製作形態，讓不變的節目內容成為「產品加值」的關鍵點。的確，數位化的節目，讓人不再是被動的「沙發洋芋」，相反的，閱聽人主動性增強了，觀看節目的方式也有所改變。

F1：未能與節目內容同步，若是能夠隨著節目的進行，而不斷的有新的資料讓閱聽人可以查詢，會是比較好的設計。並且如果能同步的話，也能讓閱聽人直接在線上購物及下單，這種方式類似現在的電視購物頻道，但是若是在互動電視上，則不需要請電話接聽人員，若是閱聽人有意要購買某一東西，只要打開在電視上的小視窗，則可以直

接在上頭填單購買。

3.收視的主動與便利：多數觀察員肯定數位電視互動服務，
如提供節目下載或可主動編輯自己的電視選單，強調閱聽人
化被動為主動的角色，也符合多元作息的現代生活方式。

F1：未來閱聽人應當能夠編輯自己的電視選單，電視台提
供電視節目下載的服務，讓閱聽人在想看電視時，可以隨
時上網下載，當然電視台可以要求閱聽人付下載的費用，
如此一來電視台也能確保自己的營收狀況，而閱聽人也能
夠收看到自己喜歡的電視節目。

伍、互動單元設計與影像呈現

對於互動節目「下課花路米」的互動服務呈現，在互動訊號
傳遞延遲，互動選單內容設計，缺乏使用獎勵與產品資訊服務
等，仍有美中不足。

1.互動訊號傳遞延遲：在試用數位電視遙控器的過程，輸入
的選擇訊號，無法同步反應，往往要延遲近五秒，易使閱聽
人轉台或選擇互動時失去耐心，影響使用意願。

M5：在使用上很明顯的感覺到按下互動按鈕後，必須等約
兩秒左右時間螢幕上才會有反應。

F4：不知是電視與遙控之間的問題，還是本身互動設計不
良，使用者在進行「互動」時，有延遲的現象產生，節目的

互動反應時間是需要考量的。

2.互動選單內容不足：互動選單內容以學習導向為主，互動內容的範圍趣味性不足，沒有遊戲或動畫，設計不夠活潑，也未發揮電視的娛樂功能。

M5：互動選單上的內容不足，例如學習測驗只提供了三題問題，但是答對與否並沒有提供什麼獎勵，可能無法提起兒童的學習興趣，希望問題的設計能夠更多，並且提供學習記錄，例如達到一定得分可以與其他小朋友一起參觀節目現場或親自去水源淨化場做參觀。此外，延伸性的課外讀物相當少。

M4：內容的豐富度有待加強。以我當天的經驗為例，我們就只能為了禮拜三下午三點半公視的兒童節目「下課花路米」，其他時間則無法享受到互動的節目。

F4：「下課花路米」的互動設計有四大部分，分別為「探索資訊」、「秘密檔案」、「學習測驗」、「愛的鼓勵」，前二部分是與節目的內容相關，由於目標眾是國小學童，因此，對觀察員而言，可能還有更深入的空間。至於「愛的鼓勵」的互動設計尚屬陽春階段，就進階內容部分而言，不夠有趣。再者，「學習測驗」、「愛的鼓勵」也流於敷衍，不僅題目無趣，回饋的機制也過於簡單、制式化。

3.缺乏使用獎勵：互動服務吸引閱聽人持續使用的動機待加強，如使用者回答正確與否，並未提供獎勵，較不易提起使

用的興趣。

M4：節目內容雖有寓教於樂的優點，但我認為並非每個人都會為了教育的功能而去使用電視，對現代人來說，電視的娛樂功能已經大過一切了，因此如何建立起消費者積極互動的需求與習慣，這點應該是未來業者所面臨的最大考驗。

4.缺乏產品資訊服務：觀察員肯定互動選單列入的延伸資訊，但以為仍然有所限制，且沒有其他相關產品或商務資訊服務。

M5：延伸性的課外讀物相當少，除了提供書名讓小朋友去找外，是否可能與市圖合作提供書目資訊呢？是否可能保存一段時間的節目內容，作為小朋友需要使用時的參考，或是忘記了而想要再重新收視複習。

雖然多數觀察員偏好數位電視的清晰畫質，但對於子畫面呈現的比例，多媒體輔助應用，及介面動畫設計，仍嫌美感不足，且吸引力有限。

1.子畫面比例不當：互動服務選單的子畫面，比例占全畫面的四分之三，影響原有主畫面的呈現與字幕顯示，影響觀賞主畫面的使用者。

M5：互動選單操作介面過大，雖然提供了右上角作為節目畫面的播出，但是卻沒有了字幕（當然字幕也必定跟著縮小）；且互動介面有些過於單調，靜態的呈現占據了全螢幕的四分之三，是否可能將選單介面設計成像電視操作一般，

以節目畫面為背景做互動呢？

F3：強迫我互動的互動電視：

(1)主畫面過小，字幕嚴重被切割：當選取子畫面時，子畫面的比例占了整個電視畫面的四分之三。使得欲觀賞主畫面節目的使用者變得非常不便，不僅如此，主畫面的左邊字幕亦被切掉。

(2)子畫面的四個選項操作過程稍嫌繁雜；問題的答案選擇也不易操作搭配兒童節目的四個區塊，包含：資訊探索、愛的鼓勵等。當使用者要點入時，須搭配右下角顏色的代表來做替換選擇，若要節省此一步驟，在技術上的開發仍須加強。在答案的A、B、C選項上也是如此繁瑣。

綜上所述，學生認為介面的困難或許尚能克服，對於我這個年紀的人來說，硬是要學習透過遙控器與電視互動或許只是時間問題。然而，我實在不知道為什麼要這麼麻煩，而「被迫要互動」的經驗實在難受。

M1：互動電視的介面部分。我覺得介面設計可以再改進，主要是當我進入互動選單時，發現節目視窗縮得過小（互動選單部分占了四分之三的螢幕），此外，當轉換到互動選單時，畫面也會延遲個一兩秒，這個部分可以再修正。

F5：螢幕上的畫面分割，在這個節目中所呈現的並非十分良好。當互動服務出現時，播放節目的畫面則會呈現不成比例的小，視覺上有種節目螢幕太小而旁邊的互動服務過大且

空。在互動服務選單出現的同時，畫面會直接被遮蓋住，而非像已經選擇某項互動服務時那樣直接縮小，這種遮蓋使得畫面不完整，是其缺點之一。

2.**多媒體輔助不足**：由於互動服務的內容較有彈性，相對地，其互動選單的影像呈現較一板一眼，仍有可以發揮的空間。

M1：互動選單的內容，主要包含學習的部分——讓我們學習這集的內容，緊接著有問答，此外也有一些延伸的相關資料可參考等等，最後是愛的鼓勵部分。設計還算清楚易操作，不過覺得內容似乎可以再多增加些，或許在問題回答上可以加入遊戲、卡通動畫等以增加更多的互動性。

F3：接下來另一個的英語節目，卻無法選取旁邊的互動標示，可能是節目沒有設計其他內容支援這一塊，顯得可惜，不似教科書上所說的互動電視可以從子母、多角度畫面來看，也可以有多種的互動功能，像是儲存、選取其他商務服務等，或是延伸性的資訊提供。

3.**介面動畫設計缺乏吸引力**：「下課花路米」的互動介面以2D為主，較難與網路的聲光效果競爭，可再加強介面動畫設計的影音效果。

F4：「下課花路米」簡單的2D設計介面，如何與網路競爭？我們自小早已習慣聲光效果十足、3D設計精緻的網路介面，因此，互動電視的介面設計可以用什麼方式與網路競

爭？是故，使用介面若是如此陽春簡單，習慣精緻設計的新
世代，是不會對互動電視或互動節目產生興趣的。

陸、結論與討論

近年台灣數位內容產業成長迅速，台灣投入發展數位內容的
主要優勢，是因為擁有相當程度的數位環境與數位公民。統計顯
示（黃克昌，2007），台灣目前有58%的家庭有電腦，18%的家庭
用寬頻上網，85%的家庭接第四台，36%的人口上網，而手機普
及率更超過100%，居全球首位。

根據行政院科技顧問組調查（黃克昌，2007），2006年台灣
數位內容產業專業人才需求數量共六萬六千人，為填補數位內容
不足之人才缺口，政府積極投入數位內容中高階人才的培訓，期
望能藉由「資訊軟體產業領域計畫作業管制計畫」，培育符合企
業需求及國際化的中階人才，投入數位內容產業，以解決產業人
才需求問題，促進產業蓬勃發展。更期望能進而提升台灣在數位
內容產業方面的國際競爭力，邁向數位內容的全新紀元。

依據十四位觀察員的使用經驗與討論，數位電視提供的互動
節目可以有以下努力的方向：

一、協助閱聽人獲得電視節目相關資訊

(一)有利於閱聽人學習

　　在這次的使用過程中，我們所使用到的是能在電視播放的同時，點選與電視內容相關的資訊。這樣的方式對於教學或兒童節目而言相當方便，閱聽人可以更明確的去了解自己所學習的東西，不會像一般電視，所有的資訊都稍縱即逝，閱聽人根本沒法真的從電視上學習到什麼東西，例如：英文教學節目可以透過互動電視，把當次的英文單字或課文放在上方，讓閱聽人可以事先預習，節目之後也有利於閱聽人複習。

(二)未來走向同步

　　目前使用的缺點是未能與節目內容同步，若是能夠隨著節目進行，而不斷的有新的資料讓閱聽人查詢，會是比較好的設計。並且如果能同步的話，也能讓閱聽人直接在線上購物及下單，這種方式類似現在的電視購物頻道，但是若是在互動電視上，則不需要請電話接聽人員，若是閱聽人有意要購買某一東西時，只要打開電視上的小視窗，則可以直接在上頭填單購買。

二、介面有利於閱聽人使用

　　互動電視的介面使用方式與電腦類似，對於常使用電腦的人而言，使用互動電視非常容易上手，因此，未來互動電視推動時

所針對的族群應該先以常使用網路的人為主，因為他們是最容易接納者，而且對於很少使用網路的人而言，若要向他們推動互動電視，可能需要較長的一段時間，才能讓他們慢慢接受。

三、從閱聽人端獲得最直接的回饋

在這次的電視選單上，有一個閱聽人可以點選對於節目是否滿意的選項，但是在這次的節目之中，只有幾個選項可以選，未來也許能夠再增加更多的選項。因為這是閱聽人對電視台最好的直接回饋，電視台可以直接由閱聽人的回饋來做節目內容的修正，同時也可以藉此調查收視率，不僅對於電視台而言非常方便，也有利於廣告主，他們可以透過這個免費的收視率調查機制，更明確的去發現他們真正的目標對象群。

四、編輯自己的電視選單

未來閱聽人應當能夠編輯自己的電視選單，電視台提供電視節目下載的服務，讓閱聽人在想看電視時，可以隨時上網下載，當然電視台可以要求閱聽人付下載的費用，如此一來電視台也能確保自己的營收狀況，閱聽人也能夠收看到自己喜歡的電視節目。

五、提供「遊戲中的數位學習」

(一)台灣目前僅發展簡易遊戲

互動電視的數位學習提供方式可為單向傳輸或雙向傳輸，單向傳輸下的遊戲，較為簡單與單純，遊戲的資料量較小可先暫存在機上盒（STB），直接提供收視戶使用。雙向傳輸的數位學習服務則需要與電視服務業者的機房進行連接，提供的服務較為多樣，可與其他玩家互動如線上遊戲……等。目前台灣之有線電視業者如東森、中嘉……等提供簡易的單向遊戲，電信商中華電信因基礎網路較為完整，已可提供雙向之互動電視數位學習服務。

(二)使用習慣與數位學習內容將為互動電視數位學習發展的關鍵

各區域市場之收視戶對於互動電視提供之遊戲或學習服務接受度大不相同，目前台灣的互動電視的遊戲服務多為附加服務，並不另外收取任何費用。台灣電腦遊戲的市場相當龐大，因此收視戶是否會轉移舊有玩電玩遊戲的習慣，開始使用互動電視提供的數位學習遊戲服務，另外數位學習與遊戲的內容是否吸引收視戶參與，內容服務提供者是否能從中獲取利潤，也將是未來互動電視數位學習發展的重要考量。

台灣有優質華語文教學與教材創作能量，有機會創造符合兼具遊戲需求品質及教育學習遊戲，但也面臨了許多技術與環境的挑戰，尤其在人才培育、資金取得、智財權等方面，都是當前須

解決的重大課題。

此外，台灣數位內容產業亦面臨亞太地區重要國家的政策與競爭壓力，如：大陸的市場優勢、韓國政府介入主導的積極政策、日本的產業雄厚潛力等，換言之，台灣勢必擬訂更前瞻的產業政策，以使我國知識型經濟之競爭力在全球市場能持續維持領先的地位。

問題與討論

1. 請問數位媒體帶來哪些媒體變革？
2. 在觀看傳統電視時，你會在哪些情況下轉台？
3. 你認為數位互動電視與傳統電視的異同在哪裡？
4. 請分享你對數位電視的節目特色與收視形態的經驗或想像。

第八章

數位傳播與執行模式

Chapter 8

壹、前言 @

　　台灣從1996年初正式開始推動「數位化」至今，已超過十年。

　　回顧政府推展數位化歷程，行政院新聞局自1999年召開「草擬廣電法數位廣播電視相關條文」，將數位廣播的概念納入條文草案，並於2000年1月送請立法院審議。後為因應廣電數位化技術的快速變遷，考慮條文內容不敷所需，又自立法院撤案。新階段修法延宕至2002年底前完成送請行政院審議（何乃麒，2002）。

　　廣電產業自救行動委員會繼2002年6月11日發起街頭自救遊行後，2003年6月10日又舉行「廣電三法修正座談會」，包括參與數位廣播試播計畫的電台業者，及產官學代表，對國內是否有意繼續推動數位廣播，深感關心與不確定。

　　終於，行政院新聞局於2004年上半年開始正式受理數位音訊服務執照申請，2005年6月26日公布通過執照申請名單，三家全區網分別由福爾摩沙電台、優越傳信數位廣播、中國廣播公司取得；北區由寶島新聲電台、台倚數位廣播取得；南區由好事數位生活電台取得；中區從缺。除了一般電台結盟進軍數位廣播領域外，包括民視、台灣大哥大、倚天科技都參與發展數位音訊服務。

　　所謂回饋，係表示「影響一系統現階段運作、行動的任何事宜」（Monane, 1967）。我國現有一百七十四家廣播電台，其中有十九家電台業者合組成十組實驗台進行試播實驗。已參與試播的

電台業者目前參與試播的成效如何？未加入試播的電台業者對廣播進入數位紀元的看法與準備又是如何？

學者高海伯（Goldhaber, 1990；黃葳威，2004a）從傳播實證執行模式的角度，將回饋歸類爲執行前傳播分析、傳播執行目標、傳播執行技巧，以及執行後傳播評估。雖然，政府將2002年12月底規劃爲數位廣播試播結束期，預定在當時正式開播，如今，顯然仍未走完試播階段。不可否認，如何有效蒐集一般民眾與相關參與機構的需求回饋，作爲評估數位廣播合適的開播時程參考，尤其不容忽視。

英國全國經濟研究協會估計，經由英國廣播公司（BBC）及Digital One電台兩家廣播公司的二十七個數位訊號轉播站傳遞，初始有60％的人口可收聽數位廣播；同時在歐陸部分，數位廣播訊號可涵蓋一億人口；加拿大廣播公司（CBC）規劃在2003年之前，向全國75％的人口提供數位廣播內容服務；德國地方政府則定出2008年數位廣播普及全國100％人口的目標（World DAB Forum, 1998）。

即便如此，一般聽眾須擁有數位廣播接收設備，才可能收聽數位廣播內容服務。世界數位音訊服務論壇1998年公布在六個西歐國家所做調查發現，六個國家的受訪家戶中有37％表示對數位廣播「很感興趣」，這些人希望以不超過一般收音機50％的價格，買到新型可隨身攜帶的數位廣播接收機。英國國家廣播公司聲稱數位廣播能否風行，取決於接收機價格的合理性。兩成的受訪家戶肯定在車上收聽數位廣播可定頻收聽的便利性。這一群人被視爲數位廣播的最早採用者。因此，數位廣播產業將車用收音機視爲推展數位廣播的首要目標。

不可否認，一般大眾對數位廣播的需求，以及對數位廣播接收機的購置意願、付費價格，尤關係數位廣播產業在台灣的普及與發展。

由此可見，數位廣播正式推動時程，牽涉的不只是交通部電信總局、工業局，還包括新聞局修法通過程序，以及一般民眾對數位廣播的接受度與需求。本文將試擬國內數位廣播開播時程的傳播實證執行模式。

貳、傳播與回饋

有關傳播模式的文獻大致從大眾傳播（Schramm, 1954; Maletzke, 1963）、人際傳播、行銷傳播及組織傳播分為以下五種（黃葳威，2004a）：

一、施蘭姆大眾傳播模式

從傳播學的取向來看，回饋最早由傳播學者施蘭姆（Schramm, 1954）提出。施蘭姆認為，傳播的過程是一種循環，某些形態的傳播循環程度較大，某些則相反；大眾傳播的循環程度就比較小，一般對媒介組織的回饋只是一種推測，例如接收者不再收看某電視節目，或不再購買某商品、不再訂閱某刊物。這反應大眾傳播媒體與閱聽人之間的關係，前者傳遞的管道與數量、頻率，均較閱聽人傳遞的管道、數量或頻率來得多，後者亦以被動居多。

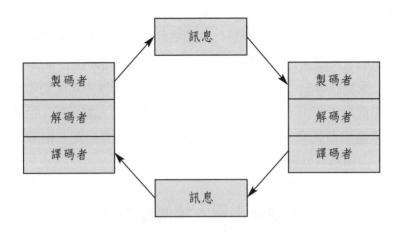

圖8-1　施蘭姆大眾傳播模式

資料來源：Schramm, 1954.

　　施蘭姆的大眾傳播模式中心是媒介組織。媒介組織聚集了製碼者、解碼者及譯碼者。媒介組織將產製的訊息傳遞給閱聽大眾，閱聽大眾中有許多接收者，各自譯碼、闡釋、解碼；這些接收者每人都與一參考團體相連，他們可能受到訊息的影響，闡釋訊息的方式可能也受到參考團體的左右。媒介組織不斷根據訊息來源的輸入，或閱聽大眾的回饋，譯碼製作訊息，再傳播給閱聽大眾。因此，必須視媒介與閱聽人之間的互動而定，其中閱聽人對媒介組織的回饋方式，可能隨個人理解程度的不同而有差異，且個人理解程度除受自己譯碼解碼影響，亦可能被其他人際網絡左右。

　　施蘭姆的大眾傳播模式提供一個循環互動的概念，並將閱聽人的回饋視為組織媒介資訊來源的一大部分，不過在此階段，施蘭姆對回饋僅限於一種推測，推測閱聽人的拒買、拒看節目是一

種回饋的表達。這一階段閱聽人的回饋方式是被動的拒絕。傳播學者也未就閱聽人的回饋進行實證性的研究。訊息傳遞者的一方也僅能就閱聽人接收訊息後的回饋「推測」修正訊息；由於缺乏進一步實證分析，回饋對訊息傳遞的前置規劃參考功能仍未獲實質的重視。例如，訊息傳遞者僅可能根據閱聽人的拒買、拒看而不傳遞類似訊息，但卻未主動積極獲悉閱聽人拒買、拒看的原因，而作為訊息設計的參考。

二、魏斯理、麥克李恩人際傳播角度

魏斯理與麥克李恩（Westley and MacLean, 1957）曾兩度修正紐康（Newcomb, 1953）的人際傳播模式，而提出兩個大眾傳播之間的差距，在於大眾面臨的訊息來源選擇較多（包括溝通的對象），以及大眾傳播中閱聽眾回饋出現的可能性是極少而遲緩的。

第一個修正模式包括消息來源、環境中被選擇的訊息，及接收消息的閱聽大眾。這三者間消息來源由環境中眾多對象選擇訊息，再傳遞給閱聽大眾。閱聽大眾也可能直接接收來自環境的訊息。這個修正模式並認為閱聽大眾可能對消息來源有所反應而形成回饋，魏麥兩人主張這一修正模式可代表人際傳播普遍現象，其中訊息可能來自環境或消息來源。

很明顯地，魏麥兩人的第一修正模式將消息來源的部分視為被動地選擇環境中既有的訊息，卻未能對環境眾多訊息有所回饋。其次，閱聽大眾的回饋只限於消息來源，而未能直接對環境眾多現象有所回應。這一模式所呈現的傳播方式，似乎顯得閱聽

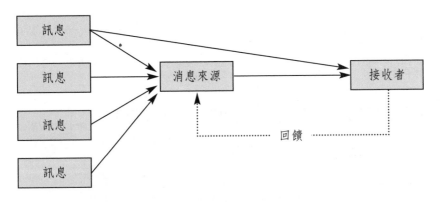

圖8-2　魏斯理與麥克李恩人際傳播模式之一

資料來源：Westley and MacLean, 1957.

大眾僅能經由消息來源傳遞回饋訊息，是一個依賴消息來源表達閱聽眾意見的模式。同時，消息來源可能接受來自閱聽眾的回饋，卻無法向環境中眾多對象有所回饋。

　　魏、麥兩人所提的第二修正模式則包括：消息來源、閱聽大眾、媒介管道及環境中眾多訊息。與前一模式相較，這一模式多了守門人或媒介管道這個角色，守門人或媒介管道並且扮演了守門的角色（Westley and MacLean, 1957）。第二修正模式主張消息來源由環境中眾多訊息擇取訊息，經由守門人或媒介管道的過濾、製碼過程，傳遞給閱聽大眾。閱聽大眾可將其意見回饋給守門人或媒介管道，或回饋給消息來源。守門人或媒介管道亦可將製碼過程的經驗回饋給消息來源。

　　魏、麥兩人將消息來源視為個人或組織，是一個倡議者，也可能是政治人物、廣告公司等有目的的傳播者；守門人或媒介管道則如媒介組織中的個人，他們依據對於閱聽眾的興趣和需求的

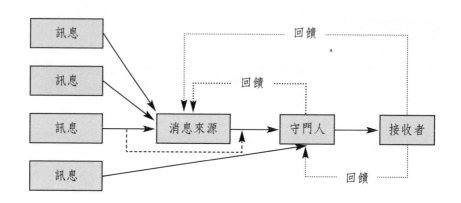

圖8-3 魏斯理與麥克李恩人際傳播模式之二

資料來源：Westley and MacLean, 1957.

認知，扮演製碼的角色。媒介管道也是閱聽大眾需求的代言人。閱聽大眾對消息來源的回饋，相當於閱聽眾的收視、購買或投票行為。閱聽眾給予守門人或媒介管道（媒介組織）的回饋可能是經由直接的接觸，或藉由閱聽眾意見調查或收視聽率調查得知。

比較前述兩個修正模式，除了第二個修正模式多了守門人或媒介管道的角色外，第二修正模式較強調媒介的專業角色。譬如第一修正模式中的閱聽大眾可以直接由消息來源或環境中眾多對象獲得訊息，但在第二修正模式中的閱聽大眾則須經由扮演守門人或媒介管道的媒介組織獲得訊息。這忽略了閱聽大眾由消息來源或環境中直接獲得訊息的可能性。

其次，兩個模式均忽略了消息來源（可能是個人或組織）對環境事件或對象的回饋，甚或閱聽眾對環境事件或對象的回饋。消息來源對環境事件或對象的回饋，諸如經濟部長對物價波動的因應對策，或行政院長對納莉颱風水災的處理措施。閱聽眾對環

境事件或對象的回饋，則如同放棄選舉投票或搶購打折商品。至於守門人或媒介管道對環境事件或對象的回饋，如同媒體針對新聞事件或對象，主動發起捐書、募款等聲援活動，或藉由評論文章、節目影響新聞人物的看法等。這些均顯示兩修正模式忽略了自發性的回饋，也不盡符合現代化、多元化社會的傳播方式。再者，兩模式也忽略了守門人可能就是消息來源的情形，例如媒介本身的炒作新聞、自己製造議題。

三、馬茲克大眾傳播角度

另一個談及回饋的傳播模式，是馬茲克所提的大眾傳播模式（Maletzke, 1963）。馬茲克從心理學的層面將傳播者、訊息、媒介、閱聽眾作為建構模式的基礎，加上來自媒介的壓力或限制，及閱聽大眾對媒介的印象等，合計六個基本要素。

馬茲克認為重要的媒介特性有（楊志弘、莫季雍譯，1988；Maletzke, 1963）：

1.接收者（觀眾、聽眾、讀者）所需要要求的理解形式。
2.接受者在空間、時間上受媒介限制的程度。
3.閱聽眾在接受媒介內容時所處的社會環境。
4.事件的發生與接收之間的時間差距，也就是同時性的程度。

馬茲克的大眾傳播模式較前面幾個大眾傳播模式重視傳播者和接受者的社會心理特質。譬如，在傳播者傳遞訊息的過程，馬茲克分析傳播者的自我印象、人格結構、同儕團體、其所屬團體及社會環境，均可能影響傳播過程，同時，傳播者也受到來自媒介、

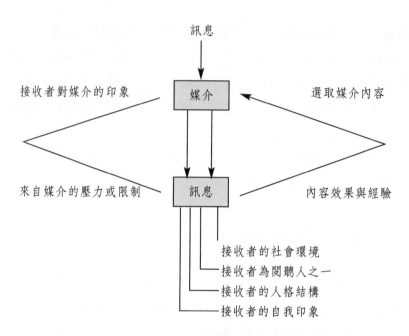

圖8-4 馬茲克的大眾傳播模式

資料來源：Maletzke, 1963；楊志弘、莫季雍譯，1988。

訊息的壓力與限制（如財務結構、政黨偏好角度等）的影響。

在接收者的部分，馬茲克主張接收者的自我印象、人格結構、其所屬團體與社會環境，均影響其對媒介內容的接收程度。再者，接收者對傳播者的印象、對媒介的印象也影響傳播的接收過程。馬茲克的大眾傳播模式正視接收者的主動性，如其對媒介內容的選擇，以及對傳播者自發性的回饋。

所謂傳播者的自發性回饋，馬茲克（Maletzke, 1963）將其界定為接收者對傳播者的主動回應。但他也指出，大眾傳播過程常被視為單向的過程，一般大都缺乏面對面傳播的自發性回饋。事實上，自發性回饋亦可就接收者對媒介組織的回應而論，如聽眾

直接寫信或打電話給廣播電台反應其收聽意見。然而,馬茲克的大眾傳播模式未就此部分進行剖析。

　　馬茲克的大眾傳播模式較從閱聽人與媒介的觀點,分析接收者的個人差異、對媒介的印象、選取媒介內容等,均影響閱聽人與媒介的互動。且馬茲克較重視閱聽人特質的探討,顯示他將閱聽人視為主動的一群。不過,馬茲克倒是未就媒介訊息產製的一面進行檢視。

四、行銷傳播角度

　　研究消費者行為的學者還將回饋分為「直接回饋」與「間接回饋」兩種。直接回饋係指在行銷傳播中可與販售結果相連結的回饋;間接回饋則是由消費者評估而產生(Assael, 1984)。直接回饋的實例,可由代銷公司行號的銷售記錄獲知,或由消費者寄回的金錢折價券獲悉一二。至於經由大眾傳播推出廣告的回饋,則較難察知。間接回饋則如同消費者對廣告的暴露程度是否知悉,或對廣告內容的注意、理解與記憶,以及對品牌的接受程度。

　　傳播學者馬怪爾(McGuire, 1978)曾就廣告效益提出在訊息解碼過程中獲取回饋的六種方法,包括測量閱聽人的暴露程度、注意程度、理解程度、訊息接受程度、記憶力,及購買行為,其測量方式如下(Assael, 1984):

　　1.暴露程度可藉由測量一雜誌的銷路到達率,或一節目的發行普及率獲知。這裡的暴露程度是指對媒體的暴露程度,如雜

誌的銷路或電視的發行網。然而，閱聽人即使由書報攤看到一本雜誌或由節目表獲知一個電視節目，並不代表他／她直接接觸了其中的內容。

2. 注意程度由測量對廣告的注意情形獲知。如當閱聽人被詢問某類產品時，能聯想到特定品牌廣告或廠商。這便反應閱聽人在看廣告時不是過目即忘，而同時也注意所促銷的品牌或廠商名稱。

3. 理解程度主要在測量閱聽人對廣告內容的回憶情形，如蓋洛普與羅賓森讀者服務（Gullup and Robinson Readership Service）常調查受視者對廣告訊息的回憶，藉由某幾點暗示來測試受視者對一些廣告段落的回憶程度。

4. 訊息接收程度則在測量廣告內容對閱聽人的品牌態度或購買意圖的影響。例如研究者可以測量閱聽人在未看廣告前及看過廣告後對品牌的態度；或分兩組測試，一組在看過廣告後測試其對品牌的態度或購買意圖，一組則直接測試其對品牌的態度及購買意圖。

5. 記憶力在測量閱聽人看過廣告後，經過一段時間之後對內容的記憶。由於行銷傳播的廣告內容容易被人遺忘，記憶力的測量正好可反應廣告訊息的效益。

6. 購買行為可藉由庫存量、賣場展示情形、市場調查獲知，它的結果的確反應消費者或閱聽人的購買行為，但未必是因廣告的影響。一般大眾可能因親友推介或賣場擺設某一商品的突出與否，來決定是否購買。

分析馬怪爾提出六種測量廣告效益的方法，不難發現不同的

評量目標有相異的測試方式，而且，每一種測試結果僅能片面反應消費者或閱聽人的回饋方式，不能以一概全地代表閱聽人或消費大眾對廣告訊息的回饋。

其次，這六種測量廣告效益的方法，其呈現的回饋仍在於是否達到廣告行銷目的爲主，終極目標在獲知閱聽人被說服的過程、對產品的注意、理解、接受程度、記憶力或購買情形，但卻未反應閱聽人眞正期望的理想產品。即仍以傳播訊息爲本位，接收者仍處於被動、消極的角色。

五、組織傳播角度

1960年代有學者分析小組成員之間的傳播行爲，主張「直接回饋可以反應出小團體傳播的本質，並漸被認爲是團體互動的重要因素」（鄭瑞城，1983：Scheidel and Crowell, 1965）。組織傳播學者丹尼爾及史派克（Daniels and Spiker, 1991）並由開放系統的觀點，說明回饋有助於組織系統功能運作正常，及協助組織系統改變和成長的調適過程。丹尼爾和史派克認爲回饋是「對系統運作的反應，其有助於調適系統狀態的訊息」（Daniels and Spiker, 1991）。

由此可見，回饋不僅爲組織系統互動的重要因素，也可以反應一系統運作互動的本質，甚至有利於調適系統狀態。回饋既是一種反應訊息，也是一種互動現象。

回饋也被一些組織傳播研究者歸類爲積極回饋與消極回饋（Harris, 1993; Daniels and Spiker, 1991）。所謂積極回饋是可加強分歧化（deviation）的回饋，而非糾正組織系統的訊號。消極回

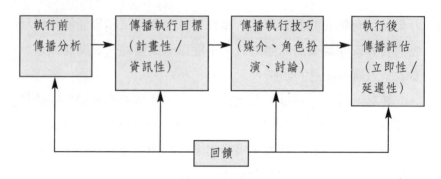

圖8-5　高海伯傳播執行模式

資料來源：Goldhaber, 1990；黃葳威，2004a。

饋主要用於建立新系統，而非維持舊有系統（Daniels and Spiker, 1991）。換言之，不論係積極回饋或消極回饋，都可基於達到良好的傳播互動品質，而改革創立新系統或維持舊有系統。

　　還有學者由傳播執行模式的角度，將回饋定義為對傳播執行前、傳播執行目標、傳播執行技巧，以及執行後傳播評估的評價反應（Goldhaber, 1990; Daniels and Spiker, 1991）。

　　高海伯（Goldhaber, 1990；黃葳威，2004a）說明執行前的傳播分析，是為了蒐集組織內成員需求，才建立傳播執行的計畫性、資訊性目標，爾後藉由媒介、角色扮演經驗分享討論付諸執行，並在執行後進行評估，這個傳播執行模式反應出回饋不只針對執行結果表達反應，也可就學習執行過程、宗旨達成與否、甚至執行展開前的前製作業表達意見、評估。

　　若將此模式應用於數位廣播開播時程規劃，即可就前置籌劃、執行目標、執行過程，以及執行後的目標對象反應等四方面進行評估。

與一般從傳播者到接收者的傳播過程相較，回饋如同一相反的傳播過程，是由接收者傳遞給傳播者，它可能是藉由口語、非口語或兩者並用來進行，目的在於減少歧見，且有助於傳播者的角色扮演（DeFleur and Ball-Rokeach, 1982）。關於角色扮演的研究發現（DeFleur and Ball-Rokeach, 1982），角色扮演是傳播者評估溝通符號意義的一種過程，傳播者期望藉由角色扮演的過程，使用接收者生活經驗也能明瞭的符號傳遞訊息；而且，當回饋愈多的時間，愈能增加傳播者角色扮演的適當性。換言之，傳播可以是一種互惠的過程，當雙方都願意有效的溝通時。

　　國內傳播學者並從傳播生態學的觀點分析回饋，認為回饋是「一種利用輸出結果來規範與修正反應機制的控制訊號」（蔡琰，1995）；同時強調類似回饋研究有助於傳播行為的策劃與改進。這顯示傳播者可以從較積極主動的面向善用回饋訊息，來修正傳遞訊息的呈現或傳遞方式。因此，回饋是先有訊息傳入，爾後產生接收者對訊息的反應、效果，及互動溝通，以期接近互動傳播的理想（黃葳威，1997；黃葳威，2004a）。

　　本研究視相關政府單位（新聞局、電信總局、工業局）為數位傳播政策規劃執行者，數位廣播業者與製造業者，為政策執行的直接目標對象，一般民眾為次要目標對象；將先後探討政府單位對推動數位廣播開播的時程規劃為何？數位廣播業者與製造業者對推動數位廣播開播的準備與期待為何？一般民眾對數位廣播的需求與接受情形為何？並根據上述研究資料，試擬國內數位廣播開播時程的傳播實證執行模式。

參、實證研究設計

　　本章兼用電話調查法、深度訪談法,及傳眞問卷調查法,從交通部電信總局、新聞局、經濟部、一般民眾、數位廣播產業者,及傳統廣播業者等層面,評估國內數位廣播開播時程的可行性。

　　研究執行步驟如下:第一階段以電話調查調查法,蒐集台灣地區一般民眾對數位廣播的需求與接受情形;第二階段進行深度訪談法,訪談熟悉國內數位廣播發展運作的產(廣播業者與製造業者)官(新聞局、電信總局、工業局)代表,進一步探討數位廣播對國內相關產業的衝擊或所帶來的機會點;第三階段,這一部分採傳眞兼電話聯繫方式,執行以電台業者爲主的問卷調查;最後,再整合評估前述研究發現,進一步探討國內數位廣播開播時程的傳播實證執行模式。

　　爲蒐集一般民眾使用廣播媒體現況,同時了解民眾對數位廣播的需求,研究人員先設計民眾版問卷,對數位多媒體服務方式的需求係依據交通部的分類(吳嘉輝,2001a),經由兩次前測與修繕,再正式執行全省電話問卷調查。利用電腦輔助電話調查系統(CATI),採電腦隨機抽樣方式(RDD),由電腦取樣送至各訪員電腦螢幕,問卷亦於電腦螢幕中顯示,訪員根據受訪者回答內容填選答案,整份問卷填達完成送出之後,CATI自動將訪問結果即時寫入資料庫中,不須再由人工編碼、鍵入資料,可盡量避免人爲錯誤,並控制電話訪問品質。

民眾問卷調查的地區：台灣地區（含離島、金門、馬祖）。這項調查採電腦隨機抽樣方式（RDD），將全台灣電話資料庫貳碼以隨機排列抽出電話號碼；由於所採之電話號碼資料庫已篩選掉傳真機、公司（機關、營業用電話）等「無效」電話，故可直接選取完成預期有效樣本估計數四至五倍的電話號碼數，即預先將約50%屬於「訪問失敗」（包括沒人接聽、拒訪等）的樣本數計算在內。此外，調查根據內政部所公布之最新人口普查資料分配各縣市樣本數。訪問對象為十一歲以上至七十歲者。有效樣本為一千二百一十九份，並在95%的信心水準內，抽樣誤差為±2.9%。

　　除分析數位廣播業者、傳統廣播業者，以及一般民眾對數位廣播服務的因應與需求情形外，研究人員並以深度訪談方式訪問十二位關心國內數位廣播產業推展的政府部門、電台業者、數位廣播接收機製造業者、立法委員。

　　深度訪談對象分別有：

· 前優越傳信總經理張成軍。
· 前行政院新聞局副局長洪瓊娟。
· 交通部電信總局副處長許英明。
· 前經濟部數位視訊工業發展小組顧問劉利安博士。
· 前中國廣播公司總經理李慶平。
· 怡利電子公司研發部專案經理林傳欽。
· 社區廣播電台協會前理事長楊碧村。
· 財團法人佳音電台台長呂思瑜。
· 前財團法人寶島客家電台董事長梁榮茂。

表8-1 母體與樣本資料比較

		母體	樣本
調查時間		2001年內政部（%）	2002年11月（%）
性別	男	50.7	49.5
	女	49.3	50.5
年齡	11-20歲	18.3	18.4
	21-30歲	21.7	22.0
	31-40歲	21.8	21.9
	41-50歲	19.5	19.8
	51-60歲	11.2	10.7
	61-70歲	7.5	7.2
居住地區	台北縣	16.2	16.2
	宜蘭縣	2.1	1.8
	桃園縣	7.5	7.3
	新竹縣	1.6	1.6
	苗栗縣	2.5	2.5
	台中縣	6.5	6.6
	彰化縣	5.7	5.7
	南投縣	2.4	2.3
	雲林縣	3.4	3.4
	嘉義縣	2.6	2.6
	台南縣	5.0	5.1
	高雄縣	5.7	5.6
	屏東縣	4.1	4.0
	台東縣	1.1	0.8
	花蓮縣	1.6	1.5
	澎湖縣	0.4	0.3
	基隆市	1.8	1.8
	新竹市	1.9	2.1
	台中市	4.3	4.3
	嘉義市	2.6	2.4
	台南市	3.3	3.0
	台北市	12.0	11.9
	高雄市	6.8	7.1
	金門縣	0.2	0.1

註1：母體資料為內政部公布之2001年底11歲以上人口數。

註2：卡方適合度檢定，樣本之性別、年齡、居住地區結構與母體無顯著
　　　差異（p>.05）。

．前財團法人寶島客家電台台長彭惠圓。

．飛碟電台工程部經理兼數位廣播召集人邱浩哲。

．前立法委員李永萍。

不同層面代表的深度訪談問題先後爲：

1.數位廣播開播時程深度訪談問題（政府版、立委版）：

(1)請問政府部門當初考慮引進數位廣播數位廣播服務的緣起，貴單位在其中所扮演的角色爲何？

(2)請問數位廣播對於原來廣播產業與市場秩序的影響有哪些？如何應對？

(3)請問國內在推展數位廣播曾面臨的挑戰（包括法規修訂……等層面）？如何克服？

(4)請問您對數位廣播結合網路廣播服務的看法，貴單位在其中所扮演的角色爲何？

(5)請問您對於歐洲廣播界採用共同鐵塔方式經營的看法；是否適用於國內？原因爲何？

(6)請問數位廣播的出現，對未加入試播行列的傳統廣播業者可能的影響爲何？您對他們的建議爲何？

(7)請說明國內推動數位廣播的競爭力、弱點、機會點、威脅爲何？另外就目前現況來看，您認爲數位廣播在國內正式開播的時間會是什麼時候？請根據在過去推動修法的經驗來談。

(8)您對數位廣播開播時程的其他補充意見。

2.數位廣播開播時程深度訪談問題（業者版）：

(1)您所知，國內當初考慮引進數位廣播服務的緣起，電台

業者在其中所扮演的角色為何？

(2)請問數位廣播的出現，對未加入試播行列的傳統廣播業者（AM, FM）可能的影響為何？您對他們的建議為何？

(3)就您所知，國內在推展數位廣播曾面臨的挑戰（包括社區電台業者、法規修訂……等層面）？如何克服？

(4)請問您對數位廣播結合網路廣播服務的看法，兩者結合對廣播業者可能的影響為何？

(5)請問您對於歐洲廣播界採用共同鐵塔方式經營的看法；是否適用於國內？原因為何？

(6)請問數位廣播對於原來廣播產業與市場秩序的影響有哪些？如何應對？

(7)請說明國內推動數位廣播的競爭力、弱點、機會點、威脅為何？另外就目前現況來看，您認為數位廣播在國內正式開播的時間會是什麼時候？請根據在過去推動修法的經驗來談。

(8)您對數位廣播開播時程的其他補充意見。

　　電台業者問卷部分以新聞局公布之前十梯次電台業者資料為主，先電話聯絡電台負責人，再傳真問卷至各電台。問卷調查完成前測修改，並以電話聯繫後，透過電子郵件、傳真等方式執行。問卷施測對象以電台業者為主，共計四十七家電台。

肆、政策執行面

　　根據深度訪談結果，由政策研擬執行的一方來看，包括交通部、行政院新聞局、經濟部、立法院等相關單位，一致表示有責任引進並推動數位廣播技術與產業發展。交通部負責技術引進，經濟部協調相關業者推動數位廣播產業，而新聞局協助推展至廣播電台。

> 一是促進產業，二是身為主管機關，對於新傳播科技媒體，有責任去推動及引進（洪瓊娟）。

> 為促進國家廣播技術的提升，交通部負責引進數位廣播新的廣播技術，是動機，也是任務（許英明）。

> 數位視訊工業發展推動小組在數位廣播產業推動上是以跨部會在政府部門之間協調溝通，並且與相關業者共同推動數位廣播產業（劉利安）。

　　政策執行的直接目標對象如電台、相關產業，對國內發展數位廣播，原則上持樂觀其成的態度。其中相關產業代表不否認，引進數位廣播產業是利益考量，認為可帶動國內電子產業的商機。電台業者包括大功率、中功率、小功率電台皆贊同，數位廣播是未來的趨勢。其中參與試播的部分大功率、中功率電台表示，數位廣播的普及可促進電台技術與服務，對傳統電台影響有限。

　　然而部分中功率、小功率社區電台則強調，數位廣播的普及化，對中小功率電台的影響最大。他們抱持矛盾的心態觀看數位廣播的推展，一方面肯定電台數位化的確能提升電台的音質、人力規劃與服務的品質；一方面也擔心電台受限於財力，執行不易，希望經由政府輔導升級。

　　對傳統業者不會有什麼影響。數位廣播會全面化，但數位廣播與傳統廣播是完全不同的東西，沒有重疊（張成軍）。

　　數位廣播開播初期接收機少，影響有限。傳統廣播業者只要節目做好，日後可透過數位廣播多工規劃傳送節目（李慶平）。

　　財力應是進入市場的主要關鍵。未加入者也不一定要加入，可以繼續維持原有的經營範圍（林傳欽）。

　　數位廣播的普及化，對小功率電台影響最大。最好能使小功率業者讓政府輔導升級轉型（楊碧村）。

　　數位廣播具專業技術性，資本額需求大，非社區電台業者能及。日後AM、FM頻率並不收回，只要內容做得好，不怕沒市場（邱浩哲）。

　　即便政策執行的相關政府單位，也察覺數位廣播政策在推動執行過程帶來的威脅。新聞局副局長洪瓊娟指出會威脅所有的媒體，交通部電信總局以為會威脅電視與傳統廣播業者。

　　競爭力：音質品質高及提供新服務。機會點：提供的內容符合需求。威脅：所有的媒體（洪瓊娟）。

競爭力：資訊服務。弱點：涵蓋率的問題。機會點：開車族的市場需求（張成軍）。

威脅：電視業者和傳統廣播業者（許英明）。

競爭力：電子製造基礎建設佳。弱點：接收機晶片製造開發能力目前仍掌握在外人手中。機會點：數位廣播的多功能，像電子商務等（劉利安）。

產業代表認為數位廣播可能威脅區域無線網路、數位電視、DVB及第三代大哥大。至於中小功率電台業者則表示不怕數位廣播帶來的威脅，但恐怕政府法令不讓社區電台業者轉型提升。一些受訪業者坦言，真正的威脅在業者自己不思長進。

競爭力：台灣有優良的資訊科技環境。弱點：廣播業者恐無能力經營數位廣播產業。機會點：數位廣播行動、個人特質。威脅：區域無線網路。另真正的威脅在業者不思長進（張成軍）。

競爭力：同頻無干擾，可規劃六個以上類似CD品質節目。弱點：接收機價格為影響接收最大因素。機會：將廣播廣告的餅畫大。威脅：DVB及第三代大哥大（李慶平）。

競爭力：音質佳，具行動、個人特質。弱點：接收機價格高。機會點：可攜性的特質。威脅：數位電視（林傳欽）。

競爭力：數位廣播接收機普及，有廣大市場。弱點：市場上接收機太少。機會點：數位廣播具多功能服務。威脅：不怕

威脅，只怕政府法令不讓小功率業者轉型提升（楊碧村）。

競爭力：擴大客家電台的影響與服務。威脅：資金有限（梁榮茂）。

競爭力：擴展中功率電台的涵蓋面。機會點：推展多元化服務，革新電台節目、人力規劃。威脅：資金財力（彭惠圓）。

從競爭力、弱點及威脅來看，短期應在於法令及財力問題。機會點則看經濟景氣決定（邱浩哲）。

數位廣播正式開播的時程，在政策執行者與直接訴求對象呈現不同立場。已參與試播的業者由於大量財力、人力的投資，皆期望開播時程愈快愈好。部分參與試播的中功率電台，除主張時程避免延宕，也視機會點是在：數位電視頻道整合後、多餘頻道釋出之時。未參與試播的中功率電台雖然擔心電台人力、財力資本有限，卻深信數位化的來臨，可藉此衝擊革新電台陳舊的設備、僵化的人員運作模式；類似中功率電台因而期盼數位化盡快推展。小功率社區電台業者也對數位化採「觀望不排斥」的立場，以為2008年開播就可以了。

開播時程已經不是最大的問題所在，執照遲早會開放，必須提早去做個更詳細的計畫（張成軍）。

開播時程愈快愈好，而頻率也需要給現在試播者持有，否則造成國家資源浪費（李慶平）。

認為兩年後（2004年）看數位廣播有沒有開播的機會，因為數位電視的頻率未解決，數位廣播會一直延遲（林傳欽）。

政府應有完善的規劃。電台盡力推展（梁榮茂）。

很矛盾。一方面希望愈快愈好，由此可更新年輕、專業的人力；恐怕太慢推動，人力已經僵化，人才爭取不易。一方面擔心公益電台資本擴充需時間（彭惠圓）。

觀望配合，逐步更新設備、增資改善（呂思瑜）。

數位廣播全面普及，大概還要十年。政府應有完善的規劃。如果政府訂2008年為「數位台灣」年，2008年開播就可以（楊碧村）。

開播的真正時機點應在數位電視頻道整合後，多餘頻道何時釋放出來。業者已投資大量資金，一旦開播延宕，屆時可能會因資金問題退出，使數位廣播產業萎縮（邱浩哲）。

政策執行單位以交通部規劃的節奏最快，預估2002年底開播；經濟部工業局則主張立法通過後，真正開播運作可能是2003年底或年中，新聞局則認為依照立法進度，要2003年下半年以後。

傳統的立法進度是明年（2003年）下半年以後，如果非常支持，非常作法的話，有機會上半年（洪瓊娟）。

電信總局預估今年（2002年）底開播。技術規範及頻率核定已準備完成。試播實驗工程總評鑑，預計在12月中旬完成。但現在暫行辦法還沒有擬定（許英明）。

立法先通過後，真正開播運作可能是明年（2003年）底或明年中（劉利安）。

伍、民間需求面

　　觀察回收電台問卷部分，電台所在縣市最多者為「台北市」，占25.5%。其次是高雄市，占12.8%。

表8-2　電台所在縣市

縣市	家數	%
宜蘭縣	2	(4.3)
桃園縣	2	(4.3)
新竹縣	2	(4.3)
苗栗縣	1	(2.1)
台中縣	1	(2.1)
彰化縣	2	(4.3)
雲林縣	2	(4.3)
台南縣	2	(4.3)
台東縣	1	(2.1)
花蓮縣	4	(8.5)
澎湖縣	1	(2.1)
基隆市	1	(2.1)
新竹市	1	(2.1)
台中市	3	(6.4)
嘉義市	3	(6.4)
台南市	1	(2.1)
台北市	12	(25.5)
高雄市	6	(12.8)
總計	47	(100)

「電台資本額」以**表8-3**呈現，其中最多者爲「一千零一至五千萬」，占48.7%（其中遺漏值八筆）。「電台執照」以**表8-4**呈現，其中最多者爲「中功率社區電台」，占51.1%。

表8-3 電台資本額

電台資本額（萬元）	家數	百分比
1000以下	12	30.8
1001至5000	19	48.7
5000以上	8	20.5
總和	39	100.0

表8-4 電台執照

電台執照	家數	百分比
大功率全區電台	4	8.5
中功率區域電台	24	51.1
小功率社區電台	17	36.2
其他	2	4.3
總和	47	100.0

「因應數位廣播變革節目改變幅度情況」以**表8-5**呈現，有四成九分別表示有所改變，其中有點改變的占26.8%，近二成表示有改變，改變很大的不到一成；沒有改變的占43.9%。「因應數位廣播變革，電台重視網路電台情況」（其中遺漏值六筆），以很重視所占的比例最高，占34.1%。

表8-5　因應數位廣播節目改變幅度、重視網路電台情形

節目改變幅度	家數（百分比）	重視網路電台	家數（百分比）
改變很大	2(4.9)	很重視	14(34.1)
有改變	8(19.5)	重視	13(31.7)
有點改變	11(26.8)	不重視	5(12.2)
沒有改變	18(43.9)	很不重視	2(4.9)
不一定	2(4.9)	不一定	7(17.1)
總和	41(100)	總和	41(100)

「電台對於數位廣播在國內正式開播的看法」以**表8-6**呈現，以沒意見所占比例最高，占55.8%（其中遺漏值四筆）。這呼應了深度訪談電台業者的結果。

表8-6　DAB在國內正式開播的看法

	電台看法	民眾看法
愈快愈好	10(23.3)	463(38)
三個月之內	1(2.3)	28(2.3)
三個月至半年之內	1(2.3)	37(3)
半年至九個月之內	0(0)	19(1.6)
九個月至一年之內	7(16.3)	61(5)
沒意見	24(55.8)	611(50.1)
總和	43(100)	1219(100)

　　從電台分布地區（北、中、南、東）、發射功率（大、中、小）、資本額等層面，採單因子變項分析（ANOVA）發現，前述三變項在電台節目改變幅度、重視網路電台情形，以及對數位廣

播開播時程看法，並無顯著差異。

　　至於一般民眾電話調查部分，受訪者聽說過可以結合多功能數據資訊、音質優美的數位廣播服務嗎？其中聽說過的占24.9%，沒有聽說過的占75.1%。

表8-7　對數位廣播服務的認識

	人數	百分比
聽說過	303	24.9
沒有聽說過	916	75.1
總計	1219	100.0

　　受訪者對數位多媒體服務方式的需求情形：以即時線上資訊服務、網路接續服務需求較高。其中即時線上資訊服務：新聞、氣象、娛樂、檢索等方面，非常需要占3.2%，需要占44.6%，不需要占40%，非常不需要占4.1%，不一定占8%；網路接續服務：電子郵件、WWW網路撥接瀏覽和影音圖形資料傳輸等部分，非常需要占4.3%，需要占45.6%，不需要占38.1%，非常不需要占4.2%，不一定占7.9%。

　　互動性多媒體應用：遠距教學、網路電話、線上電玩、聊天室等部分，非常需要占2.5%，需要占34.5%，不需要占48.2%，非常不需要占5.4%，不一定占9.4%；不需要的比例較高。

　　隨選服務：網路音樂電影下載等個人化隨選服務，非常需要占3.5%，需要占34.5%，不需要占48.2%，非常不需要占5.4%，不一定占9.4%；表示不需要的較多。

　　個人通訊：透過手機接收傳真、電子郵件、瀏覽網路資訊、訂票、結合信用卡、健保卡、提款卡、大眾運輸卡等全方位服

務,或家用電話、手機、傳眞、傳呼機等號碼的Smart Card:非常需要占3.8%,需要占34.3%,不需要占44.8%,非常不需要占7.1%,不一定占10.1%。

受訪者希望在多久之內可以享受到音質優美、結合多功能資訊的數位廣播服務?愈快愈好占38%,三個月之內占2.3%,三個月至半年之內占3%,半年至九個月之內占1.6%,九個月至一年之內占5%,沒意見占50.1%。

受訪者願意花多少價格,擁有新型可隨身收聽的數位廣播音響設備(可結合手機、掌上型電腦等功能)?一萬零一元以上占10.7%,八千零一元至一萬元占4.6%,六千零一元至八千元占4.5%,四千零一元至六千元占9.8%,二千零一元至四千元占5.9%,二千元左右或不到二千元占9.9%,其他占5.8%,不知道/未回答占48.6%。

表8-8　對數位多媒體服務方式的需求

	即時線上資訊	網路接續服務	互動性多媒體	隨選服務	個人通訊
非常需要	39(3.2)	52(4.3)	31(2.5)	43(3.5)	46(3.8)
需要	544(44.6)	556(45.6)	420(34.5)	496(34.5)	418(34.3)
不需要	488(40)	464(38.1)	588(48.2)	502(48.2)	546(44.8)
非常不需要	50(4.1)	51(4.2)	66(5.4)	52(5.4)	86(7.1)
不一定	98(8)	96(7.9)	114(9.4)	122(9.4)	123(10.1)
總計	1219(100)	1219(100)	1219(100)	1219(100)	1219(100)

表8-9　願意花多少價格擁有隨身、車用數位廣播音響

隨身DAB價格接受度	人數（百分比）	車用DAB價格接受度	人數（百分比）
10,001元以上	131(10.7)	15,001元以上	160(13.1)
8,001元-10,000元	56(4.6)	12,001元-15,000元	45(3.7)
6,001元-8,000元	55(4.5)	9,001元-12,000元	85(7)
4,001元-6,000元	120(9.8)	6,001元-9,000元	51(4.2)
2,001元-4,000元	72(5.9)	3,001元-6,000元	67(5.5)
2,000元左右或不滿2,000元	121(9.9)	3,000左右或不滿3,000元	63(5.2)
其他	71(5.8)	其他	66(5.4)
不知道／未回答	593(48.6)	不知道／未回答	682(55.9)
總計	1219(100)	總計	1219(100)

受訪者願意花多少價格，擁有車用音效優美的車用數位廣播音響設備（可結合衛星導航、數據資訊服務）？一萬五千零一元以上占13.1%，一萬二千零一元至一萬五千元占3.7%，九千零一元至一萬二千元占7.0%，六千零一元至九千元占4.2%，三千零一元至六千元占5.5%，三千元左右或不到三千元占5.2%，其他占5.4%，不知道／未回答占55.9%。

陸、數位廣播傳播執行模式

數位廣播政策在台灣目前經歷了傳播模式的前三階段，仍未進入正式執行階段，以下將分執行前傳播分析、傳播執行目標、傳播執行技巧進行評估。

一、執行前傳播分析

根據傳播執行模式的觀點（Goldhaber, 1990），「執行前傳播分析」須蒐集組織內成員意見，爾後研擬傳播執行目標。數位廣播政策在規劃與推動的政府單位，包括行政院新聞局、電信總局、經濟部工業局，還涉及立法院的修法與立法。分析相關資料發現，政府部門以交通部電信總局與經濟部工業局的步調最急切，行政院新聞局步伐其次，立法院的動作最遲緩。研究人員數度與各黨籍、無黨派辦公室聯絡訪談，除須提供數位廣播相關資料外，對方多以「事務繁忙」、「不了解」為由，未能接受深度訪談。這反映數位廣播政策的箝制規劃階段，未完全充分溝通組織內立場與共識，立法部門代表以「消極回饋」居多。

二、傳播執行目標

在未能達成基本共識的前提下，交通部電信總局仍提出2002年12月底為數位廣播結束試播、正式開播時程。試播時間從當初的一年延長到三年多。這一「傳播執行目標」階段，政策提出單位以公聽會、座談會方式，或專案委託數位廣播工程技術規劃，蒐集執行目標設定的回饋。公聽會或座談會出席人員多為電信總局、工業局、新聞局、參與試播電台的工程部代表，偶有社區電台代表或立委助理出席。這一階段並未重視未參與試播電台，或社區電台業者，以及廣播使用者的「間接回饋」，而是以「直接回饋」為主。

直到2001年上半年的一場公聽會，經濟部工業局數位推動小組當時的執行秘書徐明珠提議：數位廣播政策推動在技術研發外，應重視廣播使用者的需求評估；學者也建議應加強觀念的說明與宣導，而將政策執行推展至「傳播執行技巧」階段。

三、傳播執行技巧

　　2001年、2002年連續兩年的全國交通會議，將數位廣播納入討論議題，2001年6月開始也有不同數位廣播研討會、人才培訓研習會的舉辦，這些均符合傳播執行技巧階段的資訊交流過程，政策執行過程蒐集的回饋由參與試播電台、技術與機器研發產製業的「直接回饋」，逐步推展到未參與試播電台的「間接回饋」，但仍然未能掌握一般民眾對數位廣播使用或需求評估的「間接回饋」。

　　2002年年底，經濟部數位視訊工業發展推動小組、財團法人高科技產業發展委員會、數位廣播產業推動委員會的積極協商下，才進行「數位廣播（DAB）閱聽人市場調查及開播時程可行性評估」，專案結果至2003年2月公布，這才系統地蒐集一般大眾對數位廣播的需求評估，也深入獲悉未加入數位廣播試播電台業者的「間接回饋」。

　　研究結果發現，除參與試播的電台、技術或產品研發業者之外，未能參與試播的電台也支持國內發展數位廣播。觀察電台對數位廣播開播的意見，五成五受訪電台表示沒意見外，其次有二成三的受訪電台認為愈快愈好，近二成受訪電台認為在九個月至一年之間；這部分並未因電台發射功率的不同而有顯著差異。受

訪一般民眾雖然有七成五沒有聽說過,但近四成表示希望愈快開播愈好,其餘有五成沒意見。電台因應數位廣播變革節目改變幅度情況,有四成九分別表示有所改變,只是程度不同,四成表示沒有改變。因應數位廣播變革,電台重視網路電台情況,以很重視所占的比例最高,占34.1%。這顯示數位廣播試播與開播的政策推動,多少刺激部分電台業者的經營管理方式。

2003年6月間舉行的「廣電三法修法座談會」中立法委員洪秀柱質疑,廣電三法在會期最後一天送交立法院,沒有足夠的政策辯論時間,加上下一會期是預算審查期,大選在即,幾乎沒有時間研究廣電三法。這使得數位廣播政策是否進入執行階段面臨考驗(陳翔影、廖鳳彬、林維國,2003)。

> 廣電法的政府版本,在這會期的最後一天才送到立法院,不要忘了下會期是預算審查期,然後接著就要選舉了,幾乎沒有多少時間來研究廣電三法了,等到要再開始重新來的時候,已經大選過後了,我跟各位報告⋯⋯三年多了換了三個新聞局長,每個局長前後的政策都不一樣,要拿出一個政策跟我們辯論,看這政策可不可行,我們再來修法(洪秀柱)。

回顧2000年1月14日交通部提出數位廣播試播計畫,試播時間一再調整,不僅反映「執行前傳播分析」、「傳播執行目標」、「傳播執行技巧」階段的回饋意見蒐集不足,政府部門之間的立足點差異也影響政策的傳播執行。雖然交通部、工業局與參與試播的電台業者始終走在堅持推動的方向;但主管廣播電台營運的新聞局,考慮攸關其他未參與試播社區電台及所有媒體的影響面,採取謹慎緩慢的步伐,新聞局還在2001年將工程專才納入局內公

務人員編制，因應數位時代的來臨。

　　研究結果發現，一般民眾有七成五表示沒有聽說過數位廣播，這代表政策推動單位與參與試播的電台、產品技術開發業者，對數位廣播的宣導應加強民間一般大眾，至於數位廣播的價格接受情形，除不知道或未回答者，大致呈現兩極化。隨身數位廣播接收機的接受價格，三成以上受訪者希望花費在八千元以內，一成五以上願意花費八千元、甚至一萬元以上。車用數位廣播接收機的價格，二成三以上願意花費九千元以上購買，另有一成以上希望價格在六千元以內。

　　由此看來，如果仍要推動數位廣播政策，民眾、未參與試播電台對數位廣播的認知不容忽視。相關單位應定期掌握數位廣播政策推動目標對象的回饋評估，作為因應政策修繕及執行的參考。一位社區電台主管強調，廣播數位化才可能將部分電台由意識形態主導的思維，扭轉為人才更新、專業導向的開始，這位主管認為這是許多地下電台合法化後應努力的方向，進而提升國內廣播電台的競爭力。

問題與討論

1. 請問大眾傳播模式有哪些？有何異同？
2. 請問人際傳播模式的特色是？與其他傳播模式的異同？
3. 請問行銷傳播模式的特色是？與其他傳播模式的異同？
4. 請問組織傳播模式的特色是？與其他傳播模式的異同？

第九章

數位時代宗教傳播策略

Chapter 9

壹、前言 @

　　涂爾幹（Emile Durkheim）在《宗教生活的基本形式》（*The elementary forms of the religious life*）一書中表示，宗教爲顯著的社會性事物（芮傳明、趙學元譯，1992）。的確，從1996至1997年間，包括宋七力、妙天禪師等宗教詐欺案，喧騰一時成爲當年度的十大新聞之一。1998年這兩個事件又再度翻案。同年3月，爲脫離世界末日審判而聚集在美國達拉斯市附近的飛碟教派信徒，最後也陸續回到原來的生活角色。一連串的宗教議題，讓人們開始注意到宗教對現代人的影響及宗教傳播策略的發展。

　　內政部民政司在1999年底的統計資料顯示，台灣地區的寺廟教會數目及信徒人數，以道教與佛教最多，其次爲基督教。其中，道教信徒人數爲八十一萬八千七百五十三人，佛教信徒人數爲十九萬九千七百零六人（但報告中佛教與道教的界限模糊），而基督教信徒則達四十萬五千九百三十三人。目前各宗教派別有各自的統計呈現。

　　根據《台灣地區社會變遷基本調查》，台灣地區二十歲以上的人口中，有六成五以上的人自我認定爲民間信仰信徒，其中以佛教徒占多數，另有5.2%的人自我認定是基督教或天主教，其餘沒有宗教信仰（瞿海源，1997）。換言之，台灣地區有超過七成的二十歲以上人口有宗教信仰。

　　宗教信仰顯然爲大多數台灣地區居民生活的一部分，有關宗教信仰的文字出版傳播在近三、四十年間，也分別以期刊、會友

通訊、書籍、雜誌出現（瞿海源，1997）。1998年年初以佛教為主的慈濟大愛衛星電視頻道開播，同年7月1日以基督教為主的好消息頻道，也從有線電視躍升為衛星電視頻道。包括佳音電台、白雲之聲等宗教廣播電台也陸續開播。另外也有一些宗教以見證錄影帶傳遞教義。這些均反映宗教信仰的傳播模式不斷的在改變。

國內關於宗教傳播的文獻相當有限，既有研究包括何穎怡（1983）的《一貫道信徒媒介使用與媒介認知之研究》論文、謝旭洲（1988）的《電視福音節目的傳播效果研究——以基督教福音節目「700俱樂部」為例》論文、黃葳威（1998, 1999）的《非商業廣播頻道節目走向分析——以宗教社區電台為例》及《弱勢媒介——宗教電視節目走向分析》、盧玉玲（1999）的《網際網路與基督教傳播機構的跨媒體結合——從整合行銷傳播的角度探討》、鍾善文（1999）的《鄉村宗教傳播之策略分析——以嘉義縣東石鄉基督教會為例》論文等。

屬於宗教傳播取向的論述大致有早期的使用與滿足觀點，近期的節目形態分析，和行銷管理的應用探討，這些研究報告為宗教研究與傳播領域的跨學門結合，逐漸開出一條路。然而，仍以個案研究為主，宗教傳播的跨學門研究還待陸續、有系統地建立與扎根。這些研究各與個人傳播、傳播內容、傳播使用效果相關。其餘以從文化人類學、社會學宗教哲學角度的論述較多，國內幾乎沒有研究關懷宗教的傳播策略。

其中僅一篇以嘉義縣東石鄉基督教會為例，進行鄉村宗教的策略分析，研究結果提出的宣教策略計有：與社區建立關係、與其他教會互相配合、製作符合鄉村社會需要的媒體內容，以及從

人際網絡上加強傳播福音（鍾善文，1999）。這篇研究報告係從說服理論觀點，探討鄉村宣教策略。

在傳揚宗教的過程中，信徒如何向非信徒傳遞宗教信仰，非信徒又如何認識並接受一宗教信仰，實如同一疑慮消除的過程。本章從疑慮消除理論觀點，分析佛教、基督教宣教的傳播模式。

貳、疑慮消除理論與策略

疑慮消除理論屬於人際傳播的理論範疇，它來自資訊學說中傳遞者和接收者的概念（Shannon and Weaver, 1949），由柏格與凱樂伯斯（Berger and Calabrese, 1975）提出，後經顧隸剛等及許多語藝傳播學者（黃葳威，1999b；Berger, 1987; Gudykunst, 1983; Gudykunst and Nishida, 1986; Gudykunst and Hammer,1988）延伸擴大驗證。

個體為了適應及被地主社會所接受，會嘗試消除各方面的疑慮。想要適應這些新情境，需要一個尋求訊息及減少壓力的循環行為模式（Ball-Rokeach, 1973），即必須不斷重複的進行尋求訊息，係指個體如何加強預測與解釋他人行為的能力，這也是疑慮消除理論的主要概念（Berger and Calabrese, 1975）。它是一種減少疑慮增加信心的認知過程（Gao and Gudykunst, 1990）。

柏格同時強調，人們交換訊息的質比量對疑慮消除與否有重大影響。檢視人際間的互動不應限於交往朋友數量的多寡，人們傳播、溝通的形式因而引起注意。顧隸剛等學者應用疑慮消除理論來檢證人們適應的結果。他們提出疑慮消除對人們適應程度有

重大影響。大部分疑慮消除都在討論不同文化背景的人際互動。

　　本章將探討基督教與佛教的傳播策略，並比較其異同。所謂傳播策略被界定爲疑慮消除策略。

　　疑慮消除策略先後由柏格等（黃葳威，1999b；Berger, 1987; Berger and Bradac, 1982; Gudykunst and Hammer, 1988）學者驗證發展而來。他們提出三種消除疑慮的策略：消極、積極與互動。

消極策略的研究取向有：

1. 不打擾的觀察對方，默默觀察環境中人們的互動。
2. 閱讀有關地主環境人們的書籍、觀賞相關電視及電影。換言之，消極策略的運用可經由直接觀察，或使用媒體的間接方式減少疑慮不安。

　　消極策略的運用包括出席一些觀察對象也出現的場合。譬如一些宗教信徒邀請無宗教信仰的人士出席宗教聚會，會中宗教信徒默默觀察無信仰的新朋友（陌生人）。顧隸剛等雖提及媒體使用的角色，卻未印證於其研究上。事實上消極策略的運用不僅限於人際層面的資訊尋求，也包括經由大眾媒體等間接途徑取得。本研究將透過媒體使用而觀察對象蒐集資訊的方式，亦視爲消極策略的運用之一

　　本文提出間接人際傳播的新取向：兩人以上經由媒體的傳播互動。它是不需要面對面的人際傳播（可透過電子書信、電話、傳眞機、留言等進行）。有關收看與宗教教義相關的電視節目、閱讀相關報紙或電子書信等，亦屬消極策略的範疇。本章將上述間接取向與直接的觀察對象納入討論。

積極策略的研究取向如下：

1. 向其他人打聽有關目標對象的資訊。
2. 從第三團體間接獲知對象的相關資訊。此種策略進行過程中，資訊尋求者與所尋求對象之間並無直接接觸。

此外，人們亦可藉由媒體採取間接積極策略。譬如，信徒可透過媒體表達他們對芸芸眾生的意見或建議。具體而言，宗教廣播台、宗教電視頻道的播出、錄音帶、錄影帶的發行、宗教網站的設置，這些皆可視為間接積極策略的運用。

互動策略的研究取向包括：

1. 詰問、表達自我、分辨溝通真偽。
2. 資訊尋求者與對象面對面、直接的溝通。互動策略在本文中也包含間接的人際互動。

在直接面對面的互動策略方面，詰問係資訊尋求者直接詢問對象有關的問題；自我表達指向對方交換、透露個人自我的經驗；分辨溝通真偽則牽涉到資訊尋求者區別對象意見真偽的能力。正如同消極、積極策略的取向，互動策略也有直接、間接的方式。後者未必是面對面的接觸。例如，資訊尋求者與所觀察對象可經由電話及電子書信互相溝通。

傳播學者史陶瑞（Storey, 1989）談及詰問與表達自我時，將詰問視為一種尋求資訊的方式，自我表達則係給予資訊。兩者皆有助於疑慮的消除。一般而言，個性外向者較易扮演給予資訊的角色。適應論研究發現個性外向者較易適應地主社會（Fong, 1963; Kuo and Lin, 1977）。這個假設也獲得顧隸剛等學者支持：

互動策略的運用有助於適應新的環境與人際關係。

在另一方面，社會滲透理論（Social Penetration Theory; Altman and Taylor, 1973; Knapp, 1978）也主張人與人間愈親密愈容易溝通。彼此溝通內容的親近程度，可反映彼此適應的程度。的確，跨文化研究也發現人際傳播對適應新地主文化，較傳播媒體使用的成效大（Kim, 1977a, 1977b, 1981）。換言之，主動接觸地主居民，較只使用與地主文化有關的媒體，更能適應地主文化。主動接觸非信徒、與其交換對信仰的觀點，較容易針對非信徒的需求與疑問，提供協助或解答。

參、實證研究設計

本文採用的方法以深度訪談為主，輔以文獻分析。其中深度訪談分別訪問佛教、基督教的領袖人物，從中獲知各宗教團體的歷史、組織、活動、溝通方式、溝通語言的意義。其中一些宗派的法師由該教派的媒體公關統籌代表受訪。其中佛教與基督教訪談名單如表9-1、9-2。

宗教傳播深度訪談問題計有：

1.佛教界人士：

　(1)請問您當初是如何成為佛教徒的？您已信仰了多久？

　(2)就您所知，您宗教信仰（皈依）的團體如何向人傳遞宗教的教義，勸人向善？

　(3)請您比較運用不同方式向人宣揚信仰的優缺點？

表9-1　佛教受訪名單

1.《佛音時報》	社長	陳齊鑒
2.慈濟大愛	顧問	姚仁祿
3.佛光衛視	節目主持人、董事	趙寧
4.白雲之聲電台	前秘書長	智演法師
5.法界衛星電視	總經理	謝清益
6.法鼓文化	總經理	張元隆
7.佛學數位圖書館暨博物館 台灣大學哲學系	指導老師 教授	恆清法師
8.世界佛教華僧會 中國佛教會	會長 前理事長	淨心長老
9.人間福報	發行人	依空法師
10.美國加州中台山佛門寺 中台佛教學院研究所	住持 前所長	見護法師

表9-2　基督教受訪名單

1.基督之家	牧師	寇紹恩
2.曠野雜誌社	主編	彭海瑩
3.佳音電台	台長	呂思瑜
4.彩虹兒童生命教育基金會 好消息衛星電視台	祕書長 前副執行長	陳進隆
5.救世傳播協會	會長	洪善群
6.台灣基督長老教會	前總幹事	羅榮光
7.遠東福音廣播公司	節目部副理	陳美玲
8.宇宙光傳播中心	創辦人	林治平
9.台北靈糧堂	主任牧師	周神助
10.救恩之聲廣播中心	前主任	項仁宇

(4)依據您所了解的佛教教義，這些教義對宗教與大眾傳播
結合的看法是？

(5)您個人對大眾傳播的看法是？佛教如何運用傳播媒體傳
遞信仰？您所歸屬的宗教團體對當大眾傳播媒體成為傳
遞信仰的工具時的看法？

(6)就您所知，佛教有哪些具有代表性的宗教傳播媒體機
構？一般信徒對這些宗教傳播媒體的看法？一般民眾對
這些宗教傳播媒體的看法又是如何？

(7)您認為宗教傳播媒體的出現，對傳揚宗教信仰有哪些影
響（正面或負面）？請舉例說明。

(8)您對台灣地區現有宗教傳播媒體有何建議？

(9)請問您還有哪些要補充的意見嗎？

2.基督教界人士：

(1)請問您當初是如何成為基督徒的？您已信仰了多久？

(2)就您所知，您宗教信仰的團體如何向人傳遞宗教的教
義，勸人向善？

(3)請您比較運用不同方式向人宣揚信仰的優缺點？

(4)依據您所了解的基督教教義，這些教義對宗教與大眾傳
播結合的看法是？

(5)您個人對大眾傳播的看法是？基督教如何運用傳播媒體
傳遞信仰？您所歸屬的宗教團體對當大眾傳播媒體成為
傳遞信仰的工具時的看法？

(6)就您所知，基督教有哪些具有代表性的宗教傳播媒體機
構？一般信徒對這些宗教傳播媒體的看法？一般民眾對
這些宗教傳播媒體的看法又是如何？

(7)您認爲宗教傳播媒體的出現，對傳揚宗教信仰有哪些影響（正面或負面）？請舉例說明。

(8)您對台灣地區現有宗教傳播媒體有何建議？

(9)請問您還有哪些要補充的意見嗎？

肆、佛教傳播方式

　　十位佛教團體的受訪者，包括七位佛教傳播媒體的負責主管，及三位佛學研究人士，佛學研究人士中有兩位爲出家眾，一位是目前任教台大哲學系的在家眾。

　　這些受訪者成爲佛教徒的原因，較多受到家庭的影響，由於家中成員本身就信仰佛教，從小耳濡目染，習慣了就對佛教特別有興趣，十位受訪者中有六位如此。另外兩位是透過信眾的接引，或接觸多位出家法師受到影響而信仰佛教，有一位藉由自學研讀相關佛學書籍方式進入佛教信仰，還有一位受訪者沒有任何宗教信仰。

　　觀察這十位受訪人士，分別透過環境中家庭傳播的方式，或人際傳播的溝通方式，或從平面出版品的接觸及個人傳播的自學方式，而分別成爲佛教徒。

　　例如「白雲之聲」秘書長智演法師說：

在還沒出家以前，我是沒有什麼宗教信仰的，可能大都屬於民間的祈福之類。會出家也是因為有滿好的因緣，最主要是透過我們本身信眾的接引，介紹我到道場去。

法界衛星電視總經理謝清益因拍片關係，接觸了很多法師，耳濡目染下信仰佛教。中台佛學院研究所所長見護法師指出：

> 最初是因為接觸一些佛法的書籍經典、資訊，那時在美國學佛不容易，最初都是自己在看、摸索，後來接觸到一些學佛的朋友才一起討論。

　　由此可見，這些受訪人士接受到來自家庭、工作或道場等環境，以及期間的人際溝通或個人傳播，而加入佛教組織。

　　隨緣、偏重個人修持、弘揚佛法，是佛教團體向人傳遞宗教教義、勸人向善的方式。

一、口語傳播

　　佛教從傳統來說，一般都是以出家法師來弘揚佛法、講經說法為主。見護法師表示，過去法師講經說法算是一個較莊嚴隆重的儀式，因在中國的歷史上各朝的皇帝經常會護持佛法，所以會為這些出家的法師們建一些大寺廟，這些大寺廟有一點像是國家性的重要場合，法師會在這裡公開說法。

二、文字傳播

　　後來慢慢到唐朝，這種「說法」的方式變得較普及化，所以像現在發掘到的一些敦煌變文，其實就是佛法普及化的一種現象，將佛教的道理、故事，用比較通俗的語言、文字方式來講給大家聽。所以，佛教教義的演講稱為「開示」。通常來說，這是

最主要的一種方式。

三、聲音傳播

弘揚佛法在現代，方式逐漸多樣化。例如，有很多道場是藉由流通錄音帶的方式來弘法，演講開示還是最主要的方式，在寺院裡或在城市內的精舍。以見護法師為例：

> 我們中台山的本山是在埔里，但在全省各個都市我們都有成立六十多家精舍，精舍的目的就是讓市區的人能夠就近聽佛法。例如，我們辦禪修班，每個星期一次，有初級、中級與進修級。每次禪修班的內容包括一部分是講佛法的道理，另一部分是指導禪修打坐。這麼一來，他一方面可以了解佛法的道理，一方面可以行修，解行並重。這樣子便可很快得到佛法的受用、好處。

四、小團體傳播

精舍也扮演了另一個重要的角色。就是當大家生活上有問題時，不管是家庭、工作、生活或是學業上的問題，都可以到精舍來跟法師請示，尋求解決問題。這是精舍最主要的功用。

精舍幾乎每天晚上都舉辦禪修班，但在白天時段，也會出現一些居士、學生，隨時都可以和法師請教。恆清法師表示大型的開示有它的好處，可以同時接引很多人，且有共修的力量。個人面對面的指導主要基於信徒本人有這種需求，法師就盡量來成

就，這要看信徒自己主動的要求。

五、多媒體傳播

　　除運用錄音帶來弘法，也有法師在電視上弘法，或是利用網際網路。網頁上主要是經由圖片、文字、聲音介紹佛教宗派的理念、弘法活動、基本的佛法，這些被視爲接引初機，最重要的還是要到精舍經由法師來指導，才較實際一點。

六、人際傳播

　　佛教也有針對個人對個人傳播教義的方式，可分爲兩方面來說：

1. 一般在家居士，在精舍的禪修班爲講解佛法的道理及指導禪修，結束之後有「隨席談禪」時間，藉這個機會讓居士能隨意的發問，問他自己個人的問題，也有分組討論，藉由這種方式，法師較能個別了解每一位在家的弟子。
2. 佛學院是培育僧衆一個主要的地方。佛學院裡面的學生就是出家衆，有男衆佛學院、女衆佛學院。這些學生也是隨時有機會與法師來做小參。小參就是個別指導。還有一種禪修方式是辦「禪七」的活動，禪七爲在七天當中靜靜的禪修、打坐，再加上每天都有法師的開示，有問題也採取個別指導，在禪七之後也會有小參。透過禪七的活動，很多人在這七天之中都能夠很專心、萬言放下的去用功，很多人都能對佛法

很快的有更深刻的體驗。

多數受訪者表示：「佛教傳法的方式較消極，對陌生人來說，他有這個因緣來接觸，我們當然是一視同仁，很熱心的去照顧他、關心他。只要是他有管道接觸，都會盡力的回答他的任何問題。」佛教基本上來說，較少會去和陌生人主動的分享信仰。

這似乎意味著佛教一般較採取人際傳播或經由媒介（錄影帶、錄音帶）的間接人際傳播；若加入各項禪修團體或演講開示，採取策略方式傾向被動策略，至於個人修持則形同個人傳播。因此，佛教的個人主義色彩較強。

佛學講座方式主要在傳授佛法的戒律，電視傳播媒體可用來弘法，除此之外，也利用佛經的書籍、錄音帶、錄影帶來傳遞佛教的教義，來勸人為善。個人對個人的方式由法師帶領聽經，或是拿一些書籍給他們閱讀，或是面對面聊一些法師所談的道理，透過這樣的方式傳達。佛教常會有一些團體、協會或是社團來辦一些活動。

目前宗教傳播在大傳上最厲害的是電視傳播或是面對面的與法師談話。在陌生人接觸時，我會先去了解對方如不如法，是依法不依人，不過，佛教是屬於較保守的宗教，較不會像其他宗教如基督教那麼主動的去與陌生人交談（恆清法師）。

每一種傳播教義的方式，都有它的優缺點。大型的活動、法會會有很多人來參加，這種方式較能接引初階的，讓很多事先沒有接觸到佛法的人能夠來參與，裡面的活動有時是屬於較輕鬆的，例如藝文活動、演唱等，讓大家藉由這種因緣來了解、接觸

佛法。大型法會可以讓很多人來參與，改變一些大家的觀念，缺點為沒有辦法很深入的去談到佛法。像禪七一次可以容納三、四百人，因在七天當中靜靜用功，每次禪七也會有一、二百個人在外護持，幫忙做飯、打掃，讓打禪七的人本身什麼事都不用管，如此一來，雖然只有短短的七天，往往能夠對佛法有非常深刻的體驗、很大的突破，但是現代人很忙，不容易挪出七天的時間到山上下這種苦工夫。這些打禪七的人通常接觸佛法有一段時間，真正覺得佛法很好，才願意下這一番工夫。

禪修班可讓都市的人置身類似寺廟可以禪修打坐的環境，因為碰到的都是學佛的人。它的缺點為接觸的層面不廣，住在精舍附近的人才會過來。個別指導的優點為能夠針對個人的問題來指導，但較費時間。

佛法教育分為言教、身教、境教及制教。佛教透過大傳媒體傳播，可以讓很多人都能接觸到，例如電視、廣播節目同時好幾萬人收看收聽。網頁不受時間、地域的限制，隨時都可以上去看看，這是網路的優勢，缺點為較難有互動，例如有些問題沒有辦法即時的回答。

七、媒體傳播

大眾傳播媒體只是屬於言教，文字語言的教育；一般來說，佛教是屬於較被動的宗教，所以佛教透過大眾傳播媒體的方式來傳播是一個很好的選擇。恆清法師表示，目前各大山頭有屬於自己的傳播媒體工具，較有代表性的佛光山、慈濟都有其各自的電視台，或是書籍雜誌，而在中台方面他們在全省設立精舍，法鼓

方面也有許多影音、文字的出版品,再加上還有一些大小規模的演講、法會或是辦活動,讓人人都有接觸佛學與學習的機會。

電子媒體包括電視、廣播及網路。平面的部分有報紙、雜誌刊物、單張等。現在有許多佛教團體都有架設網站或是有一些佛教書籍、資料的整理,每個人都可以上網去看看或是蒐集相關的資訊,不一定限於佛教徒。

> 近幾年來,佛教傳播媒體機構逐步發展,較具代表性的機構,都是以目前來說規模較大的道場所發展出的傳播媒體機構為主。以電視來說,有佛光山的佛光衛視、慈濟的大愛電視台、在南部的法界衛星電視;法界不屬於任何團體,沒有背後的山頭在支持,所以目前在經營上較為困難。廣播有白雲之聲電台,白雲之聲本身有「雲來集文化廣場」,也有出版社發行著作與刊物(智演法師)。

佛教的傳播、製播中心較少,大部分是由法師自己本身購買電視、廣播頻道的某一個時段,然後製播,傳揚弘法,在固定的頻道、時間上播出,這是屬於個人透過媒體來傳播教義的方式,佛教徒看他自己本身跟隨的法師,或是喜歡、認同某法師的講道弘法,便會去收看、收聽。不過,前法鼓文化總經理張元隆表示:

> 有一些製播單位或是法師自己買時段到電視、電台中播出,較耳熟能詳的是藥惠法師,可是坦白說佛教界並不認為藥惠法師屬於佛教,他的外表很像佛教,講的也是佛教,也自認為佛教,可是佛教有不少單位不認為他是屬於佛教。

以前的單張或是機關報，是以自己的機構爲主，完全報自己團體下的活動或相關訊息，是不與其他團體或是外界接觸的。依空法師表示，過去十幾年前有《福報》，《福報》不是日報，到後來辦沒多久因經營不善就倒了。目前還有《佛音時報》，一週出一、二次，發行量很少，才一千多份。《人間福報》與一般性報紙相同，也有時事、對世界局勢的關心等。而《佛音時報》社長陳齊鑒指出，台灣現在有四大名山、五大佛教宗教派系，分別爲佛光山、慈濟、法鼓山、中台山、中國佛教會。但是沒有一份報紙可以綜合這些團體，所以《佛音時報》不屬於任何山頭，將所有佛教的活動、新聞都集中在一起，加強他們的宣傳，它的四大重點是：報導國內外重大新聞、社論性、服務性、弘法性。

八、數位資料庫傳播

幾乎每個團體、道場都有它自己的網站，將相關的消息、活動、人事、歷史背景、沿革或是期刊的內容、佛學小故事等資訊放在上面，如果對某個團體有興趣，就可以到那個網站上看看。台大的佛學數位博物館成立已有四、五年的時間，包括有佛教的書籍、期刊、論文的查詢，教界的盛事及最近所發生的事、相關的佛教網站連結一一分類列出，需要的話可以直接連過去，還有一些經文的翻譯、解釋也放在上面，有一些團體的期刊雜誌若是已經電子化，可以透過這樣的方式閱讀到雜誌的內容。

台大佛學研究中心網站裡面涵蓋了中、英文的佛教訊息與資料，包括佛學網路資源的整理、藏文及梵文教學；漢文、梵文及藏文佛典、書目期刊的查詢檢索及教界消息等。其廣泛蒐集國內

外文獻資料，建立系統化的佛學文獻資料庫，透過電腦建檔，提供國內外學者、研究生或是一般大眾做參考，每個人都可以上網搜尋佛教界的訊息。

九、文化傳播

在表演工作方面，佛教透過音樂、戲劇的方式較少，具有代表性的機構有金色蓮花表演工作坊，他們是透過藝術，如繪畫、舞蹈、音樂、戲劇的方式在無形中傳達佛教的教義。

身教為這個法師的一言一行在長久接觸而形成：

> 例如你接觸到一位大師、大修行人，他整個人所散發出來的那種氣氛就不一樣。像我當初會來出家，非常重要的原因也是因看到老和尚對於佛法能有全面的了解，融會貫通，另外也是他的身教，那時他到美國弘法，到洛杉磯待了兩天。兩天的行程非常忙碌，但老和尚從早到晚整個人感覺像行雲流水，這就不是從電視或是廣播中可以體會到的，這絕對需要親自的經驗才能夠體會到（見護法師）。

多數受訪者認為，錄音帶、廣播、電視弘法沒有辦法完全取代佛教的弘法方式，利用媒體去傳播是一種突破，但它亦有其限制。

境教為環境的教育，受到環境的影響，置身於一個禪堂、寺廟，會覺得很莊嚴肅穆、清靜，整個人感受便不同。所以在這裡面要修行也好、打坐念佛也好，就較容易進入狀況。

制教為一種制度，以出家人來說僧團的一個規範、戒律及規

矩，就是一種制度的教育。藉由這種制度修行，生活言行舉止受到影響。對居士來說，到精舍可學習一些禮儀、規矩，慢慢的薰修之下變得謙恭有禮，知道有恭敬心、求法心，無形當中對自己的修行也是一種提升。

多數佛教團體受訪人士認為，媒體本身是中性的，它是一個工具，宗教傳播媒體的出現，對傳揚宗教信仰帶來正面或負面的影響取決於傳播者及傳播的內容。每個人都需要有心靈的寄託，若是傳播者的心態是正確的、傳播的教義為好的、正面的，如此一來，不論是對傳揚教義本身，或是對個人、甚至整個社會的影響，都帶來了向上的力量。若是本身傳的人心態不對或是傳播的內容偏激，透過傳播媒體來傳遞消息，所造成的影響是很大的。傳播媒體本身並沒有錯，錯的地方為透過傳播媒體所傳播的人事物。

法界衛視總經理謝清益說明，前幾年佛教界幾件緋聞，像宋七力、妙天事件曝光後，再加上大眾傳播媒體強力的報導，多少會對人或是整個社會有所影響。基本上只要傳播的宗教內容是好的、正向的，傳播媒體本身只是媒介，宗教傳播媒體的出現，對傳揚宗教信仰所帶來的影響絕對正面大過於負面。宗教需要以正面的態度與作法來回饋社會。

佛光衛視董事普光居士趙寧認為，宗教傳播節目內容及專業人才質的提升相當重要。宗教須生活化，甚至不需要太多的法師在講道理，畢竟空中大學的節目和電視台的節目還是有所區隔。

慈濟大愛總監姚仁祿從兩方面看台灣的宗教傳播媒體：首先，如果宗教媒體純粹為了狹隘的宗教概念，做所謂的宗教傳播工作，恐怕會面臨比較辛苦的困境。其次，宗教要做所謂的大傳

媒體的工作，它永遠要知道媒體要做一個相當有水準的節目，才會真的有人樂意去看。

《佛音時報》社長陳齊鑒說，台灣的佛教動不動就在捐獻，強調供養；有些法師還希望把廟蓋大一點。他覺得法師該多關心眾生，實際去體會眾生的需要；把精神、金錢及時間放在眾生身上，如何來傳播佛教教義，這些事重要多了。

伍、基督教傳播方式

十位基督教團體的受訪者，分別有七位基督教傳播媒體的負責主管，及三位教師。十位受訪人士僅一位單身，其餘皆已成家，育有子女。

這十位基督徒受訪者，有六位是受到家庭影響而成為基督徒，且不單純由於家人的帶領，大都是經過長時間認真思考信仰的問題或親身經歷上帝的大能，而決定接受基督教的信仰。其他的基督徒則是因為機緣巧合受到朋友或老師的帶領，經由團契、聚會、查考《聖經》或牧師講道而受到感動成為基督徒。受訪者的信仰時間，大約都在二十年以上，維持了一段相當長的信仰時間。

一、人際傳播

受訪者大都經由家庭傳播或人際傳播方式，並進一步藉由參加聚會聽道等小團體傳播的討論，或研讀《聖經》出版品與個人

傳播而成為基督徒。例如，遠東福音傳播公司節目部副理陳惠玲說：

> 在中學時，生物老師是一個基督徒，他帶著我們查考《聖經》，然後一起分享信仰。我就因為這個老師的帶領而認識了這個信仰，之後就開始自己來經歷、體會這個信仰。從國中到現在，已有二、三十年的時間。

好消息衛星電視頻道副執行長陳進隆因同學的關係而去教會，他指出：

> 在教會裡，我發現面對很多的人很有愛心，常常關心你，也善於表達他們的感受喜怒哀樂，因為這樣子的關係，我便持續地去教會。

二、個人傳播

宇宙光全人關懷機構總幹事林治平在很小時便去過教會，但是後來沒再去，然而之後遇到思考生命方面的問題，有機會接觸《聖經》函授，等到考取了高中後便再度回到教會去。

基督教通常會用以下的方式來宣教，像是：

1. 個人傳道、透過關係傳教的人際傳播。
2. 小組聚會、大型布道會、演講活動等組織傳播。
3. 興辦學校、創設醫院、興辦孤兒院、舉辦慈善活動等社區服務，還有劇團表演、合唱團等文化傳播。

三、小團體傳播

除了家庭環境影響外，基督徒受訪人士大半經由組織或團體成員的互動，以及研習《聖經》的聚會或思考，而持守基督教信仰。這反映小團體傳播、人際傳播，及個人傳播在認識基督教信仰所扮演的角色。

基督教信仰與台灣現代化很有關，宣教士帶來現代醫療、現代教育及現代思想，且這種較屬於個人主義、自由、權利。這種民主自由的思想，很多是跟基督教有關，特別是與長老教會有關。誠如台灣基督長老教會總幹事羅榮光所言：

> 長老教會是一種代議制的教會，不管是現代醫療、現代教育各項，基督教宣教士傳來台灣，像馬偕醫院、淡江中學、台灣神學院等。所以對台灣現代民主有很大的影響。

救世傳播協會會長洪善群分析台灣在早期和現在是有滿大的不同：

> 早期時，宣教士來到台灣，生活上滿落後的，在生活落後的情況下，他們有很多愛心、救助的工作。例如：醫院、孤兒院，甚至有糖果、奶粉、卡片這些東西。那個階段過了之後……校園的工作開始，對學生、青少年有一些特別的學生工作，如團契、透過辦活動的方式，使得年輕的學生能夠接觸到基督教。」

台北靈糧堂主任牧師周神助表示：

……剛開始大部分都是醫療跟傳道的時期，也透過一些慈善的工作，像設立痲瘋醫院、孤兒院，這是比較早期那一段時間；當然還是有比較直接的，當時的大眾傳播非常少，特別是大家沒有電視，所以，以前在鄉下就是敲鑼，邀群眾來聽一些《聖經》的故事，當時，早期就是比較多這種方式；在當時的醫療傳道裡面，一個人的信仰就代表了家裡面的信仰，就慢慢這樣帶領朋友、家人去信耶穌……另外一方面是剛剛沒有講的，就是設立學校，像淡江中學、長榮中學、長榮女中等，都是台灣最早的學校，所以透過教育、透過醫療、透過慈善的工作來做傳道。

基督教透過人際傳播、社區服務、組織傳播的宣教皆以口語爲主。口語傳播包括：

1.講道在一般的演講、布道會。
2.個別的接觸可能爲熟悉的朋友、陌生人。

四、文字傳播

曠野出版社主編彭海瑩曾經在大學時到台大的校園，利用一個小冊子將基督教簡單的幾個要點與其他的朋友分享：

通常這樣的態度都會得到滿友善的回應。以我現在的情況來說，因時間各方面較不會在平常去對陌生人傳福音，但在坐車、坐飛機，旅行的過程中，旁邊有一個人可有較長的時間相處時，我會自然的與他分享我的信仰。

林治平也有向陌生人分享信仰的經驗，他認為基督教是分享的宗教：

在分享的過程中，根據對對方的基本認識而去談，講他能夠聽得懂的話，進入他的文化，這是較重要的。傳福音是整體的工作，它不是只是傳福音而已，須經過它的媒介系統去做，通常和陌生人分享信仰，當時的情況都是自然而然的。其實，做一個基督徒而言，照《聖經》所說，就是：「凡我所信都是為福音的人，若是要與人同得這福音的好處。」凡我所信都是整個的生命、生活，來向對方做見證，對方接受他看到了，他看到比你說還重要，就是用生命來證明，而不是刻意的去說福音，而是很生活化的，這樣子就很自然。

基督教利用許多方式向人傳遞宗教的教義。陳惠玲也指出：

我在中學時，我的老師就是個別帶我，個別跟我分享信仰，信仰對他生命的影響與意義，這是個人布道的方式。我自己也有與陌生人分享信仰的經驗。在教會內，有時候會因為教會辦這個活動，讓我們去向陌生人分享，有的時候是我自己個人坐車，或者是，現在我做廣播，然後我有時候在生活裡面經驗到一些人的問題，因為我常常搭計程車，跟司機聊天，聊一聊就可以跟他們分享一些信仰，也包括對我的家人，就是在生活當中就很自然跟我的朋友，但是我的分享裡面有的時候是利用口頭，像我有些朋友，我就會寄書給他們，寄些基督教的文字資料給他們，讓他們可以透過閱讀的方式去了解這個信仰。

很明顯地，基督教的宣教方式注重分享和討論，即使對陌生人也如此，這形同疑慮消除策略中的互動策略。

基督教在團體活動方面，可分為三方面：

1. 一種為大型的布道會，它會請一個講員或牧師、較能夠傳講這個信仰的人。
2. 另外如園遊會或是母親節的聚會等，辦一些特別的活動，或者說郊遊、旅行，透過這樣的方式，來帶動周圍所認識的親友一起去共同分享。
3. 第三種團體活動便是小組化教會的建立。周神助牧師說明：「利用小組，在小組裡面，讓他們去關心他們周圍的人，或者社群，或者是同學。」

這反映基督教會採取互動溝通，同時分享個人的挫折、內心世界與改變歷程；所謂見證分享，是相當敞開的傳遞方式。而且還經由小團體的成長經驗討論，相當直接。

如同教育上所謂「身教重於言教」，很多人接受基督教成為基督徒，是因看到其他的基督徒生命的見證。生命的見證常常是帶領人成為基督徒的一個很重要的途徑。彭海瑩說明：

看到這個基督徒整個人充滿了愛心，從裡面感覺到非常的平安、喜樂。一般人常會因外面的事情所煩惱、慌亂，但是有的人，你一看到他便會有說不出來的平安的感覺，進一步知道他這樣的力量是由信仰而來的。在《聖經》上也說每一個耶穌基督的門徒都是他的見證人。有一位神學家也說基督徒都是小基督，從我們的身上可以活出耶穌的樣子來，讓人看

到我們就會知道，真的有一位神而願意去相信、認識他。

五、媒體傳播

除了面對面、運用文字媒體的方式，整個基督教信仰裡也透過廣播、電視、網路、戲劇、音樂的方式。這反映基督教的媒體宣教，分別使用電視台、廣播、報紙、雜誌等傳統媒體，以及新興媒體如網站；而出版品宣教則使用書籍、小冊子、福音單張。

受訪人士表示，認識上帝最重要的一個工具便是《聖經》。透過閱讀、查考《聖經》，可以把此福音傳出去。除了《聖經》本身之外，很多的基督徒用文字來分享他們的信仰、見證，不論是神學的討論、救恩信息的介紹、自己生命中信仰的體驗、如何成為基督徒的過程、信仰上曾有的懷疑及如何突破，這稱為基督教的文字工作。透過出版各樣的文字刊物如書、雜誌、單張、小冊子等等，能把信仰傳遞出去。羅榮光解釋：

> 以前多利用布道會的方式，一個宣教士或牧師在一個集會或街頭搭一個簡單的台子，在上面唱聖詩、打鼓、傳福音。當然，也有其他文字的部分，如《台灣教會公報》有一百多年的歷史，在1885年創刊，最早以前是由羅馬拼音，後來再逐漸的用一些繁字，最後是國民黨政府來台灣後，才出現漢文（中文）。這本來是給基督徒看的，但當時也有許多接觸西方文化的人看。這是台灣的第一份報紙。另外，布道的方式有利用音樂或是個人傳道。

基督教文字傳播媒體分別有報紙、書籍、雜誌等，且各文字

媒體均有特定服務的人群。主要的報紙有：《基督教論壇報》（三日刊）及《台灣教會公報》（長老會創，週報）。

出版社如校園出版社、道聲出版社、主日學出版社、以琳書房、靈糧書房、大光、橄欖。校園書房針對學生，以琳書房爲針對教會內的書籍，主日學爲針對兒童，橄欖出版了滿多的勵志性、心靈層面的書籍及刊物，愛家基金會爲家庭性，走溫馨路線（洪善群）。

雜誌方面，《宇宙光》雜誌爲針對一般大眾，《曠野》雜誌爲針對一般知識分子，已成立十三年，希望能讓社會上的意見領袖知道基督徒對當代議題的看法。《校園雙月刊》也是針對基督徒的知識分子，探討基督教內部信仰的問題；《中信月刊》採用贈閱的方式，乃針對一般大眾；《愛家》雜誌走溫馨路線，針對家庭，亦爲贈閱者；《靈糧月刊》以佳音電台聽眾及一般家庭爲對象（周神助、彭海瑩、呂思瑜、寇紹恩、林治平）。

六、大眾傳播

宗教與大眾傳播相結合由來已久，同時也以知性、感性的不同方式的節目內容，經由藝術、教學、媒體接觸到人群。洪善群舉例說：

最近興起的rejoice舞團（中文叫作主悅舞團）；天韻合唱團詩班（歷史已有三十八年，可以說是台灣最好的一個音樂團隊），每年都有創作的新歌，這些都是影響很大的。另外，例如早期的電視節目，「天韻歌聲」、「萬福臨門」，「天韻歌

聲」為台視最早的電視節目，在1962年，連續在台視播出十年。「星期劇院」這個節目是由信義會所製作，「星期劇院」也在台視連續播出了將近十年，「萬福臨門」是浸信會傳播中心所製作的，這個節目在中視也播了七、八年，這些都是戲劇、音樂方面傳播的節目。所以在早期來說，關於電視方面，基督教很多的團隊在裡面。救世傳播協會成立四十週年，剛開始時，前身叫作中華廣播團，是台灣第一個做福音廣播節目的單位，為1955年在花蓮便開始。然後，在三十八年前，多的時候做到十八個小時一天，在復興電台租了一個頻道稱作救世之音，所以到現在來說，佳音電台為二十四小時，Good-TV亦為二十四小時，現在的傳播機構是滿多的。

七、多媒體傳播

基督教代表性的影音傳播媒體有廣播、電視、網站與製作中心。基督教用廣播來傳福音已有幾十年，本身專屬基督教的電台為佳音電台，此外，有一些基督教的廣播機構，如救世傳播協會，它是一製作單位，自己不能發射但可製作節目；宇宙光、救恩之聲、信義之聲、南部潮州的信義廣播中心、遠東廣播公司（特別針對大陸廣播）亦然。在蘭嶼有天聲傳播協會，他們做的是比較屬於講道性、福音性的節目。過去在中國大陸未開放的時候，沒有任何傳播媒體可以進入，現今中國大陸的基督徒的比例，卻比台灣還高，原因就是透過廣播（彭海瑩、呂思瑜、寇紹恩、項仁宇、林治平、洪善群、陳惠玲）。

好消息頻道成立衛星電視台，還有一些電視製作單位，如救世傳播協會、七百俱樂部（原本爲美國製作基督教的電視節目，現今在台灣也有製作）、浸信會大衆傳播中心、傳神頻道網（主要爲製作一些眞實的見證）、長老會傳播中心（製作廣播、電視節目，以廣播爲主）（彭海瑩、洪善群、陳進隆、林治平、周神助、陳惠玲、羅榮光）。

網路方面則有信望愛網路團契所架設的「心靈小憩」、2000年福音運動全球資訊網、全國網路禱告協會。宇宙光有青少年關懷網站，許多的活動、雜誌刊物上的文章都有上網。靈糧堂、佳音電台、救世傳播協會、好消息衛星電視也有上網。洪善群說：

> 基督教的媒體製作中心，例如救世傳播中心有天韻影視社，裡面有很好的軟體，所做「空中英語教室」、「大家説英語」，它爲英語教學的雜誌，可是英語教學的目的就是走進人群，在教學的當中很自然的帶出了宇宙觀與價值觀，很多基督教的信仰在教學當中便潛移默化的帶出去，這是台灣number 1的月刊類雜誌，這算是一個很成功的方式。

天韻影視社也曾經製作八點檔的連續劇「今生無悔」，並於華視播出，利用連續劇的方式來傳福音。

八、文化傳播

從1970年間，基督教便藉由音樂、戲劇等表演團體的文化傳播方式，傳遞《聖經》眞理。陳惠玲說：

音樂團體有音契合唱團（它為樂團、合唱團在一起）、救世傳播協會的天韻合唱團、宇宙光的百人大合唱等。百人大合唱有二百多人，從八十歲到十二、三歲都有，教授、學生、企業界、各行各業的人都有。劇團有亞東劇團、黑門山劇團。其實，台灣現代舞台的歷史，如果客觀一點，從1980年代開始，就有基督教藝術團契。那時，雲門舞集尚未開始。那時，台灣年度公演大戲就是藝術團契的演出。現在台灣在舞台上活躍的一些人，包括：金士傑、吳鳳學等，當時都在藝術團契，當時沒有一個正式的團隊可以容納這些藝術家。藝術團契在當時的整個藝術界是非常出名的，它前前後後做了十年。那時，所有的獎都被它得光了，包括導演、編劇、演員、舞台、燈光、設計等全部得獎。以前每年演出都是二十幾場，這是很不簡單的。

洪善群表示：

表演團體有亞東劇團、天藝劇團、主悅舞團、天韻合唱團、從美國來的「讚美之泉」、黑門山劇團等。

透過媒體的布道較間接，比較沒有面對面的直接接觸。一個布道會，可以看到台上的人及他的神情、講話，個人布道也是如此。透過大眾傳播媒體感覺較間接，但收看、收聽的人較廣、接觸面較大。羅榮光牧師說：

基督教所說的不僅僅是理論的問題，而是一個神學或哲學、人與人之間的關係。我們把基督教信仰認定為一種fellowship，就是要過團契生活，所以這也是我們固定每個禮

拜有聚會的原因。基督教不僅僅是只有聽福音，我們還有共同的時間，一起過團契生活。大家一起唱詩歌、禱告、讀《聖經》、講解《聖經》、彼此認識、彼此鼓勵，所以基督教信仰與一般的信仰不一樣，它強調fellowship。

這意味著基督教主張走入人群中分享與實踐，一起討論研習《聖經》，透過上帝的愛建立人與神、人與人的關係。

基督教受訪人士皆同意經由大眾傳播管道的宣揚教義，可觸及相當多的信徒，但卻避免用傳播媒體來宣傳特定教派，避免焦點模糊，羅榮光牧師說明：

《聖經》中說：「你行善，左手所做的不要讓右手知道。」左手拿錢或其他東西幫助你，不要讓右手知道。為善不欲人知，上帝知道。所以我們不要去宣揚我做了什麼好事情，因善行是有一個耶穌基督生命的人很自然的善行，不要特別去宣揚、誇耀自己的善行。所以基督長老教會不太願意用媒體去宣揚教會做了哪些事，其實救災、災後的重建我們也做了很多。但，另一個麻煩是，很多信徒不知道我們教會在做些什麼，所以在某方面來說，需要基督徒或社會來做這些救災或是社區的服務。其實，利用媒體也是有它的好處，讓大家知道基督徒也再做一些事情，可以讓耶穌基督的福音更容易傳開，且可以鼓勵更多的人來投入。

彭海瑩認為：

口傳從一方來說也很重要，我們將福音的真理、基督教信仰真正的內涵能講解清楚，但透過生命的見證，往往更能夠感

動人。我們除了讓人覺得在生命上、感覺上覺得這個信仰很好之外，也要知道信仰真正的內涵是什麼。

所以口傳、生命的見證如同鳥的兩個翅膀，兩種方法是相輔相成、缺一不可。而大眾媒體主要的好處便是可以在同一時間內，接觸到很多人，個人的口傳只能對一個人談、做禮拜接觸到幾十人幾百人幾千人。假使大眾傳播的內容夠好，製作的品質夠精良、吸引人的話，其實它的效果是非常驚人的。另外，以電視廣播來說，不受地域的限制，可以無遠弗屆，例如衛星電視可以傳送到世界上的另一個地方。

洪善群、呂思瑜、寇紹恩一致主張專業人才的重要性，宗教傳播媒體應該多聽聽外面的聲音、觀眾的聲音，不斷的讓宗教傳播者去接受專業的訓練；更多的挑戰、專業的心血、獻身的基督徒來投入。羅榮光說明基督教信仰是默默耕耘，他擔心一些宗教團體對於傳播媒體若使用不當，會造成在鎂光燈前才行善的現象。

陸、結論與討論

探討近五十年台灣地區宗教的傳播策略，包括佛教與基督教的宣教目的，都以宣揚教義為主，宣揚教義的過程正如同傳播的過程，其宣教策略亦隨兩者的教義不同而有若干相似與差異。

不論宣教者與被宣教者（即信徒與非信徒）在傳遞信仰或接受信仰的歷程，均形同疑慮消除的過程。

依據文獻分析與深度訪談二十位佛教與基督教的主要代表與
媒體負責人，本章將依序摘述於後：

一、佛教近五十年的傳播策略為何？

(一)佛教團體傳遞教義的方式

1.傳統媒體傳播：電視、電台、報紙、雜誌。
2.新興媒體傳播：網路、資料庫。
3.出版品傳播：免費刊物、書籍、錄音帶、錄影帶。
4.人際傳播：個人傳教。
5.組織傳播：法會、講座、參與慈善活動。
6.社區服務：辦學校、夏令營活動、佛學社、幼稚園。
7.文化傳播：合唱團。

(二)佛教徒所採行的消極策略方式

1.隨緣不主動的傳遞。
2.研經自修的個人內在自省與悟道。

(三)佛教徒所使用的積極策略取向

1.舉辦大型法會等活動。
2.設置寺廟、禪社、道場。
3.藉由電子媒體與文字媒體宣教。
4.透過慈善活動宣傳佛教團體。

(四)佛教徒所使用的互動策略

1.個人主動傳揚教義，與人討論。

2.設置留言板、電話專線服務。

(五)佛教慕道人士採取的消極策略

1.藉由文字出版或影像內容（含非佛教與佛教媒體）引人認
識、觀察佛教。

2.出席法會或參與講座相關活動，而沒有與人直接溝通。

3.前往寺廟燒香、拜拜等。

(六)慕道人士採用的積極策略方式

1.與非佛教徒討論佛教相關話題。

2.參與一般（非佛教）媒體有關佛教話題的討論。

(七)慕道人士使用的互動策略取向

1.參與佛教團體各型活動，且與信徒討論佛理。

2.透過佛教媒體中的留言板、書信、電話等方式與信徒溝通
佛理。

二、基督教近五十年的傳播策略為何？

(一)基督教團體傳遞教義採取的一般途徑

1.傳統媒體宣教：電視台、廣播、報紙、雜誌。

2.新媒體宣教：網站。

3.出版品宣教：書籍、小冊子、福音單張。

4.人際傳播：個人傳道、透過關係傳教。

5.組織傳播：小組聚會、大型布道會、演講活動。

6.社區服務：辦學校、辦醫院、辦孤兒院、舉辦慈善活動。

7.文化傳播：劇團表演、合唱團。

(二)基督教所採取的消極傳播策略

1.透過禱告代求與祝福。

2.個人讀經與自省領悟。

(三)基督徒所採取的積極策略

1.舉辦聖樂福音活動、（街頭）布道會等。

2.設置教會、團契。

3.藉由電子媒體與文字媒體宣教。

4.透過慈善活動宣傳基督教團體。

(四)基督徒所採取的互動策略

1.小組聚會分享、代禱。

2.個人主動傳福音、與人討論。

3.設置留言板、電話專線等互動方式。

(五)基督教慕道友的消極策略

1.參加基督教生活講座、街頭布道或音樂會相關活動，而沒
有與基督徒直接溝通。

2.參加基督教崇拜聚會，而未與基督徒直接溝通。

3.藉由文字出版或影像內容（含基督教與非基督教）認識、
　觀察基督教。

(六)基督教慕道友的積極策略

1.與非基督徒討論基督教相關話題。

2.參與一般（非基督）媒體有關基督教話題的討論。

(七)基督教慕道友使用的互動策略取向

1.參與基督教團體各型活動，且與信徒討論《聖經》與基督
　信仰。

2.透過基督教媒體中的留言板、書信、電話等方式與信徒溝
　通《聖經》與基督信仰。

三、近五十年佛教與基督教傳播策略的異同？

　　隨緣、偏重個人研經修持、藉以弘揚佛法，是佛教團體向人
傳遞宗教教義、勸人向善的方式。基督教也重視從《聖經》中認
識真理，而且注重團體溝通與分享的互動學習及個人讀經，同時
「從學中做、從做中學」的基督教鼓勵信徒實踐於日常生活，在
團體中學習的方式，有別於佛教濃厚的個人性色彩。

　　基督教與佛教均注重研經，也先後藉由教育、醫療、傳播媒
體來宣教，前者為一神論，後者為無神論。因此，基督教還藉由
與神禱告或為人代求的祝福方式傳教。

　　佛教雖有出家眾與在家眾的分別，其出家法師守單身，基督

教的牧師則大都成家並育有子女。所以，藉由鞏固兩性關係和家庭關係的維繫，一直與基督教的宣教理念相結合。

音樂布道會是基督教長久以來的文化傳播宣教方式，甚至直接在街頭舉辦。佛教中慈濟近年亦開始採行音樂宣教模式。慈濟並重視形象行銷，讓任何意外事件發生的現場都立刻有慈濟成員身著藏青色旗袍出現於媒體鏡頭。

與音樂、醫療布道緊密結合的宗教傳播策略，促使基督教早年深入台灣地區的原住民社群。政府所釋出通過申請的中功率電台蘭恩電台，其台長即為基督徒，來恩電台並且和佳音電台進行策略聯盟。

由於現有佛教電視頻道有佛教衛視、法界衛星、慈濟大愛、佛光衛星等四個頻道，台大哲學系教授恆清法師指出，其中法界衛星不屬於佛教四大名山、五大教派，經營不易。《佛音時報》社長陳齊鑒也說明《佛音時報》有類似現象，他說：「現在年輕界一般的寺廟很多，似乎很獨立。佛教本身重口業，他們為了本身的利害關係而互相攻擊，目前台灣佛教界有一萬多個寺院，第二代的佛教人士現在他們極力擴展自己的信徒，拚命興建道場。這是目前佛教界的概況。」

相對而言，基督教則結合所有教派共同經營好消息衛星頻道，走家庭頻道的服務定位。

陳齊鑒認為：「佛教的宣教沒有像基督教、天主教那麼親近，很多上教堂者也不認識字，他們傳教的方式很直接，牧師會到山地、偏遠地區去宣揚基督教，一方面，一旦有困難，會有救濟團體幫助他們，二方面，他們很重視如何把信仰傳遞出去。在佛教，一般人是無法見到在高位的主持的，電話都打不進去，即

使打進去了也不一定會接，這與基督教的牧師親自深入的去宣教是不同的。將來，佛教如何直接、積極的去宣傳是極為重要的。還有，佛教動不動就在捐獻，強調供養。」

台灣長老教會前總幹事羅榮光牧師，一方面樂見宗教媒體對普世宣教及社會風氣正面的影響，但他也擔心，宗教媒體經營不易，應避免宗教團體誤用媒體宣傳特定團體而非宣揚教義的偏頗現象。

神學家拉內（Karl Rahner；孫志文譯，1982）在〈大眾傳播媒體的宗教問題〉一文，曾提出以下的問題：宗教只是私自的經驗，或是具有社會層次的意義？拉內認為一切決定都是政治性的，沒有一項屬於私領域，每一個人心所想的、所感覺的多少都具有社會意義，宗教亦然；因此，宗教的訊息應該公開的傳揚，宗教題材不但是心靈和心靈的私語，還關係公眾的幸福；宗教理當成為公眾討論的題材，運用傳播媒體來宣教，理所當然。

換言之，宗教傳播媒體的出現，既更新了宣教策略，又帶來淨化人心、心靈革新的影響，這為台灣地區惡性競爭的傳播產業，走出一條另類的道路。

問題與討論

1. 請分享你對一般宗教傳播媒體的看法？
2. 近五十年基督教採取了哪些傳播策略？
3. 近五十年佛教採取了哪些傳播策略？
4. 你認為數位傳播有哪些形式可以用來傳播宗教信仰呢？

第十章

數位時代族群媒體文化行銷：
以客語電台爲例

Chapter 10

壹、前言 @

　　文化資源，是指人類活動過程所遺留或現存的物質、精神產物中，可供運用、產生價值的事物（游景德，1997）。我國政府早期「推行國語」的政策，台灣地區方言族群面對母語遭受壓制的困境，其中客家族群雖在人數上居於台灣第二大族群，但在公共領域無法使用客家話交談，廣電媒體中亦缺乏以客家話發聲、展現客家文化的節目，無法透過教育與傳播體系強勢語言的傳遞，致使客家語言與文化的傳承面臨斷層。

　　1988年10月，由「客家權益促進會」發起與主導，客家人開始進行「還我母語運動」，提出「還我客家話，尊重客家人」等口號，為客家人長期的母語抗爭揭開序幕（謝文華，2002）。近十五年的抗爭歷程中，爭取客家文化在廣電媒體的能見度，一直是客家母語運動的訴求重點之一，其中申請廣播頻道，成立客家廣播電台，更是一項具有重要意義的里程碑。

　　1994年「寶島新聲客家電台」設立，雖然當時屬於未合法申設的地下電台，但同時也為全台第一個二十四小時客語播音的廣播電台，歷經小功率電台申請未通過、新聞局數次抄台、客家鄉親及民代為客家電台請命奔走等波折，寶島客家電台終於1996年6月取得FM93.7之頻道，獲准籌設寶島客家廣播電台，並於同年底募集設台基金，登記財團法人，成為大台北地區唯一以服務客家族群為宗旨之公共電台。

　　財團法人中央廣播電台於1998年元旦改制設立，早自1939年

在中國大陸起、1949年播遷來台至今，一直都向海外地區播出方言節目，其中客語節目製播已超過一甲子，只是播音與服務範圍以海外華人為主。

中國廣播公司客家頻道於1997年6月1日開播，使用的頻道是AM1458，1998年11月17日又調整到AM747，電台定位為一個替客家鄉親服務的頻道，並肩負傳承客家文化的使命。

在台灣客家族群人口為相對少數、客家話為非主流語言的外在環境下，其先天之市場限制顯而易見，其以傳承客家文化為組織定位，使客家電台在語言使用上相當重視客語的使用與播出；從收聽群來觀察，現有客語頻道的忠實聽眾群仍集中於中壯年、銀髮族，或婦女聽眾群，不可諱言，收聽群中少有青少年或青年聽眾群，如此服務對象似乎又無法達到跨世代「傳承」的理想。

有鑑於此，研究者擬以中央電台方言網客語組、寶島客家電台、中廣客家頻道為研究個案，研究以下問題：

1. 以關懷客家族群為主的客家廣播頻道，其所運用的文化資源有哪些？
2. 以關懷客家族群為主的客家廣播頻道，其文化行銷模式如何？

貳、文化資源與文化行銷

文化資源，是指人類活動過程所遺留或現存的物質、精神產物中，可供運用、產生價值的事物（游景德，1997）。

有關文化行銷的實證研究，大致應用於博物館或圖書館文化行銷（林彥君，1992；Basu, 1995; Costa and Bamossy, 1995）、觀光藝品或族群文化資源展現（游景德，1997；Bouchet, 1995; Joy, Hui, Kim, and Laroche, 1995; Belk and Paun, 1995），及特定族群廣播媒體的文化展現（黃葳威，2004b）。

研究跨文化行銷的學者，說明國家文化對文化產品消費者的影響分別來自（Costa and Bamossy, 1995）：

1.國家原生文化的影響。

2.博物館的任務定位。

3.對藝文教育與知識的態度。

4.博物館對零售和行銷的態度。

5.對零售消費者的定位。

而且，上述不同層面的影響，以國家原生文化的影響在最外圍，逐次包圍博物館的任務定位、藝文教育與知識的態度、博物館對零售和行銷的態度，以及軸心對零售消費者的定位（參見**圖10-1**）。

將其架構應用於特定族群媒體的文化行銷模式，國家文化對節目與服務聽眾的影響，包括（黃葳威，2004b）：

1.國家原生文化的影響。

2.特定族群媒體的任務定位。

3.對特定族群藝文教育與知識的態度。

4.特定族群媒體對內容、服務相關零售產品和行銷的態度。

5.對訴求閱聽群的定位。

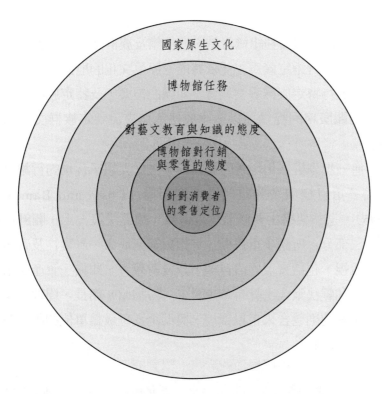

圖10-1　國家文化對零售消費者定位的影響

資料來源：Costa and Bamossy, 1995；黃葳威，2004b。

　　學者安得瑞亞森（Alan R. Andreasen）研究非營利組織的行銷，將其界定為：「為獲取或促使『使命』的引介，而面對各種資源或活動的經營；此種經營在於分辨及滿足市場需求或服務消費者的需要和慾望，也由於此種協議不至於停止，促使這樣的活動永續不斷。」（張上仁，2001）

　　考量國內特定族群電台不限於非商業電台，且電台進行的社群推廣教育仍以營利為主，故從文化行銷的取向探討客家電台節目的文化展現。

　　本文參酌非營利組織行銷、博物館及族群文化資源展現的立論，將文化行銷定義為：「依據國家原生文化的取向設定宗旨任務，而進行特定族群藝文教育、知識的推廣，及特定族群文化產品與相關服務的提供，以期達成傳承與交流特定族群文化的理想」。

　　進一步分析文化行銷的模式，具文化人類學背景的行銷學者提出多重目標與多元行銷區塊的架構（Costa and Bamossy, 1995）。這一架構主要涵蓋多重目標、關鍵決策人士、關鍵行銷區塊三部分。所謂多重目標，係指對神聖使命、真實性及資產保護的重視，包括實現經濟目標，以及對教育、知識、資產使用的推廣；關鍵決策人士計有董事會、（博物館）館長、經理人；關鍵行銷區塊則包含來自以學校、獎助金及班級為單位的訴求對象（參見圖10-2）。

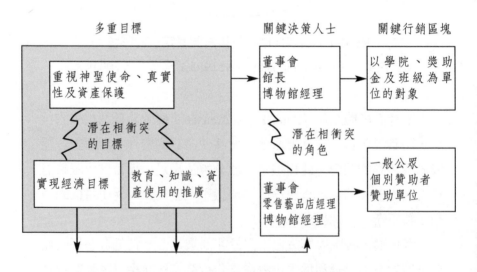

圖10-2　多元目標與多元行銷區塊

資料來源：Costa and Bamossy, 1995；黃葳威，2004b。

本章將以關懷客家族群的客家電台為例，探索方言族群電台節目在多元文化環境下的文化行銷模式。

參、實證研究設計

為了獲悉現有客家電台主管及參與製播人員對電台節目文化行銷的觀點，研究人員以七個月時間蒐集國內客家電台文獻資料，並以深度訪談方式訪問八位關心客家公共電台的董事長、台長、資深製播人員，及參與義工電台。

深度訪談對象名單如下：

1. 中央廣播電台方言網客語組資深導播汪光大（2003年8月18日下午兩點半至三點半）。
2. 前寶島客家電台董事長梁榮茂教授（2003年8月21日上午十點至十二點半）。
3. 前寶島客家電台台長彭惠圓（2003年8月21日下午一點半至三點半）。
4. 中央廣播電台方言網客語組節目組長袁碧雯（2003年9月3日電子郵件書面訪問）。
5. 中央廣播電台方言網客語組節目義工劉家興（2003年8月26日電子郵件書面訪問）。
6. 前中廣客家頻道節目部經理李宗桂（2003年9月18日下午三點至三點半）。
7. 前中廣客家頻道總監黃志立（2003年9月18日下午三點四十分至四點二十分）。

8.中廣客家頻道節目主持人彭月春（2003年9月18日下午四點
　半至五點半）。

深度訪談問題計有：

1.就您所了解，請問貴電台設台的宗旨與目的？希望服務哪
　些聽眾？

2.就您所了解，請問貴電台在節目規劃、製播上，如何滿足
　聽眾的需求？

3.就您所了解，請問貴電台如何吸引聽眾駐足收聽？如何讓
　聽眾認識、知道貴電台？（有哪些行銷的方式？）

4.就您所了解，請問貴電台希望自己播出的節目或提供的聽
　眾服務，有哪些特色？如何展現客家族群文化？

5.就您所了解，請問電台節目製播人員如何獲知聽眾的收聽
　反應或意見？

6.就您所了解，請問貴電台曾經透過哪些方式（節目或服務）
　或活動與聽眾朋友互動？

7.就您所了解，請問貴電台對於新聞局、交通部計畫推廣的
　數位廣播有何意見？（如何在國內廣播數位化的發展中，
　重視或保障客語電台的生存機會？）如何因應這種廣播環
　境的改變？

8.就您所了解，請問貴電台在經營上面臨的困難有哪些？如
　何面對或解決？

9.就您所了解，請問貴電台是否有類似義工或聽友組織的相
　關機制？如何運作及推動？

10.請問您有其他補充的意見或建議嗎？

肆、客語廣播文化行銷

　　根據深度訪談結果，財團法人中央廣播電台的定位與宗旨是服務全球華人，包括海外及中國大陸，其中客語部分則以全球客家鄉親為主。中廣客家頻道則是為了傳承客家文化、服務客家鄉親。財團法人寶島客家電台的定位與宗旨是「延續客家母語、發揚客家文化、促進族群和諧、參與台灣建設」，寶島客家電台董事長梁榮茂表示，由於文化包含面向太廣泛，電台定位便將語言獨立出來。

　　電台設立宗旨與目的，主要就是服務全球華人，包括大陸。客語部分當然就是以客家鄉親為主了（汪光大）。

　　當時執政黨國民黨的時候，民眾希望說有些客家人的聲音出現嘛。所以他們要求、反應說要成立一個客家電台……當時也是主要是說關心客家人的生活，因為人數也滿多的，大概四百萬的人口，那對客家文化的傳承，那時候也慢慢受到社會和客家族群的重視，他們認為說應該做一個文化傳承的工作，那電台成立的目的就主要是這些（李宗桂）。

　　我們電台的宗旨是「延續客家母語、發揚客家文化、促進族群和諧、參與台灣建設」這四句話。我們把語言單獨出來，是因為「文化」這個詞語所包含的面向太廣泛，太過籠統了（梁榮茂、彭惠圓）。

這三家客家廣播頻道的服務對象皆以客家鄉親為主，且以廣播涵蓋範圍的客家鄉親為訴求。中央電台客語節目的聽眾群，從聽眾回饋信函的反應，以東南亞來函最踴躍，尤其是馬來西亞；其次是東南非的模里西斯、留尼望，還有大陸地區。整體來看，以年長者較多。

中廣客家頻道採調幅網播出，範圍涵蓋北台灣、西部台灣、東部花蓮地區，其中新竹、苗栗的收聽群最多也最集中，年齡多在四十歲以上。大台北地區的客家聽眾群較有限。

寶島客家電台近期由新任台長自掏腰包委託SRT進行調查，獲知收聽排名第三；而董事長認知的聽眾群來自電台募款回響的地區，諸如台北華中橋、新竹、義民廟、新埔、新竹縣、桃園、苗栗、公館、北埔橫山，大都為三十多歲，以老人家居多。

客家電台節目規劃上也以定位不同而有差異。中央電台方言廣播網的客語節目，逐漸由早期的心戰或政令宣導轉型，內容包括食衣住行的生活介紹，希望朝活潑的方向製播。

中廣客家頻道節目包括工商服務、戲曲、文化、新聞評論、法律服務、傳統音樂、娛樂、政令宣導等。晚上以服務青年學生的綜藝節目或音樂節目為主。大部分節目由台北總台製播。

寶島客家電台當初設立是為了滿足「社運派、反對派」的需求，因而全天候有大量的叩應節目，兼有客家歌謠、藝文節目穿插。新任台長在2004年4月11日上任，依據市調結果及平衡電台預算支出逐步調整節目方向。現階段的晨間客語新聞、傍晚客家新聞分別與客家電視台、民視客家新聞聯播，除原有叩應論壇節目，還向新聞局、台北市客委會申請委製社區文化節目，夜間也有半小時帶狀節目外包製播英語節目。

沒有說針對特定地區。但是從聽眾的來信多寡來反應的話，我們看得到、知道的，東南亞的來信最踴躍，尤其是馬來西亞；再來第二熱烈的在東南非的模里西斯、留尼望。為什麼這幾個地方會比其他地方更熱烈來收聽節目？因為對東南亞和東南非這些地方，客家鄉音是很難得能聽到的，所以他們會很珍惜。據我所知，大陸地區也有很多我們的客家聽眾，但是他們聽的心態是藉這個電台了解台灣的情形（汪光大）。

基本上是以北台灣為主，西部的話到桃竹苗這一帶，然後東部的話到花蓮，就是大台北地區、新竹以北這樣子（李宗桂、黃志立、彭月春）。

我們當初是的確滿足了社運派、反對派的需求。我們這個也明講。有時候他們也直接叩應進來說你那個是民進黨的電台，我為什麼要捐款，那些國民黨員講的也是有道理啦。所以談論到這些政治議題的東西，我們就不指名道姓，把它抽象化，只是一個人類的分類行為，你何必對號入座呢？我們的聽眾群大概都是在三十歲以上，老人家大概最多，為什麼，反正在家裡無聊嘛，又不像在鄉下可以到處走動，出來家裡人又怕他危險是吧？所以他一天到晚任何房間都有收音機，走到任何地方都可以聽到。我們電台要靠捐款，也只有靠這種人才有錢。年輕的人沒有，光是養家，所以要做這些公共活動、公共政策，老實說，非得等生活安定、經濟差不多的時候，還要有一份心（梁榮茂）。

三家電台均體認爭取年輕聽眾群的必要性，中央電台方言網

客語節目已由校園徵選年輕DJ，參與客語節目製播，如「流行TALKING派」；中廣客家頻道在夜晚則以綜藝、音樂節目吸引年輕聽眾群，或結合一些關心客家文史的社團製作文化節目；寶島客家電台也在週末時段，由台大客語社製播「駭客新生代」節目。前者由資深製播人員與年輕DJ合作，再逐步放手交由年輕新生代製播；後者則全交由校園客家社製播。相較之下，節目品質與回響均不同。

> 我本身做客語節目嘛！像客家的流行歌曲，這在全球是居一個領導地位。就只有台灣地區有客家流行歌曲！大陸雖然有很多客家人，但是沒有客家流行歌曲，只有傳統的客家歌謠，所以他們聽來會耳目一新，這可以算是台灣客家人比較特別的、可以拿出去的。這樣的客家流行歌曲是可以吸引海外年輕的客家聽眾，不然海外的客家人和台灣的客家人都一樣，認為唱山歌和採茶戲都是老人家才聽、才看的（袁碧雯、汪光大）。

客語節目在節目轉型均面臨既有聽眾群的質疑與適應。中央電台客語節目遭遇的是意識形態、國家民族文化的認同調整，海外既有聽眾群認為本土意識強烈，且取代了過往在中國大陸實現自由民主的雄心壯志。

寶島客家電台過往以支持社運改革為主的聽眾群，則不習慣電台政論性節目「淡化立場」的調整，舊聽眾希望電台言論有明顯立場（如地下電台時期），但部分聽眾也希望電台言論節目就事論事、客觀的方式。

中廣客家頻道則與政府單位合作舉辦夏令營活動，或舉辦客

語演講、客家歌謠比賽等活動，嘗試拉近與社群聽眾的距離。

客語節目是否以單一客語播出或夾帶非客語的多語言呈現方式播出，也引起舊聽眾群或電台董事會的質疑。寶島客家電台台長彭惠圓表示，為了爭取客家年輕世代的認同，電台節目製播語言的彈性化，甚至電台業務接洽的語言溝通（兼用客語與普通話），都曾令篳路藍縷開台的董事感到不解。參與中央電台客語節目製播的義工學生也表示，客家年輕一代學生客語使用不流利，加上上一輩對「多語言」呈現的不諒解，往往令年輕世代參與的熱忱受挫。

> 聽眾方面老人家比較多。他們還是有一種對中華民國、自由中國的概念，可能在台灣已經沒有這種自由中國的中華民國，但是他們還有。曾經有一個馬來西亞聽眾跟我講，我們在馬來西亞辦過一次聽友會嘛！那你們在中華民國講反共講了四、五十年，為什麼現在幾乎什麼都沒有了？那你們過去四、五十年的努力為何？你可能不用武力去反共，但是中華民國那種追求自由、民主的理念還是要很明顯的凸顯出來呀！他覺得說台灣變得很強調本土的意識，以前那種自由民主的理想反而比較少了，以前那種要在中國大陸實現自由民主的雄心壯志好像已經沒有了，所以會提出這樣的疑問（汪光大）。

> 晚上十二點後有各大專的客家社團，後來一個一個退，現在還留著一個在禮拜六的台大客家社，下午五點到六點，這個社團是我在台大時候成立的，是全台第一個（梁榮茂）。

我有時接洽業務會兼用客家話或普通話，甚至常用普通話，一些董事便不太能諒解，以為我不愛說客語（彭惠圓）。

一些客籍大專生會擔心自己客語不夠流利，也有人對文化有興趣、以為語言是一種工具（劉家興）。

以服務客家鄉親為訴求的客語電台或節目，對客家文化教育和知識的態度，均有絕對的理想使命，即發揚客家文化、延續客家母語，其主要方向是以介紹傳統文化祭典、音樂、文學戲劇為多，兼或用客語介紹客家族群的遷徙、奮鬥經驗。

中央電台方言網客語節目較常結合海外客家鄉親社團，偶爾舉行聽友會活動，或趁探訪國外（客家）學術研討會時宣傳電台節目，聽友會組織採零星自發性，結構鬆散；寶島客家電台製播人員皆為義工，義工組織動員力強，也定期舉辦聯誼活動，結構較緊密。

中廣客家頻道會針對桃竹苗的聽眾群舉辦歌唱比賽、說故事比賽。至於兒童、青少年部分，則以廣播夏令營學習科技的活動與聽友互動。

寶島客家電台由於董事會的成員多擁有客家藝文背景，加上電台預算支出考量，還設立附屬文化工作室，提供客家書籍、客家農產品、客謠CD出版、客語節目帶等，義賣所得全部捐給電台。

客家文化教育推廣方面，中央電台方言網客語組由於服務對象遍及海外，鞭長莫及，國內部分常與政府單位合辦客家文化研習活動。中廣客家頻道、寶島客家電台利用假期定期辦理客家藝文研習活動、客家歌謠教唱或聯誼賽，暑假也針對青少兒、兒童

辦理夏令營活動，希望達到聯絡客家鄉親、傳承客家文化的使命。

　　社區推廣教育方面，寶島客家電台近期正籌劃辦理社區藝文教室，但不以客家藝文為限，而是與生活美學相關的主題，參加對象不限於聽眾群，包含社區附近居民。這部分的推廣營收也是為了平衡電台支出。

　　類似客家文化活動的呈現方式，年長者習慣尊重傳統，年輕世代期待活潑、開放、新潮，引起年長者的不解，更使年輕一代望而卻步。

　　那如何讓聽眾來認識這個電台呢？現在我們盡量跟全球的一些電台合作，我們的節目就在他們的電台做播出，還出版雜誌。有時候會和僑委會合辦活動。或是國際性的會議去採訪，利用這個機會讓別人認識，我們的電台。比方說世界客屬同鄉會或是國際性的客家會議，我們一方面採訪會帶很多的資料去發送給參加會議的客家鄉親，這等於就是讓聽眾認識我們電台嘛！那國內的話，更不用講了，我們經常舉辦一些活動。以客家語來講，比方說辦客家文化研習營、研習班呀！或是參與客委會、各個鄉親社團的活動，讓國內知道我們的電台（袁碧雯、汪光大）。

　　大型的活動，我們就是有歌唱比賽和說故事比賽，我們比較固定的。客語的講古的、說故事的那一種，就是用客家話，類似演講的方式，除了這個活動之外，我們去年有辦廣播夏令營，就是針對兒童、青少年，那種屬於科技的東西（李宗桂、黃志立、彭月春）。

利用假期定期辦理客家藝文研習活動，暑假也針對青少兒、兒童辦理夏令營活動（梁榮茂）。

像媽媽唱客家歌謠聯誼比賽，電台有豐富的客家文化書籍與歌謠資料供銷售。近期正籌劃社區藝文教室，是與生活美學相關的主題，參加對象不限於聽眾群，包含社區附近居民，這部分營收也是為了平衡電台支出（彭惠圓）。

客家節目或活動的呈現過於新潮、開放，形成與年長者的小衝突（劉家興）。

分析中央電台方言網客語組與寶島客家電台的任務宗旨，其中延續客家母語、發揚客家文化為最重要使命，中央電台方言網客語組並負有聯絡客家族群的任務，將各地（尤其是台灣）的客家族群生活形態詳實報導。寶島客家電台除了傳承語言與文化的任務外，還肩負促進族群和諧、參與台灣建設的使命，這與電台開創期間致力改革運動的背景有關，這一部分也影響電台的節目或活動方向。

中廣客家頻道前往竹東區辦演唱會，不僅結合當地節慶，也將活動以國語、閩南語、客語、原住民語結合呈現。

電台設立宗旨與目的，主要就是服務全球華人，包括大陸。客語部分是以客家鄉親為主（袁碧雯、汪光大）。

我們電台的宗旨是「延續客家母語、發揚客家文化、促進族群和諧、參與台灣建設」（梁榮茂、彭惠圓）。

中廣客家頻道原則上以客語播出，但辦活動採多語言方式進

行，或錄製公益宣導資訊也錄製國語、閩南語、客語三個版本（彭月春）。

至於客家電台對客家原生（母）文化的看法，則徘徊於電台主事者與聽眾的互動消長。以中央電台方言網客語組為例，早期電台所在位置台灣被認定是「復興基地」，節目傳達中華民國民主自由的色彩濃厚，現階段強調本土意識，傳達多元的聲音，不再傳遞「反共」或「在中國大陸實現自由民主」的言論，這引起年長聽眾的困惑。

寶島客家電台成立已十幾年，過去一直以傳達本土意識的客家言論與文化為主，2004年4月逐步調整希望朝向爭取各種背景的客家鄉親的支持，且期望藉由電台網站的更新，逐漸服務海外的客家鄉親。

中廣客家頻道由於聽眾群與經營團隊變化不大，所以較未出現上述現象。

以前我們自稱台灣是復興基地嘛！復興基地的那種理想已經沒了。所以規劃上，當然跟國內的節目大致上是相同。所以國內比較不好的一面，還是應該很真實的報導，但可以去做一些轉換、解釋和說明。它這個事件的背後深層意義還是表現出一種民主，甚至是說因為民主才多元嘛（汪光大）。

我們當初是的確滿足了社運派、反對派的需求。因為當初我們的目標就是對抗國民黨嘛！所以這個國民黨員之類的他們是很不滿意。我們這個也明講。有時候他們也直接叩應進來說你那個是民進黨的電台，我為什麼要捐款？（梁榮茂）

電台正式開播九年，最近才將電台網站設計規劃，由黑白改為彩色，希望走出悲情（彭惠圓）。

兩家公營電台對於客家原生文化的認同與調整，正好相互替換調整。但也反映客家鄉親的文化認同的不確定感。

伍、結論、討論與建議 @

本章從文化行銷的觀點，探討客家電台所運用的文化資源，以及客家電台在節目與服務的文化展現。研究將文化行銷定義為：「依據國家原生文化的取向設定宗旨任務，而進行特定族群藝文教育、知識的推廣，及特定族群文化產品與相關服務的提供，以期達成傳承與交流特定族群文化的理想」。根據深度訪談結果提出結論如下（參見圖10-3、圖10-4、圖10-5）：

一、閱聽人或選民？

客家電台隨著播出地理範圍的不同，其族群文化行銷目標各有差異。整體來看，中央電台方言網客語組、中廣客家頻道、寶島客家電台皆重視客家文化和語言的傳承；前兩者另負有聯絡各地客家鄉親的目標，寶島客家電台則兼顧反應台灣客家族群言論、參與台灣建設的目標。

客家電台設定的多重目標所產生的潛在衝突，來自於電台觀點轉型與聽眾群既有認知的衝突。其中中央電台方言網客語組面

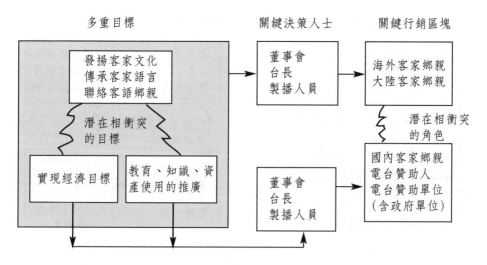

圖10-3　中央電台方言網客語組的族群文化行銷模式

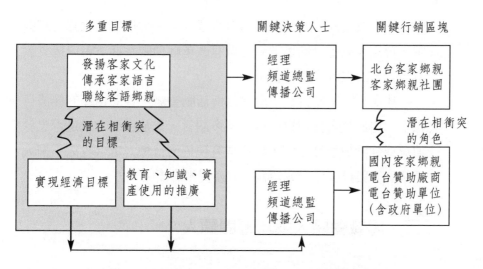

圖10-4　中廣客家頻道的族群文化行銷模式

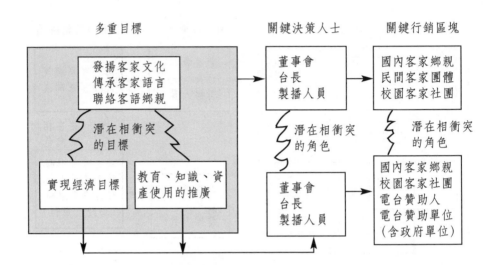

圖10-5 寶島客家電台的族群文化行銷模式

臨本土意識走向，受到海外既有聽眾群對中華民族文化認同的衝突。寶島客家電台則遭遇部分既有改革社運聽眾群不習慣接受無政治立場的電台言論或服務。

其次，客家電台在爭取節目與活動委辦、贊助預算的經濟目標上，由於是否採用單一客語或多語言，以及呈現方式是否忠於傳統或採開放新潮之間，均形成實現經濟目標（電台收入、擴大聽眾群）與推廣教育或知識或資產使用的衝突。

二、忠誠閱聽人或年輕閱聽人？

客家電台的關鍵決策人士，非商業頻道有董事會、電台台長、電台製播人員，或電台義工鄉親；商業頻道如中廣客家頻道

則委由萬事傳播公司代理節目與相關業務，節目走向未必完全在電台掌控之下。中央電台方言網客語組的主要決策人士包括董事會、台長、電台製播人員；寶島客家電台的主要決策人士在董事會、電台台長，及電台義工鄉親。其中寶島客家電台的董事因不乏創台的社運改革元老，其與電台管理、年輕義工的理念，會形成相衝突的角色。

中廣客家頻道部分時段節目廣告化（與藥商結合）的現象，往往喪失原有傳承客家文化的理想。

三、海外鄉親或台灣鄉親？

客家電台的關鍵行銷區塊，中央電台方言網客語組以海外（含中國大陸）客家鄉親及客家鄉親組織為主；寶島客家電台則以國內客家鄉親、校園客家社團、民間客家文化社團為主。中廣客家頻道則以新竹、苗栗的客語人士與相關社團為主。

其中相衝突的行銷區塊，是在年長鄉親與年輕世代之間。節目贊助委託政府單位與部分具社運改革背景鄉親之間，也因意識形態掛帥而相衝突。再者，客家族群的儉樸個性，也影響電台行銷方式與範圍，例如印有寶島客家電台頻率的紀念紙提袋，是否隨文化產品義賣附贈；客家鄉親活動的舉辦形式與地點，與預算支出的評估等。

與藥商結合的節目，流於廣告化，未必符合電台原有族群傳承文化、聯結鄉親的使命，一旦發生廣告不實的問題，也造成電台聽眾服務品質的弊病。

四、燉牛肉或沙拉碗？

客家電台定位訴求的聽眾群，雖然以客語人士為主，卻因文化認同的差異，在電台經營理念調整時，引發既有聽眾群的不確定感，這反映台灣走向多元文化社會的同時，多元文化究竟意味著類似「燉牛肉」（beef stew）或「沙拉碗」（salad bowl）的文化呈現方式？前者乃集結各族群文化的特製、彼此也相互整合的一些本質，如同「你泥中有我、我泥中有你」的融合；後者則以原味呈現，互不相干，各自保留原有獨特之處。

甚至，採取相同族群方言（如客語）的同一族群，也有彼此不接納原生文化的現象，這些都是客家電台在文化行銷過程遭遇的挑戰！

客家電台針對客家鄉親製作的節目，或針對青少兒舉辦活動的經費，多來自政府公部門，出資委辦單位期待內容以客語呈現，但全採客語播出或呈現，最後往往僅能吸引客語流利的客家長者，年輕學生反而不容易親近客語節目，電台製播節目也較不容易讓（客語不流利的）年輕學生參與，日積月累，阻撓了年輕一輩親近客語媒體的意願。

國內曾引用觀光行銷觀點探討原住民族群文化展現（游景德，1997），有關族群文化行銷與媒體的研究付之闕如，僅有探討客家電視的文化展現與行銷一文（黃葳威，2006），其以深度訪談法蒐集印證族群頻道的文化行銷，並呈現客家族群節目走向分析。本研究印證於客家電台，藉以觀察客家廣播頻道運用的文化資源。建議後續研究還可探索族群網路媒體的文化行銷，進行理論的驗證與延伸。

參考書目

一、中文書目

中華知識經濟協會（2002）。《張昭焚：顧客關係策略與知識管理》。崧月新書互動網（2002.12.1）。

文崇一（1972）。〈價值與未來〉。《食貨月刊》，1：602-605。

文崇一（1991）。〈台灣工業化與家庭關係的轉變〉。喬健主編，《中國家庭及其社會變遷》，香港：香港中文大學社會科學院暨亞太研究所。

文崇一、章英華、張苙雲、朱瑞玲（1989）。〈家庭結構及其相關變項之分析：台北市的例子〉。伊慶春、朱瑞玲編，《台灣社會現象的分析》。台北市：中央研究院三民主義研究所。

王秀燕（2002）。《國中生電腦網路沉迷現象之研究》。台北市：政治大學教育所碩士論文。

王美芬（1998）。《兒童科學觀的理論與研究》。台北市：心理。

王泰俐（2004）。〈當模仿秀成為「政治嗎啡」──台灣政治模仿秀的「反」涵化效果〉。《廣播與電視》，22：1-24。

王健全（2001）。〈知識服務業全球競爭力之發展願景與策略〉。第四屆全國工業發展會議（2001.5.7-8）。台北市：國際會議中心。

王淑女（1995）。〈青少年的休閒活動與偏差行為〉。《社區發展季刊》，72：105-124。

王智姚（2002）。《國小中、高年級學生對能源的認知與態度之研究》。台北市：台北教育大學科學教育研究所碩士論文。

王澄華（2001）。《人格特質與網路人際互動對網路成癮的影響》。台
　　北縣：輔仁大學心理所碩士論文。

尼爾森媒體季報（2003）。〈綜藝節目女多於男　無線綜藝老少咸宜，
　　有線綜藝各擁死忠觀眾〉。《尼爾森季報》，17：24-27。

朱美惠（1999）。《我國大專學生個人特性、網路使用行為與網路成癮
　　關係之研究》。彰化市：彰化師範大學教育研究所碩士論文。

朱姣鳳等（1999）。〈政大新聞系最新民調發現：四成高中生曾上色情
　　網路，七成四看了還想再看〉。《新新聞》，642：90-92。

朱瑞玲（1993）。〈親子關係的現代化〉。中國現代化研討會。台北
　　市：促進中國現代化學術研究基金會主辦。

朱瑞玲（1994）。〈家庭倫理的變遷〉。發表於家庭倫理與人權研討會
　　（1994.12）。台北市：內政部暨救國團社會科學院主辦。

朱瑞玲、章英華（2002）。〈華人社會的家庭倫理與家人互動：文化及
　　社會的變遷效果〉。宣讀於「華人家庭動態資料庫學術研討會」
　　（2002.7.27-28）。台北：中央研究院經濟研究所、國科會社會科學
　　研究中心主辦。

江典嘉（2002）。《數位廣播者經營策略分析──以中廣為例》。嘉義
　　市：中正大學電訊傳播研究所碩士論文。

行政院交通部統計處（2003）。《92年台灣地區民眾使用網際網路狀況
　　調查報告》。台北市：交通部統計處。

行政院教育部（1998）。《教育部國語辭典》。台北市：教育部編印。

行政院新聞局（2001）。《廣播頻率開放相關參考資料》。台北市：行
　　政院新聞局。

行政院新聞局（2003）。《2003廣播電視白皮書》。台北市：行政院新
　　聞局。

行政院資訊發展推動小組（1998）。《政府業務電腦化報告書（八十七
　　年度）──邁向二十一世紀的電子化政府》。台北市：行政院研究
　　發展考核委員會。

何乃麒（2002）。〈數位廣播電視發展政策與法規探討〉，發表於2002年數位廣播與數位電視國際研討會，7月1日至2日，台北：福華國際文教會館。

何穎怡（1983）。《一貫道信徒媒介使用與媒介認知之研究》。台北市：政治大學新聞研究所碩士論文。

利翠珊（1993）。〈已婚婦女代間互動與婚姻滿意度之關係〉。《輔仁學誌》，27：81-98。

吳明隆（2003）。《SPSS統計應用學習實務：問卷分析與應用統計》。台北市：知誠數位科技。

吳明隆、溫嘉榮（1999）。《新時代資訊教育的理論與實務應用》。台北市：松崗。

吳知賢（1997）。《電視卡通影片中兩性知識與暴力內容分析及兒童如何解讀之研究》。台北市：中華文化復興運動總會電視文化研究委員會。

吳建國（1981）。《家庭傳播形態與子女關心公共事務關聯性之研究》。台北市：政治大學新聞研究所碩士論文。

吳挽瀾（1976）。《行政組織與管理》。台北市：文景書局。

吳清基（1981）。〈國民中學組織結構與教師工作滿意之關係〉。《國立師範大學教育研究所集刊》，22：394-396。

吳嘉輝（2001a）。〈數位廣播之推廣〉。發表於2001年全國交通會議電信分組討論（2001.6.21-22）。台北市：圓山飯店會議廳。

吳嘉輝（2001b）。〈數位廣播在台灣〉。發表於2001年國際數位廣播研討會（2001.7.31-8.2）。台北市：中廣公司國際會議廳。

呂正欽（2002）。〈第三代廣播──DAB數位廣播〉。《數位視訊多媒體月刊》，2002.4：3。

呂玉瑕（1983）。〈婦女就業與家庭角色、權力結構之關係〉。《中央研究院民族學研究所集刊》，56：113-143。

宋文偉、張慧芝譯（2003）。《性政治》。台北市：桂冠。

李秀珠（2002）。《新傳播科技與媒體市場之經營管理》。台北市：廣電基金。

李京珍（2004）。《國民小學學生數位落差現況之研究》。台北市：台北市立教育大學國民教育研究所論文。

李孟崇（2002）。《色情網站資訊對台北市高職生的涵化路徑之研究》。台北市：中國文化大學心理輔導研究所碩士論文。

李桂芝（2001）。《電視媒體與數位媒體競合關係之探討》。台北市：銘傳大學傳播管理所碩士班在職專班論文。

李蝶菲（2004）。《台灣廣播業界採納數位廣播（DAB）過程之研究——以中廣公司為例》。台北市：世新大學廣播電視電影所在職專班碩士論文。

周佑玲（2001）。《國小學童自我對話與自我概念之相關研究》。台南市：台南師範學院輔導教學碩士學位班碩士論文。

周昆逸（2004）。《3G手機行動上網使用者創新採用研究：以台灣地區為例》。台北市：世新大學傳播所碩士論文。

周麗端（1998）。〈中等學校學生家庭價值觀分析研究〉。《中華家政學刊》，27：45-67。

林世欣（1999）。《國中生自我概念與同儕關係之研究》。屏東市：屏東教育大學教育心理與輔導所碩士論文。

林玉佩（2000）。〈台灣資訊教育總體檢〉。《天下雜誌：2000年教育特刊》，52-60。

林秀芬（2000）。《國小學童對電視廣告中意識形態的解讀——以性別刻板印象為例》。新竹市：新竹師範學院國民教育研究所碩士論文。

林邦傑（1970）。〈田納西自我概念量表之修訂〉。《測驗年刊》，27：71-78。

林佳旺（2003）。《國小網路素養課程系統化教學設計之行動研究》。嘉義市：嘉義大學教育科技研究所碩士論文。

林承宇（2002）。〈網際網路有害內容管制之研究〉。《廣播與電視》，
　　18：91-113。

林彥君（2002）。《行銷概念應用於我國公共圖書館之探討》。台北
　　市：台灣大學圖書館學研究所碩士論文。

林美珍（1996）。《兒童認知發展》。台北市：心理。

林清修（2002）。〈台灣電視數位化面面觀（下）〉。《數位視訊多媒體
　　月刊》，2002.11：3。

邱瑞蓮（2004）。〈數位科技於廣播之應用〉。《中華印刷科技年報》，
　　2004.3：454-459。

涂爾幹著，芮傳明、趙學元譯（1992）。《宗教生活的基本形式》。台
　　北市：桂冠。

姜文閔譯（1992）。《我們如何思維》。台北市：五南。

姜孝慈（1996）。《有線電視頻道使用之研究——論我國「免費頻道」
　　的政策與實際》。台北市：中國文化大學新聞研究所碩士論文。

施玉鵬（2002）。《出生序、父母管教方式對國小高年級學生自我概
　　念、同儕關係、社會興趣之關係研究》。台南市：台南教育大學輔
　　導教學在職進修班碩士論文。

施依萍（1997）。《台灣使用網路行為之研究：網路素養資訊觀層面之
　　分析》。嘉義市：中正大學電訊傳播研究所碩士論文。

洪若和（1995）。〈國小自我概念之相關研究〉。《台東師院學報》，
　　6：91-134。

洪賢智、黃志立（2004）。〈公民營電台數位廣播經營策略可行性初
　　探〉。《玄奘資訊傳播學報》，2004.8：131-148。

胡幼慧（1988）。〈台灣地區婚姻別自殺率之形態與趨勢分析〉。《中
　　華衛生學刊》，4（1）：43-56。

胡榮、王小章譯（1988）。《心靈、自我與社會——從社會主義者的觀
　　點出發》。台北市：桂冠。

倪惠玉（1995）。《國民小學教師科技素養之研究》。台北市：台灣師

範大學工業科技教育研究所論文。

孫志文譯（1982）。《人與宗教》。台北市：聯經出版社。

孫得雄（1991）。〈社會變遷中的中國家庭：以台灣爲例〉。喬健主編，《中國家庭及其社會變遷》。香港：香港中文大學社會科學院暨亞太研究所。

徐江敏、李姚軍譯（1992）。《日常生活中的自我表演》。台北市：桂冠。

徐言（2002）。〈數位600，e化Taiwan計畫：整合有線視訊產業資源、加速推動數位國家建設〉。台北市：台灣有線視訊寬頻網路發展協進會。

張上仁（2001）。《非營利組織社會活動商業化之研究》。嘉義：南華大學非營利事業管理研究所碩士論文。

張宏文（1996）。《社會學》。台北市：商鼎文化。

張宏哲譯（1999）。《人類行爲與社會環境》。台北市：雙葉書廊。

張錦華（1994）。《傳播批判理論》。台北市：黎明文化。

張寶芳（2000）。〈網路素養〉。媒體公民教育國際研討會論文。台北市：台灣師範大學。

梁丹青（2003）。〈爲你瘋狂爲你癡：網路偶像團體崇拜風潮對於青少兒網路社會化與學習之初探〉。《傳播研究簡訊》，35：6-7。

梁欣如（1991）。《影響閱聽人解讀形態之因素研究——電視新聞之神話敘事體爲例》。台北縣：輔仁大學大眾傳播研究所碩士論文。

莊道明（1998）。〈從台灣學術網路使用者調查解析網路虛擬社群價值觀〉。《資訊傳播與圖書館學》，5（1）：52-61。

許士軍（1977）。〈工作滿足，個人特質與組織氣候——文獻探討及實證研究〉。《國立政治大學學報》，35：17。

許怡安（2001）。《兒童網路使用與媒體素養之研究》。台北市：政治大學廣播電視研究所碩士論文。

許智惠（2003）。《報紙運動新聞議題設定效果研究——以2002年世界

盃足球賽爲例》。台北市：台灣師範大學運動休閒與管理研究所碩
士論文。

許嘉泉（2003）。《探討國中學生價值觀與線上遊戲經驗的相關研
究》。高雄市：高雄師範大學資訊教育研究所碩士論文。

郭貞（1994）。《認同形成、家庭溝通形態以及青少年媒介使用：一個
整合模式》。《新聞學研究》，48：99-121。

郭貞、賴建都、蔡美瑛（1997）。《網際網路互動式廣告效果之評
估》。台北市：行政院國家科學研究委員會。

陳其南（1986）。《文化的軌跡》。台北市：允晨文化。

陳世敏（1989）。〈讀者投書：接近使用權的實踐〉。《新聞學研究》，
41：25-46。

陳怡君（2003）。《國中生網路使用行爲與同儕關係、自我概念之研
究》。台北市：中國文化大學生活應用科學研究所碩士論文。

陳俐伶（1988）。《已婚職業婦女之角色期望、現代與傳統取向，與其
角色衝突的關係之探討》。台北市：台灣大學心理研究所碩士論
文。

陳炳男（2002）。《國小學生網路素養及其相關因素之研究》。屏東
市：屏東師範學院國民教育研究所碩士論文。

陳英豪、汪榮才、李坤崇（1991）。〈學習心事誰人知？國中國小學生
學習適應及其相關因素之比較研究〉。《國教之友》，44：5-14。

陳啓光、王國明（2002）。〈推動政府服務再造成功關鍵因素──創新
作爲之探討〉。《研考月刊》，25（5）：74-85。

陳媛嬿（1988）。《已婚職業婦女的家人關係之研究》。台北市：中國
文化大學家政研究所碩士論文。

陳翔影、廖鳳彬、林維國（2003）。廣電產業自救行動委員會「廣電三
法修法座談會」記錄（2003.6.10）。台北：國賓大飯店聯誼廳。

陳顧遠（1936）。《中國的法制史》。台北市：台灣商務印書館。

章英華（1993）。〈家戶組成與家庭價值的變遷：台灣的例子〉。第四

屆現代化與中國文化研討會。香港：香港中文大學社會科學院、北京大學社會學人類研究所合辦。

傅尙裕（2001）。〈數位電視的節目設計和製作技術〉，《廣電人月刊》，84：3-7。

彭芸（1994）。《各國廣電政策初探》。台北市：財團法人廣播電視事業發展基金。

彭芸、王國樑（1997）。《影視媒體產業（值）調查分析》。台北市：行政院新聞局綜合計畫處委託研究報告。

彭富雄（1982）。《台北地區市內電話用戶對電話服務滿意程度之實證研究》。新竹市：交通大學管科所碩士論文。

曾淑芬、吳齊殷、黃冠穎、李孟壕（2002）。《台灣地區數位落差問題之研究》。台北市：行政院研究發展考核委員會委託之專題成果報告（報告編號：RDEC-RES-909-006）。

游景德（1997）。《台灣原住民文化展現經營行爲初探》。花蓮縣：東華大學企業管理研究所碩士論文。

馮震宇（2002）。〈發展知識服務產業的法律問題與政策考量〉。台北市：政治大學公共政策論壇全球化與台灣研討會。

馮燕（2001）。《少年後期生活風格之研究——以高中職階段學生爲例》。台北市：行政院青年輔導委員會。

馮燕、王枝燦（2002）。〈網路交友與青少年虛擬社會關係的形成〉。2002年網路與社會研討會論文。新竹市：清華大學社會學研究所。

黃玉蘋（2003）。《國中學生網路使用行爲與人際關係、自我概念之關係研究》。高雄市：高雄師範大學教育學系碩士班論文。

黃光國（1995）。《知識與行動——中華文化傳統的社會心理學詮釋》。台北市：心理。

黃拓榮（1997）。〈國中生父母管教方式、自我概念、失敗容忍力及偏差行爲之關係〉。《教育資料文摘》，40（3）：113-134。

黃彥瑜（1997）。《青少年學生對廣播媒介回饋形態研究》。台北市：
　　中國文化大學新聞研究所碩士論文。

黃純敏、蔡志強（2003）。〈知識經濟時代國小學童應具備的數位素養
　　之研究〉。2003 年資訊素養與終身學習社會國際研討會：資訊素養
　　的教學典範。台北市：國家圖書館、中華資訊素養學會主辦。

黃迺毓（1998）。《家庭概論》（修訂再版）。台北縣：空中大學。

黃淑玲（1995）。《國民小學學生人際關係、學業成就與自我觀念相關
　　之研究》。高雄市：高雄教育大學教育所碩士論文。

黃雅君（2000）。《台北市立國民小學教師資訊素養知能及其相關設備
　　利用情形之研究》。台北市：台灣師範大學社會教育學系碩士論
　　文。

黃葳威（1994a）。〈新傳播科技與人際傳播：一個跨文化的觀察〉。
　　《傳播文化》，1：187-202。

黃葳威（1994b）。〈大眾傳播與流行文化〉。台北市：行政院國家科學
　　研究委員會。

黃葳威（1995）。《瞄準有線電視市場》。台北市：財團法人廣播電視
　　事業發展基金會。

黃葳威（1997）。《走向電視觀眾：回饋理念與實證》。台北市：時
　　英。

黃葳威（1998）。〈非商業廣播頻道節目走向分析──以宗教社區電台
　　為例〉。《廣播與電視》，3（2）：71-113。

黃葳威（1999a）。〈虛擬閱聽人？從回饋觀點分析台灣地區收視／聽
　　率調查的現況──以潤利、紅木、尼爾森台灣公司為例〉。《廣播
　　與電視》，14：25-61。

黃葳威（1999b）。《文化傳播》。台北市：正中。

黃葳威（1999c）。〈有線電視與消費行為〉。《第一屆有線視訊寬頻網
　　路研討會論文集》。台北市：中華民國有線電視發展協進會。

黃葳威（2002）。《聲音的所在：透視電台節目規劃管理》。台北市：

道聲。

黃葳威（2003）。〈網際網路對華人移民家庭傳播網絡與親子關係的影響〉，發表於2003年「生命歷程中的家庭教育」研討會。台北市：台灣師範大學人類發展與家庭學系。

黃葳威（2004a）。《閱聽人與媒體文化》。台北市：揚智。

黃葳威（2004b）。〈試擬方言族群媒體的文化行銷模式：以客家廣播電台為例〉。發表於中華傳播學會年會「媒體與行銷研究」研討會（2004.6.26）。澳門：澳門旅遊學院會議廳。

黃葳威（2005）。《衝破迷網》。台北市：揚智。

黃葳威（2006）。〈台灣民眾數位音訊服務（DAB）需求與自我意象探討〉。2006數位創世紀：e世代與數位傳播學術實務國際研討會。台北市：台北市立圖書館國際會議廳。

黃葳威（2007a）。《數位文化素養世代研究》。台北市：政治大學數位文化行動研究室。

黃葳威（2007b）。〈基督教國際廣播文化行銷模式探討〉。政治大學宗教研究中心研究成果發表（2007.6.8）。台北市：政治大學宗教研究所會議廳。

黃葳威（2008）。〈基督教社區電台與全人發展〉。政治大學宗教研究中心研究成果發表（2008.6.13）。台北市：政治大學宗教研究所會議廳。

黃葳威、林紀慧、呂傑華（2008）。〈e世代網路安全素養探討〉。2008數位創世紀：e世代與多元文化學術實務研討會。台北市：台北市立圖書館國際會議廳。

黃葳威、柳紹鈞（2003）。〈從回饋觀點探索國內數位廣播開播時程的傳播執行模式〉。《2003數位創世紀：網路科技與青少兒e化趨勢學術實務研討會論文集》。台北市：台灣愛鄰社區服務協會白絲帶工作站。

黃葳威、樊誌融（2004）。〈從跨組織模仿探析台灣廣播電台對數位化

趨勢之因應〉。《廣播與電視》，13：36-60。

黃葳威、簡南山（1999）。〈傳統廣播電台進入網際網路廣播的外溢效
　　果與挑戰——以台灣廣播電台發展網際網路廣播為例〉。《廣播與
　　電視》，13：1-21。

黃登瑜（1997）。網際網路色情現象初探：從閱聽人角度談起。台北
　　市：政治大學新聞研究所碩士論文。

黃德祥（1994）。《青少年發展與輔導》。台北市：五南。

楊志弘、莫季雍譯（1988）。《傳播模式》。台北市：正中。

楊國樞（1974）。〈小學與初中學生自我概念的發展及其相關因素〉。
　　刊載於楊國樞、張春興主編，《中國兒童行為的發展》。台北市：
　　環宇。

楊靜俐、曾毅（2000）。〈台灣的家戶推計〉。《台灣社會學刊》，24：
　　239-279。

楊龍立（2000）。《科學教導學——自然科教材教法》。台北市：文景。

溫嘉榮（2002）。〈資訊社會中人文教育的省思〉。《資訊與教育》，
　　92：26。

葉慶元（1997）。《網際網路上之表意自由——以色情資訊之管制為中
　　心》。台北市：中興大學法律研究所碩士論文。

葉凱莉、喬友慶（2001）。〈顧客滿意度評量之再探討〉，《管理評
　　論》，20（2）：87-111。

詹火生（1989）。〈台北都會地區老人福利需求與家庭結構間關係之研
　　究〉。《台灣社會現象的分析》。台北市：中央研究院三民主義研
　　究所。

廖俊傑（2005）。《引領二十一世紀廣播革命：數位廣播的經營與商
　　機》。台北市：陽光房。

熊杰（1995）。〈電子媒介基本法專題研究計畫報告〉。台北市：世新
　　大學傳播研究所。

趙居蓮譯（1995）。《社會心理學》。台北市：桂冠。

劉芳梅（2002）。〈網際網路改變加拿大人的家庭生活形態〉。《網路脈動》。台北市：財團法人資訊工業策進會。

劉駿洲（1996）。〈電腦網路的社區文化〉，《社教雙月刊》，74：16-19。

蔡念中（2003）。《數位寬頻傳播產業研究》。台北市：揚智。

蔡勇美、伊慶春（1997）。〈中國家庭價值觀的持續與改變：台灣的例子（英文）〉。《九〇年代的台灣社會：社會變遷基本調查研究系列二（下）》。台北市：中央研究院社會所籌備處。

蔡美瑛（1992）。《青少年傳播行為、自我認同與其消費行為關聯性之研究──自我表達消費動機與衝動性購物之探究》。台北市：政治大學新聞研究所碩士論文。

蔡琰（1995）。〈生態系統與控制理論在傳播研究之應用〉。《新聞學研究》，51：163-185。

鄭瑞城（1983）。《組織傳播》。台北市：三民。

鄭瑞城（1993）。〈頻率與頻道資源之管理與配用〉。鄭瑞城等主編，《解構廣電媒體：建立廣電新秩序》。台北市：澄社。

鄭麗玉（1993）。《認知心理學──理論與應用》。台北市：五南。

賴溪松、王明習、邱志傑（2003）。全球學術研究網路「網路安全、不當資訊防制及商業機制規劃服務」期末報告。台北市：國家高速電腦中心。

盧玉玲（1999）。《網際網路與基督教傳播機構的跨媒體整合──從整合行銷傳播的角度探討》。台北市：政治大學廣播電視研究所碩士論文。

盧怡秀（2001）。《高雄市高中生網路素養及網路使用現況之研究》。高雄市：高雄師範大學工業科技教育學系碩士論文。

蕭佑梅（2003）。《國民小學學生數位差距之研究》。台北市：教育大學國民教育研究所碩士論文。

錢玉芬、黃葳威（2000）。《網路色情內容及青少年暴露效應之研

究》。台北市：行政院國科會專題研究報告。

錢莉華（1988）。《家庭傳播形態與青少年傳播行為關聯性之研究》。台北市：政治大學新聞研究所碩士論文。

戴麗美（2005）。《數位媒體與國小學童價值觀之相關性研究：以大台北地區國小三年級學童為例》。台北市：政治大學行政管理在職研究所碩士論文。

謝文華（2002）。《客家母語運動的語藝歷程（1987-2001）》。台北縣：輔仁大學大眾傳播研究所碩士論文。

謝旭洲（1999）。〈從網路色情談「新」科技與「老」問題〉。《動腦》，275：19。

謝佩純（2005）。《資訊時代下學生網路使用行為與網際素養之研究：以台南市國中學生為例》。台南市：南台科技大學資訊傳播研究所碩士論文。

鍾善文（1999）。《鄉村宗教傳播之策略分析——以嘉義縣東石鄉基督教會為例》。台北縣：淡江大學傳播所碩士論文。

鍾聖校（1990）。《認知心理學》。台北市：心理。

瞿海源（1991）。《台灣地區社會變遷基本調查計畫：第二期第一、二次調查計畫執行報告》。台北市：中央研究院民族學研究所。

瞿海源（1997）。《台灣宗教變遷的社會政治分析》。台北市：桂冠。

顏明仁（2001）。《高雄市國中學生科技認知之研究》。台北市：台灣師範大學工業科技教育研究所碩士論文。

魏延華（1999）。《高中女學生閱讀少女愛情漫畫與愛情態度之關聯》。台北市：世新大學傳播研究所碩士論文。

羅世宏譯（1992）。《傳播理論：起源、方法與應用》。台北市：時英。

羅紀瓊（1987）。〈近十年來台灣地區老人家庭結構變遷的研究〉。《台灣經濟預測》，18（2）：83-107。

邊明道（2002）。〈數位時代下無線電視台的經營方向——以美國電視

台的經驗為例〉。《廣電人》，87：49-53。

蘇進財（1990）。《台北市高職學生社會認知研究》。台北市：台灣師
範大學教育研究所碩士論文。

二、英文書目

Albarran, A. B. (1997). *Management of Electronic Media*. Belmont, CA: Wadsworth.

Altman, I. and Taylor, D. (1973). *Social Penetration: The development of interpersonal communication*. New York: Holt, Rinehart, and Winston.

American Association of School Librarians and Association for Educational Communications and Technology (1998). *Information Literacy Standards for Student Learning: Standards and index*. Chicago, Ill.:American Library Association; Washington, D.C.: Association for Educational Communications and Technology,

American Library Association Presidential Committee on Information Literacy (1989). *Final Report*. Chicago: Author. (ERIC Document Reproduction Service No. ED 315 028.

Ang, P. H. (2005). *Ordering Chaos: Regulating the internet*. Singapore: Thompson.

Arendt, H. (1958). *The Human Condition*. London: University of Chicago Press.

Assael, H. (1984). *Consumer Behavior and Marketing Action,* 2nd edition. Boston, MA: Kent.

Aufderheide, P. (1986). Music videos: The look of the sound. In Todd Gitlin(eds.). *Watching Television*. New York: Pantheon Books.

Aufderheide, P. (1992). Cable television and the public interest, *Journal of Communication*, 42(1), 52-65.

Ball-Rokeach, S. (1973). From pervasive ambiguity to a definition of the situation, *Sociometr*, 36, 378-389.

Bandura, A. (1977). *Socail Learning Theory*. Englewood Cliffs, N.J.: Pretice-Hall.

Bandura, A. (1978). Socail learning theory of aggression, *Journal of Communication*, 28(3), 12-29.

Banfield, F. C. (1955). *Politics, Planning and the Public Interest*. Glenese: Free Press.

Baudrillard, J. (1997). Art and Artefact/Zurbrugg, Nicholas./Baudrillard, Jean./Sage, DDC 701.17 J341

Baudrillard, J. (1998). *The Consumer Society: Myths and structures*. Thousand Oaks, CA: Sage.

Basu, K. (1995). Marketing developing society crafts: A framework for analysis and change. In J. A. Costa and G. J. Bamossy(eds.). *Marketing in a Multicultural World*. Thousand Oaks, CA: Sage.

Belk, R. W. (1985, December). Materialism: Trait aspects of living in the material world, *Journal of Consumer Research*, 12, 265-280.

Belk, B. W. and Paun, M. (1995). Ethnicity and consumption in Romania. In J. A. Costa and G. J. Bamossy(eds.). *Marketing in a Multicultural World*. Thousand Oaks, CA: Sage.

Berger, C. R. and Calabrese, R. J. (1975). Some explorations in initial interaction and beyond: Toward a development theory of interpersonal communication, *Human Communicaiton Research*, 1(2), 99-112.

Berger, C. R. (1987). Communicating under uncertainty. In M. E. Roloff and G. R. Miller (eds.). *Interpersonal Processes: New directions in communication research*. Newbury Park, C.A.: Sage.

Bignell, J. (2004). *An Introduction to Television Studies*. New York: Routledge.

Bigge, M. L. (1971). *Learning Theories for Teachers*. New York: Harper and Rowe.

Bordia, P. (1997). Face-to-face versus computer-mediated communication: A Synthesis of the experimental literature. *The Journal of Business Commumication*, 34(1), 99-120.

Bouchet, D. (1995). Marketing and the redefinition of ethnicity. In J. A. Costa and G. J. Bamossy(eds.). *Marketing in a Multicultural World*. Thousand Oaks, CA: Sage.

Bronfenbrenner, U. (1979). *The Ecology of Human Development*. Cambridge, MA: Harvard University Press.

Bruce, B. C. (2003). *Literacy in the Information Age: Inquiries into meaning making with new technologies*. Newark, Del.: International Reading Association.

Bryant, J. and Zillmann, D. (2002). *Media Effects: Advances in theory and research*. Mahwah, N. J.: Lawrence Erlbaum Associates.

Buerkel-Rothfuss, N. L. and Strouse, J. S. (1993). Media exposure and perceptions of sexual behaviors: The cultivation hypothesis moves to the bedroom. In B. S. Greenberg, J. D. Brown, and N. L. Buerkel-Rothfuss (eds.). *Media, Sex and the Adolescent*. Cresskill, New Jersey: Hampton Press.

Byrne, B. M. and Shavelson, R. J. (1987). Adolescent self-concept: Testing the assumption of equivalent structure across gender, *American Educational Research Journal*, 24(3), 365-385.

Caray, K. (1978). Access: Evolution of the citizen agreement, *Journal of Broadcasting*, 2(1), 95-106.

Carlsmith, J. L. (1978). *Social Psychology*, 3rd edition. Englewood Cliff,

N. J.: Prentice-Hall.

Chaffee, S.H., McLeod, S.M., and Atkin, C.K.(1971). Parental influences on adolescent media use. In F.G. Kline and P. Clarke(eds.). *Mass Communications and Youth: Some current perspectives*. Berverly Hills, CA.: Sage Publication.

Chaffee, S. H., McLeod, J. M., and Wackman, D. B. (1973). Family communication patterns and adolescent political participation. In J. Dennis, (ed.). *Socialization to Politics: A reader*. New York: John Wiley & Sons. Inc.

Chaffee, S.H. and Tims, A.R.(1976). Interpersonal factors in adolescent television use, *Journal of Social Issues*, 32(4), 98-115.

Cherry, C. (1985). *The Age of Access: Information technology and social revolution: posthumous papers of Colin Cherry*. London: Croom Helm.

Chidambaram, L. (1996). Relational development in computer-supported groups, *MIS Quarterly*, 20, 143-163.

Clough, J. R. (1979). Development of a self-concept scale for use in pre-school and primary school. (ERIC Document Reproduction Service No. ED188763).

Collins,W.A.(1982). School scripts and developmental patterns in comprehension of televised narratives, *Communication Research*, 9, 380-398.

Costa, J. A. and Bamossy, G. J. (1995). Culture and the marketing of culture. In J. A. Costa and G. J. Bamossy(eds.). *Marketing in a Multicultural World*. Thousand Oaks, CA: Sage.

Daniels, T. D. and Spiker, B. K. (1991). *Perspectives on Organizational Communication*, 2nd edition. Iowa: Wm. C. Brown Publishers

Davis, S. and Mares, M. L. (1998). Effects of talk show viewing on adolescent, *Journal of Communication*, 48(3), 69-86.

DeFleur, M. L. and Cho, C. (1954). Assimilation of Japanese-Born Women in an American City, *Social Problems,* 4(3), 244-257.

DeFleur, M. L. and Ball-Rokeuch, S. (1982). *Theories of Mass Communication, 4th edition.* New York: Longman.

Deaux and Wrightsman, L.S.,(1984). *Social Psychology in the 80s,* 3rd edition. CA:Brooks/Cole.

Dodson, K. J. (1996). Peak experiences and mountain biking: Incorporating the bike in the extended self, *Advances in Consumer Research,* 5 (6),550-562.

Doob, A.N. and Macdonald,G.E.(1979). Television viewing and fear of victimization: Is the relationship causal?, *Journal of Personality and Social Psychology,* 37, 170-179.

Doubleday, C., Dorr, A., and Kovaric, P. (1990). Age and content influences on children's perceptions of the realism of television families, *Journal of Broadcasting & Electronic Media,* 34(4), 377-397.

Downs, A. (1962). The public interest: It's meaning in a democracy, *Social Research,* 29(1),1.

Eastman, S. T. (1993). *Broadcast/Cable Programming Strategies and Practice,* 4th edition. California: Wadsworth.

Ellmore, R. T. (1991). *NTC's Mass Media Dictionary.* Lincolnwood, IL: National Textbook Company.

Engel, J. F., Blackwell, R. D., and Miniard, P. W. (1993). *Consumer Behavior,* 7th Edition. New York: The Dryden.

Entman, R. M. and Wildman, S. S. (1992). Reconciling economic and non-economic perspectives on media policy: Transcending the marketplace of ideas, *Journal of Communication,* 42(1).

Festinger, L. (1957). *A Theory of Cognitive Dissonance.* Stanford, CA: Stanford University Press.

Fong, S. L. (1963). *The Assimilation of Chinese in America,* master thesis. San Francisco State College.

Fournier, S. (1998). Consumers and their brands: Developing relationship theory in consumer research, *Journal of Consumer Research,* 23, 317-322.

Galvin, K. M. and Brommel, B. J. (2000). *Family Communication: Cohesion and change.* New York: Longman.

Gao, G., and Gudykunst, W.B. (1990). Uncertainty, anxiety and adaptation, *International Journal of Intercultural Relations,* 5, 301-317.

Garay, K.(1978). Access: Evolution of the citizen agreement, *Journal of Broadcasting,* 22(1), 95-106.

Gerbner, G.(1969). Towards cultural indicators: The analysis of mass mediated public message systems, *Communication Review,* 17, 137-148.

Gerbner, G. and Gross, L.(1976). Living with television: The violence profile, *Journal of Communication,* 26(2),173-179.

Gerbner, G., Gross, L., Jackson-Beeck, M., Jeffries-Fox, S., and Signorielli, N. (1978). Violence on the screen cultural indicators: Violence profile No. 9, *Journal of Communication,* 28(3), 176-207.

Gerbner, G., Gross,L., Signorielli, N., Morgan, M. and Jackson-Beeck, M. (1979, summer). The demonstraction of power: Violence profile No.10, *Journal of Communication,* 30 (1), 37-47.

Gerbner, G., Gross, L., Morgan, M. and Signorielli, N.(1980). The mainstreaming of America: Violence profile No.11, *Journal of Communication,* 30(3), 10-29.

Gerbner, G., Gross, L., Morgan, M. and Signorielli, N. (1982). Charting the mainstream: Television's contributions to public orientations, *Journal of Communication,* 32(2), 100-127.

Gerbner, G., Gross, L., Morgan, M., and Signorielli, N. (1986). Living with television: The dynamics of the cultivation process. In J. Bryant and Zillmann (eds.). *Perspectives on Media Effects*. Hillsdale, N.J.: Lawrence Erlbaum.

Getzels, J. W., Lipham, J. M., and Campbell, R. P. (1968). *Educational Administration As a Social Process*. N.Y.: Harper & Row Publisher.

Goffman, E.(1959). *The Presentation of Self in Everyday Llife*. New York: Doubleday Anchor Book.

Goldhaber, G. M.(1990). *Organizational Communication*, 5th edition. Dubuque, IA: Brown.

Greenberg, B. S. and Brand, J. (1993). Minorities and the mass media. In J. Bryant and D. Zillman, (eds.). *Perspectives on Media Effects*. Hillsdale, N.J.: Lawrence Erlbaum.

Gudykunst, W. B. (1983, Fall). Similarities and differences in perception of initial intracultural and intercultural encounters: An exploratory investigation, *The Southern Speech Communicaiton Journal*, 49, 49-65.

Gudykunst, W. B. and Nishida, T. (1986). Attributional confidence in low- and high-context cultures, *Human Communication Research*, 12(4), 525-549.

Gudykunst, W. B. and Ting-Toomey, S. (1988). *Cultural and Interpersonal Communication*. Newbury Park, CA: Sage.

Gudykunst, W. B. and Hammer, M. R. (1988, Summer). The influence of social identity and intimacy of interethnic relationships on uncertainty reduction processes, *Human Communication Research*, 14(4), 569-601.

Guilford, D. W. (1959). Consistency of the factorial structures of personal-ity ratings from different source, *Journal of Abnormal and Social*

Psychology, 44, 329-344.

Habermas, Jurgen (1989). *The Structural Transformation of the Public Sphere: An inquiry into a category of bourgeois society* (trans). Burger Thomas, Cambridge, Mass: M. I. T. Press.

Harris, T. C. (1993). *Applied Organizational Communication: Perspectives, principles, and pragmatics*. Hillsdale, N. J.: Lawrence Erlbaum Associates.

Hawkin, R. P. (1977). The dimensional structure of children's perception of television reality, *Communication Research,* 4(3), 299-320.

Heeter, C. and Greenberg, B. (1988). *Cableviewing*. Norwood. N. J.: Abex.

Held, V. (1970). *The Public Interest and Individual Interests*. New York: Basic.

Herzberg, F. (1966). *Work and the Nature of Man*. New York: World .

Hess, R. and Handel, G.(1959). Family Worlds. Chicago: University of Chicago Press.

Howard, J. A. and Sheth, J. N. (1969). *The Theory of Buyer Behavior.* New York: John Wiley & Sons.

Home Office (2003). *Campaign Eveluation Report of Child Protection on the Internet*. UK: Task Force on Child Protection.

Howard, P. N. and Jones, S. (2004). *Society Online : The Internet in context*. Thousand Oaks, CA: Sage.

Hunt, H. K. (1977). CS/D-overview and future research directions. In H. K. Hunt (ed.). *Conceptualization and Measurement of Consumer Satisfaction and Dissatisfaction*. Cambridge, MA: Marketing Science Institute.

Hwang, Sung-Don, Choi, Y., and Myeong, S.(1999). Electronic Government in South Korea: Conceptual problems, Government Information Quarterly, 16(3), 277-285.

Ito, M.(2003b). "Mobile phones, Japanese youth and the replacement of social contact", paper presented at Front Stage-Back stage: Mobile Communication and the Renegotiation of Social Sphere. Grimstad: Norway. June.

James, W. (1890). *The Principles of Psychology*. NewYork: Holt.

Johnson,T. J. and Kaye, B. K.(1998). Cruising is believing?: Comparing internet and traditional sources on media credibility measures, *Journalism Quarterly,* 75(2), 325-340.

Joy, A., Hui, M., Kim, C., and Laroche, M. (1995). The cultural past in the present: The meaning of home and objects in the homes of working-class Italian immigrants in Montreal. In J. A. Costa and G. J. Bamossy(eds.). *Marketing in a Multicultural World*. Thousand Oaks, CA: Sage.

Kantor, D., and Lehr, W.(1976). *Inside the family*. San Francisco: Jossey-Bass.

Karande, K., Zinkhan, G. M., and Lum, A. B. (1997). Brand personality and self ceonept: A replication and extension, *AMA Summer 1997 Conference*, 165-171.

Knapp, M. L. (1978). *Social Intercourse: From greeting to goodbye*. Boston, MA: Allyn Bacon.

Kim, Y. Y. (1977a). Communication patterns of foreign immigrants in the process of acculturation, *Human Communication Research,* 10(2), 219-246.

Kim, Y. Y. (1977b). Inter-ethnic and intra-ethnic communication: A study of Korean immigrants in Chicago. *International and Intercultural Communication Annual,* 4, 53-68.

Kim, Y. Y. (1981, May 21-25). Intercultural communication in the context of immigrant acculturation. Paper presented in the panel, Contextual

Variations of Intercultural Communication, at the annual conference of the International Communication Association, Minneapolis, Minnesota.

Kimball, M. M. (1986). Television and sex-role attitudes. In T. M. Williams (ed.). *The Impact of Television*. Orlando, FL: Academic Press.

Klein, H. S. (1967). *Slavery in the Americas: A comparative study of Virginia and Cuba*. Chicago: University of Chicago Press.

Kolodinsky, J. (1999). Consumer satisfaction with a Managed Health Care Plan, *The Journal of Consumer Affairs*, 33, 223-236.

Krugman, D. M. and Reid, L. N. (1980). The public interest as defined by FCC policy makers, *Journal of Broadcasting*, 24, 311-321.

Kuo, C.(1986). *The Acquisition of Consumer Style and Orientations in Adolescents: an eclectic approach*, doctoral dissertation, Ann Arbor, The University of Michigan.

Kuo, W. H. and Lin, N. (1977, Summer). Assimilation of Chinese Adolescents in Washington D. C., *The Sociological Quarterly,*18, 340-352.

Kuo, C.(1989). An identity formation approach to teenage consumers' society. In Schumann (ed.). *Society and Consumer Psychology*. Knoxville, Tennessee: The University of Tennessee Press.

Lavee, Y., and Olson. D.(1991). Family types and response to stress, *Journal of Marriage and the Family*, 53, 786-798.

Lissa, K. J. (1990). The stability of self-concept during adolescent and early adulthood: A six-year follow-up study, *The Journal of Social Psychology*, 2, 14-43.

London, D.L. and Della Bitta, A.J.(1979). *Consumer Behavior: Consumer behavior concepts and applications*. New York: McGraw-Hill Book

Co.

Luhmann, N. and Habermas, J. (1971). *Theories der Gesellshaft oder Socialtechnoligie.* Frankfurt.

Malamuth, N. M. and Briere, J. (1986). Sexual arousal in response to aggression: Ideological, aggressive, and sexual correlates, *Journal of Personality and Social Psychology,* 50(2), 330.

Maletzke, G. (1963). *Psychologie der Massenkommunikation.* Humberg: Verlag Hans Bredow-Institute.

Marcum, J. W. (2002). Beyond Visual Culture: The challenge of visual ecology, http://rep.ndap.org.tw:8080/dspace/browse-title?top= 123456789%2F3017.

Maslow, A. H. (1954). *Motivation and Personality.* NY: Harper & Row.

Matta, F. R. (1984). A social view of information. In G. Gerbner and M. Siefer (eds.). *World Communication: A handbook.* New York: Longman.

Mayton, Daniel M. II. (1992). *Spontaneous concern about nuclear war: Value priority differences among rural adolescents* (ERIC Document Reproduction Service NO.ED 314 342).

McClure, C. R. (1994). Network literacy: A role for libraries?, *Information Technology and Libraries,* 13(2), 115, 11, 1, diagram (ISSN:0730-200395).

McGuire, W. J. (1978). An information-processing model of advertising effectiveness. In H. L. David and A. J. Silk (eds.). *Behavioral and Management Sciences in Marketing.* New York: Ronald/Wiley.

McLeod, J. M. and O'Keefe Jr., G. J.(1972). The socialiazation perspec-tive and communication behavior. In F.G. Kline and P.J. Tichenor (eds.). *Current Perspective in Mass Communication Research.* Berverly Hills, Cal.: Sage.

McQuail, D. (1992). *Media Performance-Mass Communication and the Public Interest.* CA: Sage.

McQuail, D. (1995). Mass communication and the public interest: Towards social theory for media structure and performance. In D. Crowley and D. Mitchell, (eds.). *Communication Theory Today.* Polity Press.

Menon, V. (1986). Access to information and participation in communication as basic necessities for the communication structure of Asian societies, *Media Asia,* 13(2), 88-90.

Meyer, J. W. and Rowan, B. (1977). Institutionalized organizations: Formal structure as myth and ceremony, *American Journal of Sociology,* 83, 543-561.

Mills, C. W. (1970). *The Sociological Imagination.* Harmondsworth: Penguin.

Minuchin, S.(1974). *Families and Family Therapy.* Cambrige, MA: Havard University Press.

Monane, J. H. (1967). *A Sociology of Human Systems.* New York: Mededith.

Monge, R. H. (1984). Developmental trends in factors of adolescent, *Self-Concept Development Psychology,* 8(3), 382-393.

Morgan, M.(1982). Television and adolescents' sex-role stereotypes: A longitudinal study, *Journal of Personality and Social Psychology,* 43, 947-955.

Newcomb, T. (1953). An approach to the study of communicative acts, *Psychological Review,* 60, 393-404.

Nie, N. H. (2001). Sociability, interpersonal relations, and the internet: Reconciling conflicting findings. *American Behaviour Scientist,* 45(3)., 420-435.

Novek, E. M. (1995). Buried treasure: The community newspaper as an empowerment strategy for African American high school students, *The Howard Journal of Communications,* 6 (1-2), 69-88.

Oakley, K. (1951). A definition of man, *Penguin Science News, 20,* 69-81, Harmondsworth, UK.

O'Brian, M., Borne, A., and Noten, T. (2004). *Joint East West Research on Trafficking in Children for Sexual Purposes in Europe: The sending countries.* UK: ECPAT Europe Law Enforcement Group.

Olson, D.H.(1997). Family stress and coping: A multisystem perspective. In S. Dreman(ed.). *The Family on the Threshold of the 21st Century.* Mahwah, NJ: Erlbaum.

Olson, D.H., Russell, C., and Sprenkle, D.(eds.)(1983). *Circumplex Model: Systematic assessment and treatment of families.* New York: Haworth Press.

Parasuraman, A., Zeithaml, V. A., and Berry, L. L. (1985). A conceptual model of service quality and its implications for future research, *journal of marketing,* 49, 41-50.

Parasaraman, A., Eeithaml, V. A., and Berry, L. L.(1988). SERVQUAL:A multiple-item scale for marketing consumer perceptions of service, *Journal of Retailing,* 64. 12-40.

Peel, M. J., Goode, M. M. H., and Moutinho, L. A. (1998). Estimating consumer satisfaction: OLS versus ordered probability models, *International Journal of Commerce and Management,* 8, 75-98.

Perse, E.(1986). Soap opera viewing pattern of college students and cultivation, *Journal of Broadcasting and Electronic Media,* 30, 175-193.

Perse, E. M., Ferguson, D. A., and McLeod, D. M.(1994). Cultivation in the newer media environment, *Communication Research,* 21(1).

Philips, D. P. (1983). The impact of mass media violence on U. S. homicides, *American Sociological Review,* 48(4), 560-568.

Plotnick, E (2000, Sep.).Definitions/ Perspectives, *Teacher Librarien,* 28(1) , 1.

Pistole, M. C.(1994). Adult attachment styles: Some thoughts on close-ness-distance struggles, *Family Process,* 33(2), 147-159.

Potter, J.(1986). Perceived reality and the cultivation hypothesis, *Journal of Broadcasting and Electronic Media,* 30 (2), 159-174.

Potter, W.J. (1993). Cultivation theory and research: A conceptual critique, *Human Communication Research,* 19, 564-601.

Price, J. L. (1972). *Handbook of Organizational Measurement.* Lexington, Washington D. C., Health and Company.

Rheingold, H. (1993). *The Virtual Community: Homesteading on the electronic frontier.* Reading, Mass: Addison-Wesley.

Ries, A and Trout, J.(1986). Positioning: The battle of your mind, New York: McGraw-Hill.

Rogers, E. (1986). *Communication Technology: The new media in society.* New York: Free Press

Rose, Gregory M., Bush, V. D., and Kahle, L. (1998). The influence of family communication patterns on parental reactions toward advertis-ing: A cross-national examination, *Journal of Advertising,* 27 (4).

Rossler and Brosius (2001). Do talk shows cultivate adolescents' views of the world?, *Journal of Communication,* 51(1), 143-163.

Schaefer, R. T. and Lamm, R. P. (1995). *Sociology.* New York: McGraw-Hill.

Scheidel, T. M. and Crowell, L. (1965). Idea development in small discus-sion groups, *The Quarterly Journal of Speech,* 50, 40-45.

Schiffman, L. G. and Kanuk, L. L. (2000). *Consumer Behavior,* 7th edi-tion. Englewood Cliffs, N. J.: Prentice-Hall.

Schramm, W. (1954). How communication works. In W. Schramm(ed.).

The Process and Effects of Mass Communication. Urbana: University of Illinois Press.

Shaffer, D. R. (2000). Sex differences, gender-role development, and sexuality. In D. R. Shaffer (ed.). *Social and Personality Development*. U.S.A.: Wadsworth.

Shannon, C. and Weaver, W. (1949). *The Mathematical Theory of Communication*. Urbana, Ill: University of Illinois Press.

Shrum, L. J. (1996). Psychological processes underlying cultivation effects: Further tests of construct accessibility, *Human Communication Research,* 22(4), 482.

Silberman, M. (1979). Popular participation through communication, *Media Asia,* 6(2), 22-35.

Snijders, M. L. (1983). The right to communicate: The latest effort to put the media under control, *Gazette,* 31, 3-7.

Solomon, M. R. (1991). *Consumer Behavior: Buying, having, and being*. Boston: Allyn and Bacon.

Stogdill, R. M. (1984). Personal factors associated with leadership: survey of literature, *Journal of Sport Psychology*, 25, 35-71.

Storey, J. D. (1989, August). *History and Homogeneity: The effects of perceptions of membership group on interpersonal communication*. Doctoral dissertation, Stanford University.

Sun, S. and Lull, J. (1986). Music videos: The adolescent audience for music videos and why they watch, *Journal of Communication,* 36(1), 117-127.

Syvesten, J. (2000). Digital broadcasting the competitve challenge for Telecos and Cable companies, Ovum Reports. Australian Government: Department of Broadband, Communications, and Digital Economy.

Thomas, V. and Olson, D.H.(1994). Circumplex model: Curvilinearity using clinical rating scale(CRS) and FACES III, *Family Journal, 2,* 36-44.

Thompson, J. B. (1990). *Ideology and Modern Culture: Critical social theory in the era of mass communication.* Stanford: Stanford University Press.

Touraine, A. (1977). *The Self-Production of Society.* London: University of Chicago Press.

van Evra, J. (1990).*Television and Child Development.* Hillsdale, New Jersey: Lawrence Erlbaum Associates.

Vroom, V. H. (1964). *Work and Motivation.* New York: John Wiley & Sons.

Webber, S. and Johnston, B. (2000). Conceptions of information literacy: New perspectives and implications, Journal of Information Science, 26(6), 381-397.

Weiner, R. (1990). *Webster's New World Dictionary of Media and Communication.* New York: Simon and Schuster.

Westby, S.(1981). Effects of adult commentary on children's comprehension and inferences about a televised aggressive portrayal, *Child Development,* 52,158-163.

Westley, B. H. and MacLean, M. (1957). A conceptual model for mass communication research, *Journalism Quarterly,* 34, 31-38.

William, A. (2001). *Intergenerational Communication Across the Life Span.* Mahwah, N.J.: Lawrence Erlbaum Associates.

World DAB Forum (1998, July). *Country Progress Reports.* London: World DAB Forum.

Young, D. G. (2004). Late-night comedy in election 2000: Its influence on candidate trait ratings and the moderating effects of political knowledge and partisanship, *Journal of Broadcasting and Electronic Media,* 48(1), 1-22.

Zillmann, D. and Bryant, J. (1982). Pornography, sexual callousness, and the trivialization of rape, *Journal of Communication,* 32(4), 10-21.

Zillmann, D. and Bryant, J. (1988). Effects of prolonged consumption of pornography on family values, *Journal of Family Issue,* 9, 518-544.

三、網路部分

《大紀元華府日報》(2005)。〈孩子們上網安全嗎?父母不了解的東西可能傷孩子們〉(2005.2.25)。網址:http://www.epochtimes. com/gb/4/11/3/n708261.htm

王志弘(2001)。〈自我的技術中介:網際空間、分身組態與記憶裝置〉。2001網路與社會研討會——網路教育園區及其社會影響研究。台灣清華大學網站:http://mozilla.hss.nthu. edu.tw/iscenter/conference2001/

曲志紅(2004)。〈中國國民讀書率持續走低上網閱讀者驟增〉。華夏經緯網站。網址:http://big5.huaxia.com/xw/dl/2004/00270268.html

行政院研究發展考核委員會(2005)。〈數位廣播籌設許可〉,《2005年台灣年鑑》(第十章媒體與文化),網址:http://www7. www.gov.tw/EBOOKS/TWANNUAL/show_book.php?path=8_010_009

行政院新聞局(2004)。〈分級保護做得好,閱讀資訊沒煩惱,守護您寶貝的網路空間——台灣網站分級推廣基金會成立〉(2005.3.22)。網址:http://info.gio.gov.tw/ct.asp?xItem=20354&ctNode=2530

行政院經濟部能源委員會(1998)。《能源政策白皮書》。網址:http://www.moeaec.gov.tw/02/02/htm/index-1.htm

吳明隆（2000）。〈資訊社會變革中教師應有的體認與作法〉
　　（2004.11.5）。網址：http://163.27.103.130

邱翊庭（2001）。〈線上遊戲燒燒燒〉，《電子商務時報》
　　（2001.6.23）。網址：　http://www.ectimes.org.tw/searchshow.asp?
　　id=382&freetext=線上遊戲&subject=

紅泥巴村（2005）。〈兒童上網安全〉（2005.3.14）。網址：
　　http://www.hongniba.com.cn/safe/trouble/Default.htm

軟體產業通訊（2002）。〈加強推動數位內容產業方案預期 2006 年產
　　值 3700 億元〉。網址：http://cisanet.wh.seed.net.tw/08softnews/soft-
　　news_01.htm

陳百齡（2004）。〈網際網路的「接近使用」問題〉。國立政治大學新
　　聞系（2004.8.25）。網址：http://www.lib.nccu.edu.tw/mag/20/20-
　　1.htm

陳美華、張峻德（2002）。〈中央台遭停播　新聞局：大陸電視台不能
　　全頻道在台播映〉（2002.5.13）。網址：http://www.nownews.
　　com.tw/2002/05/03/389-1298527.htm

程慶華（2004）。〈為保護兒童上網安全，歐盟再度斥鉅資〉
　　（2004.12.9）。網址：http://gb.chinabroadcast.cn/3821/
　　2004/12/10/110@387406.htm

馮燕（2002）。〈2002年兒童人權指標調查報告〉。網址：
　　http://www.cahr.org.tw/weball/HRindicator/child.htm

黃兆璽（2004）。〈2010年電視全面數位化〉。《星報》（2004.11.19）。
　　網址：http://www.tvro.com.tw/TXT/satnews/2004/11/1109.htm

黃克昌（2007）。〈面對日‧韓‧大陸競爭 台灣優勢多多；當前課
　　題：人才培育‧資訊取得‧智財權〉（2007.1.9）。網址：
　　http://cpro.com.tw/channel/news/content/index.php?news_id=53628

黃祥祺（2003）。〈由台灣網路世代消費者行為看未來無線遊戲發展模
　　式〉。《數博網》(2003.3.12)。網址：http://www.find.org.tw/0105/

focus/0105_focus_disp.asp?focus_id=235

黃葳威（2005）。〈台灣青少兒網路安全素養調查報告〉。發表於「繫上白絲帶，關懷e世代」記者會。台北市：立法院會議室。見政大數位文化行動研究室與白絲帶工作站「媒體探險家」教學網站：http://elnweb.creativity.edu.tw/mediaguide/

數位廣播。網址：www.im.usc.edu.tw/maria.lee/course/in/DAB

蔡蕙如（2007）。〈美教育部研究：教育學習軟體無助學生表現〉（2007.4.6）。網址：http://tpd.ndhu.edu.tw/tpd/2007/04/960406.html

劉建（2005）。〈未成年人上網安全堪憂　美國一半家庭過濾網路〉（2005.3.24）。網址：http://news.jschina.com.cn/gb/jschina/news/node7782/node7789/userobject1ai691099.html

聯合報大陸新聞中心（2005）。〈大陸下令 網路遊戲用真名〉。《聯合報》（2005.8.11），A12版／綜合。網址：http://udn.com/NEWS/WORLD/WOR1/2837598.shtml

賽門鐵克防毒軟體網（2004）。〈未成年子女的網路安全〉（2005.3.14）。網址：http://www.symantec.com/region/tw/home-computing/article/childsafety.html

嚴恆元（2004）.〈莫讓網吧毀了孩子〉系列報導之五：美國政企共管網路安全（2004.2.1）http://www.ce.cn/cysc/it/xwy/hlw/t20040212_319087.shtml

Ito, M. (2003a). "Mobiles and the appropriation of place", Receiver Magazines, URL(consulted 10 October 2003).http://www.receiver.vodafone.com/08/article.pdf/08

Lynch, C. (1988, Feb. 21). Information Literacy and Information Technology Literacy: New components in the curriculum for a digital culture, http://staff.cni.org/~clifford/paper/cni-info-lit.html

Marcum, J. W. (2002). Beyond Visual Culture: The challenge of visual ecology, http://rep.ndap.org.tw:8080/dspace/browse-title?top=

123456789%2F3017

Suler, J. (1998). Adolescent in Cyberspace, Retrieved August 25, 2002, from http://ride.edu./user/suler/psycyber/adoles.html

Suler, J. (2000). Ident Management in Cyberspace, Retrieved August 25, 2002, http://ride.edu./user/suler/psycyber/identity management.html

Teicher, J. (1999). Integrating technology into the curriculum: An action plan for smart internet use. *Association for Supervision and Curriculum Development Educational Leadership Magazine,* 56(5). http://www.cybersmart.org/news/1999_02.asp

新聞傳播叢書 4

數位傳播與資訊文化

作　　者／黃葳威
出 版 者／威仕曼文化事業股份有限公司
發 行 人／葉忠賢
總 編 輯／閻富萍
執行編輯／胡琡珮
地　　址／台北縣深坑鄉北深路三段 260 號 8 樓
電　　話／(02)8662-6826
傳　　真／(02)2664-7633
網　　址／http://www.ycrc.com.tw
　E-mail ／service@ycrc.com.tw
印　　刷／鼎易印刷事業股份有限公司
　ISBN ／978-986-84317-2-0
初版一刷／2008 年 11 月
定　　價／新台幣 450 元

國家圖書館出版品預行編目資料

數位傳播與資訊文化 = Information culture
and digital communication / 黃葳威著. --
初版. -- 臺北縣深坑鄉：威仕曼文化，
2008.11
　　面；　公分（新聞傳播叢書；4）

ISBN 978-986-84317-2-0 (平裝)

1.大眾傳播　2.數位傳播　3.資訊傳播 4.文化
傳播

541.83　　　　　　　　　　　　97018334